孔子家语

黄敦兵 导读 注译

古典名著普及文库

岳麓書社·长沙

SAYINGS OF THE CONFUCIAN SCHOOL

出版说明

中国古典名著是中华优秀传统文化的重要载体，今天人们要学习传统文化，如果说有所谓捷径可寻，那恐怕就是直接阅读古典名著了。长期以来，为大众读者出版古典名著的普及读物一直是本社的重要使命。约三十年前，我们便出版了“古典名著普及文库”，收书五十余种，七十余册，蔚为大观。这套书命名为“普及”，首先是因为采用了简体字横排的排版方式。当时的古典名著图书，以未经整理的影印本和繁体竖排本居多，大众读者阅读有障碍，故本文库的推出，确有普及之效。其次，我们提出要让读者“以最少的钱买最好的书”，定价远低于当时同类型品种。基于此，这套“普及文库”迅速流向读者的书架，销量极大，功在普及不浅。

当年这套书，所收各书都是文言文全本，无注释，不翻译，对于今天的大众读者来说，已经很难起到普及作用了。而且，读者如果仅仅出于品鉴、入门的需要，也无需通读大部头的全本古籍。因而，我们推出这套全新的“古典名著普及文库”，在选目上广泛听取国内名校学者们的建议，收录经、史、子、集四部之中第一流的名著一百余种，邀请学有专攻的学者精心注释、翻译，并加以导读。篇幅大的经典，精选菁华，篇幅适中的出版全本，个别篇幅小的，则将主题相近的品种合刊为一册。

我们希望有更多的人能够买得起、读得懂中国的古典名著，接受中华优秀传统文化的滋养。这一套轻松好读又严谨可靠的普及文库，便是我们努力实践这一理念的结果。

岳麓书社大众图书编辑部

2018 年春

前　言

作为儒学研究的重要典籍，《孔子家语》自王肃为其作注后，在传播中却也不乏质疑之声。历代学者，围绕着其编者、成书年代等问题各抒己见。近年来，《孔子家语》获得学界的重视，研究不断深入，被誉为“孔子研究第一书”。现在，似乎到了对学界的相关研究作一番总结的时候了。

一、主要内容

《孔子家语》（以下简称《家语》），又名《孔氏家语》《孔圣家语》。可惜《家语》原书早佚，最早见其著录于《汉书 · 艺文志》，而归入《六艺略》的《论语》类。汉晋之后，《隋书 · 经籍志》《旧唐书 · 经籍志》《新唐书 · 艺文志》《宋史 · 艺文志》等亦有《家语》著录。

关于《家语》全书卷目，《汉书 · 艺文志》著录为二十七卷，《隋书 · 经籍志》著录为二十一卷，唐宋以后著录为王肃《家语》十卷本。今本《家语》十卷，四十四篇，三国时期魏国王肃作注，附有王肃序和汉儒孔安国后序。

从所载内容看，《家语》记录了孔子及孔门弟子的思想言行。据《孔安国序》所言，该书与“《论语》《孝经》并时”，乃“当时公卿士大夫及七十二弟子之所咨访交相对问言语”。虽然《家语》“属文下辞，往往颇有浮说、烦而不要者”，但“所论辨流判较归，实自夫子本旨”。

书中所载内容，很多中国历史上重大的思想文化事件，比如孔子世系、从政、周游、入周考察、问礼老子、与国君问对、同弟子问答，有关礼乐制度、历史自然的论述，孔门七十二弟子事迹等，在展示先秦儒家整体形象、解读三代历史等方面，具有不可替代的价值。

二、真伪问题

当前《家语》的相关研究，主要围绕文本辨伪、史料价值与学术史定位等论域展开。以下就其主要方面，作一概览式回顾。本节先谈《家语》的辨伪问题。

《家语》真伪问题为学术界一大公案。三国魏时王肃注本十卷，因其称系得之于孔氏后人孔猛，遂使学界质疑其传本的可靠性。唐人颜师古注《汉书》时，便疑二十七卷本非王肃注本。

唐宋以来，《家语》渐被蒙以“伪书”之名，至清代考据学风盛行被斥为伪作。20世纪初，章太炎《国学概论》认《家语》为伪书。顾颉刚著《孔子研究讲义》一书，乃断定《家语》为王肃伪作，为“伪书之中尤其伪者”，因而“无任何取信之价值”。直到20世纪末，还有不少出版物斥《家语》为“伪书”者，如《古今伪书考补证》[1]《伪书通考》[2]《中国伪书综考》[3]等。

迄今，围绕《家语》之疑古与辨伪，学界观点之歧出，主要有三：一、视《家语》为伪作；二、视《家语》为原作；三、《家语》之作、注、序宜分开择取。本节略对前两点作一疏释，第三点放在叙述《家语》史料价值时讨论。

第一，有意增损说。

传统社会的辨伪始于东汉，郑玄后学马昭以为《家语》系王肃“所增加，非郑所见”。《隋书·经籍志》则直载“《孔子家语》二十一卷，王肃解”，又示与《汉志》所见不同。清人孙志祖著《家语疏证》，认为《家语》经王肃“以意增损”，实乃“作伪难郑，诬圣背经”。

---

① 文海出版社，1972年。

② 上海书店出版社，1998年。

③ 黄山书社，1998年。

唐人颜师古注《汉书》时，以为《汉志》著录的二十七卷本《家语》“非今所有《家语》”。清人姚际恒在《古今伪书考》中支持颜师古的看法，说：“《唐志》有王肃注《家语》十卷，此即肃掇拾诸传记为之，托名孔安国作序，即师古所谓今之《家语》是也。”

清人姚际恒《古今伪书考》、范家相《家语证伪》、孙志祖《家语疏证》、陈鳣《家语疏证序》均认为《家语》是王肃“以意增损”的伪书，《四库全书总目提要》、皮锡瑞《经学历史》、崔述《洙泗考信录》、戴震等均认同。比如，崔述的《洙泗考信录》即认为“《家语》一书，本后人所伪撰。其文皆采之于他书，而增损改易以饰之”，“而世不察，以为孔氏遗书，亦已惑矣”。崔氏《古今尚书辨伪》亦云：“今所传《家语》亦肃之徒之所伪撰。”而清人王聘珍在《大戴礼记解诂序》中批评王肃篡改、伪造《家语》。

晚清时，皮锡瑞著《经学历史》，认为王肃有意“伪造”孔安国《尚书传》《论语注》《孝经注》《孔子家语》《孔丛子》等“五书”，“以相互证明”，且系“托于孔子及孔氏子孙，使其徒孔衍为之证”。

第二，杂抄诸书说。

南宋王柏著《家语考》，遍考源流，以为王肃杂取《左传》、《国语》、荀、孟、二戴《礼记》“混乱精粗，割裂前后，织而成之，托以安国之名”，并伪造《家语》孔序。四库馆臣所谓“割裂他书”，与王柏的说法如出一辙，他们的论证，均以《家语》袭取《大戴礼记》为中心。

顾颉刚认为王柏所言“割裂织成”说“绝对正确”，今本《家语》“大部分为编辑，小部分是创作”。他还说：“《孔子家语》不但是一部伪书，而且是一部杂凑书。”

清人范家相著《家语证伪》，将《家语》与群书逐条比对，发现“每事必有所出”，从而疑王肃杂抄群书。日本学者武内义雄《读家语杂识》以为，“今之《家语》，非全部伪撰，似尚存有古《家语》之文于其中焉”，“今之《家语》删去《荀子》及说礼之文，其余之材料，大体为古《家语》文，当是改篇次，加私家者”，从另一个角度支持上述《家语》之袭取、割裂他书的看法。

第三，部分伪造说。

此类看法，均认为王肃在《家语》流传过程中有不诚信行为，或代作“孔序”，或伪造文本。南宋陈振孙《直斋书录解题》认为《家语》为孔子世孙孔猛“所传”，王肃从弟子孔猛处得此书，并为之作注，随行于世。明人何孟春认为《孔安国序》是王肃“代作”。

不少学者认为王肃之所以作伪，盖出于同郑玄进行学术争锋之考虑。清人陈鳣为《家语疏证》作序时，即认为王肃以孔安国之名作后序，并列举三条理由认定《家语》为伪书：一、“至于《家语》肃以前儒者绝不引及”；二、“其伪安国后序云以意增损，其言则已自供皇状然”；三、“夫叙孔子之书，而先言夺郑氏之学，则是傅会古说攻驳前儒可知矣”。清人沈钦韩著《汉书疏证》，认为是王肃部分伪造了《家语》。他说：“肃惟取婚姻、丧祭、郊捕、庙祧，与郑不同者羼入家语，以矫诬圣人，其它固已有之，未可竟谓肃所造也。”

三、史料价值

自东汉至20世纪初以顾颉刚为代表的疑古辨伪，学界主流均视《家语》为伪书，怀疑《家语》为王肃伪作。但是，《家语》究竟是否伪作？其史料价值如何？

历史上，学界对《家语》的史料价值评价，可谓疑信相参，因时因势而异。在怀疑主义学术传统中，我们亦常常听到肯定之声。学界亦不乏从思想脉络、历史流变、遣词用语等角度，来肯定《家语》的独特价值的主张。

宋代大儒朱熹《朱子语录》认为，《家语》为王肃的“编古录杂记”，“其书多疵，然非肃所作”，不过，“虽记得不纯，却是当时书”。元人马端临在《文献通考》中大量引用《王肃序》等，并撰《新刊标题句解〈孔子家语〉》，从史料学角度肯定了《家语》及其所附汉孔安国后序的价值，认《家语》为《论语》“别出”，“散在人间”后又有“好事者或各以意增

损其言”，而孔安国“于是因诸公卿士大夫，私以人事募求其副，悉得之。乃以事类相次，撰集为四十四篇”。他引孔安国孙孔衍奏言，认为孔安国改孔壁藏书之“古文科斗”为“今文”，“读而训传其义”，且在“撰次”《家语》后，“会值巫蛊事起，遂各废不行于时”。

叶適《习学记言序目》指出，是书“汉初已流布人间，又经安国撰定”。叶適说：“《孔子家语》四十四篇，虽安国撰次，按后序，实孔氏诸弟子旧所集录，与《论语》《孝经》并时，取其正实而切事者别为《论语》，其余则都集录之，名曰《孔子家语》。”

南宋章如愚《群书考索》卷十认为，《家语》有“好事者或各以意增损其言，故使同是一事而辄异辞”，在汉代曾经有“与诸国事及七十二子辞妄相错杂”的历程；唐人颜师古所说“非今所有《家语》”，则是“以肃之所注者在可疑也”。南宋史绳祖《学斋占毕》认为，《家语》用词较古，不似伪作，是《大戴礼记》“杂取”于《家语》而非相反。南宋黄震《黄氏日抄》亦对作伪说持有异议，他说：“各篇中似尚有可疑之处，盖传闻异辞，述所传闻又异辞，其间记载之不同，亦无足怪。”

明人黄鲁曾注“明覆宋刊本”《家语》，他在“后序”中认为《家语》不是王肃伪作，实与孔氏家学相关。他说：“孔氏独多述作，自《鲁论》《齐论》言之又有《孔子家语》，疑多鲤、伋所记并门人先后杂附之者，要之咸孔子之意也。”

清人陈士珂撰《孔子家语疏证》，质疑伪书说，根据有二：一是质疑颜师古“既未见安国旧本”，又“安知今本之非是乎”？二是“观周末汉初诸子，其称述孔子之言，类多彼此互见，损益成文，甚至有问答之词，主名各别。如《南华》‘重言’之比，而溢美溢恶，时时有之，然其书并行，至于今不废，何独于是编而疑之也”？证明《家语》实乃渊源有自。

其他较著名者有：（1）《四库全书总目》认为《家语》“出于肃手无疑”，但亦肯定其价值道：“特其流传既久，且遗文轶事，往往多见于其中。故自唐以来，知其伪而不能废也。”（2）《四库全书简明目录》所论：“《家语》虽名见《汉志》，而书则久佚，今本盖即王肃依托，以攻驳郑学。马昭诸儒已论之详矣。然肃虽作伪，实亦割裂诸书所载孔子逸事，缀辑成篇，大意微言，亦往往而在。”而晚清唐晏撰《两汉三国学案》，认为《孔丛子》与《家语》都是实有其书而并传“仲尼之意”。

四、研究的新动向

近年来新材料的出土，引起了人们对《家语》辨伪问题的重新思考。《家语》意义彰显，端赖于与新出土文献的参互比照。运用“二重证据法”，利用考古资料，通过对文献的梳理和对勘，肯定《家语》为王肃所编撰，重新考察和分析《家语》的文献来源、成书年代和学术价值，亦是近二十年来学界研究的新动向之一。

首先，1973年在河北定县八角廊西汉墓出土了竹简《儒家者言》，1977年又在安徽阜阳双古堆西汉墓出土了篇题与《儒家者言》相应的简牍，二者内容均与今本《家语》相关。今人辨伪以主张“走出疑古时代”的李学勤为代表，李先生在1987年撰文中认为，“《家语》一书，王肃自序得自孔子二十二世孙孔猛，当为可信；又有源自孔安国的传说，这与汉魏时期的孔氏家学有关”，“今传本古文《尚书》《孔丛子》《家语》很可能陆续成于孔安国、孔僖、孔季彦、孔猛等孔氏学者之手，有着很长的编纂、改动、增补的过程”，“《儒家者言》也可称竹简本《家语》”①，认为汉墓出土的《儒家者言》简牍是《家语》原型。他还指出：“从简的发现看，早在汉初确已有《家语》的原型，《史记》世家、列传很可能参考过此书。刘向编集《说苑》，也收录了其中文字。王肃作解的今本《家语》，大约就是在简本的基础上经过几次编纂形成的。”②

其次，上海博物馆馆藏战国楚竹书中，被整理者取名为《民之父母》的文献，就与《家语》中的《论礼》相同，使《家语》最终告别“伪书”的“头衔”。庞朴认为，上博藏简《民之父母》篇的面世，“轰然打破”

---

① 《竹简〈家语〉与汉魏孔氏家学》，《孔子研究》1987年第2期。

② 《新发现简帛与汉初学术史的若干问题》，《烟台大学学报》1988年第1期。

以前我们视《家语》为王肃杂抄自《礼记》等书而成伪作的“成见”。他说：“对照竹简，冷静地重读《孔子家语·论礼》和《礼记·孔子闲居》，不能不承认，它们确系孟子以前的遗物，绝非后人伪造所成。”[①]

再次，英藏《家语》敦煌写本73行的公布，也有利于相关研究的深入。写本与今本《家语·郊问》和《家语·五刑解》两篇在注文格式上，与同文书局、《四部丛刊》等版本完全相同。王重民认为，该本“民字不讳，殆为六朝写本”[②]。

杨朝明先生将《家语》看作“孔子文集”，视其价值高于作为“孔子语录”的《论语》。[③]杨先生认为，《家语》由孔子的孙子子思领编而成，完全可以称为“孔子研究第一书”“儒学第一书”，该书对于全面研究和准确把握早期儒学更有价值。[④]杨先生和宋立林的《孔子家语通解》，“在坚持学术性第一的原则下，充分考虑现状，对《家语》进行序说、分段、注释、翻译，适应更多的读者，以期有利于推动孔子、早期儒学和中国‘元典’文化的研究”。李学勤先生亲撰序言，希望“这部书问世以后，更多学者会来集中研究和讨论《家语》，《家语》的内容性质、成书过程、学术价值等等问题，都将逐次得到大家的共识”。2013年11月底，习近平视察孔子研究院时，还说要“仔细看看”这本书。

经过近几十年的研究，当今学术界大多认为《家语》不尽为王肃伪作，该书在研究孔子弟子方面，有比《史记·仲尼弟子列传》更明显的优势，而且还可以推进“孔老”及早期“儒道”关系、孔子的圣王观、礼乐思想等诸多议题的研究。已有证据说明《家语》早于《说苑》。有学者认为，在讨论颜回生卒年寿上，可以据《家语》纠正《史记》之讹。[⑤]

---

① 《话说“五至三无”》，《文史哲》2004年第1期。

② 《敦煌古籍叙录》，中华书局，1979年，第149页。

③ 《新出竹书与〈论语〉成书问题再认识》，《中国哲学史》2003年第3期。

④ 《出土文献与儒家学术研究》，台湾古籍出版社，2007年。

⑤ 王承略：《论〈孔子家语〉的真伪及其文献价值》，《烟台师范学院学报》2001年第3期。

王德成等认为，因其丰富的内容和独特的价值，《家语》的史料价值超过传统公认的孔子研究的任何资料。①

宁镇疆主持了2008年国家社科基金项目“《孔子家语》新证”、全国高校古委会项目“《孔子家语》研究”，在《家语》版本学、出土简牍研究上，发表过系列有影响的论文。他将阜阳双古堆一号木牍所见章题同今本《家语》做比较。②通过将八角廊汉简《儒家者言》与《家语》对应的十章的比较，他认为历史上关于《家语》一书的争论并没有因《儒家者言》的出土而全获解决，“出土文献再次证明《孔子家语》确实存在很多后人整理、重组的痕迹，这一点《孔子家语》比传世的其他文献都要来得明显。《儒家者言》最能证明的其实是《说苑》一类古书的价值，而非《孔子家语》。《儒家者言》的性质应该是介乎《说苑》与《孔子家语》之间，具有一定的过渡性”。虽然宁镇疆在解读这一发现时持有与李学勤不同的见解，但也未否认《儒家者言》与《家语》存在一定关联。③

其他代表性研究主要有：（1）李传军《〈孔子家语〉辨疑》④；（2）杨朝明的系列论文，如《〈礼记·孔子闲居〉与〈孔子家语〉》讨论了与《礼记·孔子闲居》内容相对应的《家语·论礼》篇，认为“《礼记》本于《家语》”，说明《家语》非王肃伪造之书；（3）胡平生《阜阳双古堆汉简与〈孔子家语〉》以阜阳双古堆汉简为切入点，认定《家语》非伪书。另外，复旦大学邬可晶2011年博士毕业论文《〈孔子家语〉成书时代和性质问题的再研究》（裘锡圭指导），主张慎重使用《孔子家语》中的资料，认为出土的文献资料和传世文献只能证明《孔子家语》中含有从各种古书辑集而来的材料，有一定的文献价值，但并不能揭示其中王肃等后人窜入内容的真伪与价值。

---

① 《光明日报》2008年2月16日。

② 《齐鲁学刊》2007年第3期。

③ 《八角廊汉简〈儒家者言〉与〈孔子家语〉相关章次疏证》，《古籍整理研究学刊》2004年第5期。

④ 《孔子研究》2004年第2期。

五、版本问题

关于《家语》版本问题，其情况相当复杂。据统计，1912年以前国内《家语》的传世版本，约有120余种。其中，元代1种，明代60余种，清代60余种。各版本，又可总分为两个大的系统：白文系统和注本系统。古籍善本有毛晋本、景宋本、太宰纯本、冈白驹本和明覆宋本，然而它们当中也有讹误，人们对于毛晋本、景宋本和明覆宋本还有一些错误的看法。以这些善本为基础，参考敦煌写本《家语》、唐宋类书中所引到的《家语》内容及四库本，即可整合一部相对完善的现代版本。

在《家语》译注等研究方面，较具参考价值的作品主要有：（1）1998年三秦出版社出版的张涛的《孔子家语译注》，《前言》对《家语》的由来、流传和真伪分歧作了叙述，正文从诸本择善而从，注释标明出处、保留王肃注、重视陈士珂《孔子家语疏证》成果而时有订删，译文简洁通俗，附录补入三条《家语佚文》。（2）2009年齐鲁书社出版的杨朝明和宋立林的《孔子家语通解》，集注释、通解、论证于一体。（3）2009年中华书局出版的王国轩与王秀梅选译的《孔子家语》，增加了每篇的导读。（4）2012年上海三联书店出版的王盛元的《孔子家语译注》。（5）2003年中国文史出版社出版的《孔子家语》文白对照本。（6）1998年广西师大出版社出版的王德明的《孔子家语译注》等。

本书定位为严肃普及读物，我们力图为读者提供一个扫除了阅读障碍的入门读本。在每一个篇目前面设有导读，总论本篇主题思想，引导阅读。对原文的疑难字词进行注音与释义，还翻译了原文。本书不做关于版本之间文字异同的繁琐考证，只在对理解原文有比较大的歧义的时候在注释中指明异文。本书原文部分，主要参考明人黄鲁曾注"明覆宋刊本"、《四库全书》本、《四部备要》本、清人陈士珂所辑《孔子家语疏证》等，并做了一些择善而从的修改。注译部分，对前前人时贤的已有研究成果多有借鉴、吸收之处，恕未一一注明，在此表示感谢。

为了进一步推广这部经典，让更多的大众亲近儒学“元典”，我们节译了《家语》大部分的文本，保留了我们认为最具有经典意义的部分。限于时间和注译者的学养，讹误在所难免，我们真诚地期待读者诸君的批评指正！

注译者

2018年4月于汉上

目　录

孔子家语序 王肃

郑氏学行五十载矣，自肃成童，始志于学，而学郑氏学矣。然寻文责实，考其上下，义理不安，违错者多，是以夺而易之。然世未明其款情，而谓其苟驳前师，以见异于前人。乃慨然而叹曰：岂好难哉？予不得已也。圣人之门，方壅不通；孔氏之路，枳棘充焉。岂得不开而辟之哉？若无由之者，亦非予之罪也。是以撰经礼，申明其义，及朝论制度，皆据所见而言。

孔子二十二世孙有孔猛者，家有其先人之书。昔相从学，顷还家，方取已来，与予所论，有若重规叠矩。昔仲尼曰："文王既殁，文不在兹乎？天之将丧斯文也，后死者不得与于斯文也！天之未丧斯文也，匡人其如予何！"言天丧斯文，故令己传斯文于天下。今或者天未欲乱斯文，故令从予学。而予从猛得斯论，以明相与孔氏之无违也。斯皆圣人实事之论，而恐其将绝，故特为解，以贻好事之君子。

《语》云："牢曰：'子云：吾不试，故艺。'"谈者不知为谁，多妄为之说。《孔子家语》：弟子有琴张，一名牢，字子开，亦字张，卫人也。宗鲁死，将往吊，孔子止焉。《春秋外传》曰："昔尧临民以五。"说者曰："尧五载一巡狩。"五载一巡狩，不得称"临民以五"也。经曰"五载一巡狩"，此乃说舜之文，非说尧。孔子说论五帝，各道其异事，于舜云"巡狩天下，五载一始"。则尧之巡狩年数未明。周十二岁一巡，宁可言周临民以十二乎？孔子曰："尧以土德王天下，而色尚黄。"黄，土德；五，土之数。故曰"临民以五"，此其义也。

卷第一

相　鲁

导读

本篇讲述了孔子的仕宦生涯，比传世文献《左传》《礼记·檀弓上》《史记·孔子世家》的相关记载还要详尽，这说明《孔子家语》有其独特的学术价值。

做中都宰时，孔子注重制定养生送死的礼仪，以砥砺风俗。施行一年后，人民的日常生活和生养死送都做到了有礼有节，社会风气为之一变，四方诸侯争相效法。实行两年后，孔子受到君王重用，鲁定公升其为司空。孔子管理土地，因地制宜，全面发展"大农业"；遵从君主葬制，使昭公墓与先王墓域合一。

由于政绩突出，德高望重，孔子很快升任为大司寇，取得上大夫地位，实现了由非贵族出身擢升到卿大夫的社会地位的飞跃。当时制定了法律，扶正了世风，竟没有奸诈犯法之民。

鲁定公十年（前500），在齐国境内召开的夹谷之会上，孔子担任礼相（司仪，相当于现代的礼仪总指挥），能以礼相待，指挥若定，因实行"有文事者必有武备，有武事者必有文备"而占尽风光。虽然提倡"裔不谋夏，夷不乱华，俘不干盟，兵不逼好"的华夷之辨显其狭隘，力斩侏儒又显悖仁德，但却从一个侧面反映了孔子执行礼法时的雷厉风行。

孔子还建议鲁定公隳毁权臣季孙、叔孙、孟孙不合礼法的都邑，加强了鲁国的君权。

原文

孔子初仕，为中都[1]宰[2]，制为养生送死之节：长幼异食[3]，强弱异任[4]，男女别涂，路无拾遗，器不雕伪[5]；为四寸之棺，五寸之椁，因丘陵为坟，不封[6]、不树[7]。行之一年，而西方之诸侯[8]则[9]焉。

译文

孔子刚做官时，担任中都邑的邑宰。他制定了使老百姓生有所养、死得安葬的制度：根据年纪长幼提供不同的食物，根据能力的大小分配不同的任务，男女走路各行一边，路上遗失的东西不会被人捡走而据为己有，器物不求浮华雕饰；装殓死人的棺木厚四寸、椁木厚五寸，依傍丘陵修墓而不筑高坟，不在墓地种植松柏。这样的制度施行一年后，各诸侯国纷纷效法。

注释

1 **中都**：鲁国小邑，在今山东汶上。

2 **宰**：卿大夫家臣或采邑长官。鲁定公九年（前501），孔子51岁，出任中都宰。

3 **异食**：周礼规定，年满五十者要吃专门准备的食物。

4 **异任**：力作之事，各从所任，不用弱。

5 **雕伪**：雕画伪饰。

6 **不封**：不聚土以起坟。

7 **不树**：不在坟周围种松柏。

8 **西方之诸侯**：鲁国在东，其他诸侯国在鲁国以西，故称。

9 **则**：效法。

原文

定公[1]谓孔子曰："学子此法，以治鲁国何如？"孔子对曰："虽天下可乎，何但鲁国而已

译文

鲁定公对孔子说："学习您这套方法来治理鲁国，您看怎么样？"孔子回答说："即使用来治理天下也是可以的，岂止是治理好鲁国呢！"这样实施了两年，定公任命孔子担任

哉！”于是二年，定公以为司空[2]。乃别五土之性[3]，而物各得其所生之宜，咸得厥所。

先时，季氏葬昭公[4]于墓道之南，孔子沟而合诸墓焉[5]。谓季桓子[6]曰：“贬君以彰己罪，非礼也。今合之，所以掩夫子之不臣[7]。”由司空为鲁大司寇[8]。设法而不用，无奸民。

司空。孔子便根据土地的性质，将其分为山林、川泽、丘陵、平地、沼泽五类，各种作物都种植在适宜的环境里，都得以较好地生长。

先前，季平子把鲁昭公葬在鲁国先王陵寝的墓道南面，孔子做司空后，派人挖沟把昭王的陵墓与先王的陵墓圈连到一起。孔子对季桓子说：“令尊以此贬损君王却彰显了自己的罪行，这是不合礼制的行为。现在把陵墓合到一起，可以掩盖令尊曾经不守臣道的罪名。”之后，孔子又由司空升为鲁国的大司寇。虽然设立了法律，却派不上用场，因为没有奸诈顽劣之民了。

注释

1 **定公**：鲁国君王姬宋的谥号。

2 **司空**：又名司工，主管营建修筑工程，及郊祀扫除、乐器等。鲁定公时，孔子弟子孟懿子为司空，孔子任其下属，为小司空。

3 **五土之性**：山林、川泽、丘陵、坟衍、原隰的情况。坟衍，肥沃平旷之地。原隰，广平低湿之地。

4 **季氏葬昭公**：鲁昭公二十五年（前517），昭公伐季平子失败，被逐，死于晋之乾侯。定公元年（前509）秋，权臣季平子葬昭公于鲁先君陵寝墓道之南，不与先君合葬，等于把鲁昭公逐出了君王的行列。

5 **沟**：挖沟。合诸墓：合入同一墓域。

6 **季桓子**：季平子之子季孙斯，平子死后当政。

7 **不臣**：不守臣属之道。

8 **大司寇**：六卿之一，主管刑狱。

原文

定公与齐侯会于夹谷[1]，孔子摄相[2]事，曰："臣闻有文事者必有武备，有武事者必有文备。古者诸侯出疆，必具官以从，请具左右司马[3]。"定公从之。

至会所，为坛位，土阶三等。以遇礼相见，揖让而登。献酢[4]既毕，齐使莱人以兵鼓噪，劫定公。孔子历阶[5]而进，以公[6]退，曰："士，以兵之。吾两君为好，裔夷之俘敢以兵乱之！非齐君所以命诸侯也！裔不谋夏，夷不乱华，俘不干盟，兵不逼好。于神为不祥，于德为愆义，于人为失礼，君必不然。"齐侯心怍，麾[7]而避之。

译文

鲁定公和齐侯在齐国的夹谷举行盟会，孔子担任司仪，对鲁定公说："我听说，举行和平会盟一定要有武力为后盾，军事行动也要以和平外交做准备。古代的诸侯离开自己的国家，必须配备文武随从，请您带上左右司马。"定公听从了孔子的建议。

到了会盟场所，筑起盟会的高台，土台设立三个台阶。双方以会遇之礼相见，谦让着登上高台。互相敬酒后，齐国派莱人军队擂鼓呼叫，威胁鲁定公。孔子快步登上台阶，保护鲁定公退避，说："鲁国士兵，你们去攻打莱人。我们两国君王在这里举行友好会盟，远方夷狄的俘虏竟敢拿着武器扰乱！这绝不是齐君和天下诸侯友好邦交之道！远夷不得图谋华夏，蛮夷不得扰乱中国，俘虏不可扰乱会盟，武力不能逼迫友好。否则，就是对神明不敬，对道德悖逆，在为人上失礼。齐侯必然不会这么做。"齐侯听了，内心愧疚，指令莱人军队退下。

注释

1 **齐侯**：齐国君王。会：会盟。夹谷：夹谷山，在今山东莱芜境内。

2 **相**：司仪，赞礼之人。

3 **左右司马**：掌管军事的正副官。

4 **献酢**(zuò)：主客互相揖让敬酒。

5 **历阶**：一步一级地快步登阶。古礼规定双脚登同一级台阶慢行。

6 **以公**:保护着定公。

7 **麾**:指挥。

原文

有顷,齐奏宫中之乐,俳优侏儒[1]戏于前。孔子趋进,历阶而上,不尽一等[2],曰:"匹夫荧侮诸侯者,罪应诛。请右司马速刑焉!"于是斩侏儒,手足异处。齐侯惧,有惭色。

将盟,齐人加载书曰:"齐师出境,而不以兵车三百乘从我者,有如此盟。"孔子使兹无还[3]对曰:"而不返我汶阳之田,吾以供命者,亦如之。"

译文

过了一会儿,齐国演奏宫廷乐舞,歌舞艺人和矮人小丑在君王面前表演歌舞杂技,调笑嬉戏。孔子快步向前,登上台阶,站在第二阶上说:"卑贱的人敢戏弄诸侯君王,罪当斩。请右司马赶紧对他们用刑。"于是斩杀了侏儒小丑,砍断手足。齐侯恐惧,面露愧色。

正盟誓时,齐国在盟书上加了一段话说:"将来齐国出兵远征时,鲁国若不派三百辆兵车从征,就要按本盟约规定加以制裁。"孔子让鲁大夫兹无还回应道:"若齐国不归还汶河以北的鲁国属地,却让鲁国派兵跟从的话,齐国也要按盟约规定接受处罚。"

注释

1 **俳优**:演舞蹈滑稽戏的艺人。侏儒:身材矮小的杂技艺人。

2 **不尽一等**:没有登上最高台阶。

3 **兹无还**:人名,鲁国大夫。

原文

齐侯将设享礼[1],孔子谓梁丘据曰:"齐鲁之故,吾子何不闻焉?

译文

齐侯准备设宴款待鲁定公。孔子对齐大夫梁丘据说:"齐、鲁两国的传统礼节,阁下难道没听说过吗?会盟既已完成,贵国君

事既成矣，而又享之，是勤[2]执事。且牺象[3]不出门，嘉乐[4]不野合[5]。享而既具，是弃礼；若其不具，是用秕稗也。用秕稗，君辱；弃礼，名恶。子盍图之？夫享，所以昭德也；不昭，不如其已。”乃不果享。

齐侯归，责其群臣曰：“鲁以君子道辅其君，而子独以夷狄道教寡人，使得罪。”于是乃归所侵鲁之四邑[6]及汶阳之田。

王又要设宴款待我国君王，这岂不是徒然劳烦贵国群臣？何况牛形和象形的宫廷酒器，按规矩不能拿出宫门，而雅乐也不能在荒野演奏。假如宴席上配备了这些酒器，就是背弃礼仪；假如宴席间未配备，就如同舍弃五谷而用秕稗。宴席简陋有伤贵国君王的脸面，背弃礼法则贵国就会招致恶名，为何不慎重考虑呢？宴客，本为发扬君主的威德，如果不能发扬，不如干脆作罢。”于是齐国取消了这次宴会。

齐侯回到都城，责备群臣说：“鲁国臣子用君子之道辅佐他们的君王，而你们却用夷狄之道误导我，招来这些羞辱。”于是，齐国归还了以前侵占鲁国的四座城邑和汶河以北的土地。

注释

1 **享礼**：宴会礼仪。

2 **勤**：麻烦，劳烦。

3 **牺象**：牛形和象形的宫廷酒器。

4 **嘉乐**：宴享正礼，钟鼓之乐。

5 **野合**：不在宗庙、宫廷演奏。

6 **四邑**：郓(yùn)、讙(huān)、龟、阴，鲁国的四座城邑。

原文

孔子言于定公曰：“家不藏甲[1]，邑无百雉[2]之城，古之制也。今三

译文

孔子对鲁定公说：“卿大夫家中不能私藏兵器铠甲，封邑内不能建筑一百雉规模的都城，这是古代的礼制。如今季孙氏、叔孙

家[3]过制，请皆损之。”乃使季氏宰仲由[4]隳三都[5]。

叔孙辄[6]不得意于季氏[7]，因费宰[8]公山弗扰[9]率费人以袭鲁。孔子以公，与季孙、叔孙、孟孙入于季氏之宫[10]，登武子之台[11]。费人攻之，及台侧，孔子命申句须、乐颀[12]勒[13]士众下伐之，费人北。遂隳三都之城。强公室，弱私家，尊君卑臣，政化大行。

氏、孟孙氏三家城邑都逾越了礼制，请您予以削减。”于是定公派季氏家臣仲由，减损季孙氏的都城费、叔孙氏的都城郈、孟孙氏的都城成的规模。

叔孙氏的庶子叔孙辄得不到叔孙氏的器重，便联合费城长官公山弗扰率领费人进攻鲁国都城曲阜。孔子保护着鲁定公，和季孙氏、叔孙氏、孟孙氏三大夫躲入季氏的住宅，登上武子台。费人进攻武子台，攻到台的一侧，孔子命令申句须、乐颀两位大夫统领士卒前去抵挡，费人败退。这样，终于削减了三座都邑的城池。这一行动，加强了鲁国君王的权力，削弱了大夫的势力，君王得到尊崇，臣子地位下降，政治教化措施得到执行。

注释

1 **家**：指卿大夫。甲：铠甲，借指武装。

2 **雉**(zhì)：古代计算城墙面积的单位。城墙长一丈、高一丈称“堵”，三堵为一雉。

3 **三家**：鲁国势力很大的三家权臣，即季孙氏、叔孙氏、孟孙氏。

4 **仲由**：字子路，孔子弟子，时任季孙氏家总管。

5 **隳**(huī)：毁坏。三都：分别指季孙氏、叔孙氏、孟孙氏的都城费（今山东鱼台西南费亭）、郈(hòu。今山东东平东南)、成（今山东宁阳东北小汶河附近）三地。

6 **叔孙辄**：叔孙氏庶子。

7 **季氏**：当作“叔孙氏”。《左传·定公十二年》杜预注：“辄不得志于叔孙氏。”

8 **费宰**:费城长官。

9 **公山弗扰**:人名。

10 **季氏之宫**:季氏住宅。

11 **武子之台**:台名,在季氏宅内。

12 **申句须、乐颀**:鲁大夫。

13 **勒**:指挥。

原文

初,鲁之贩羊有沈犹氏者,常朝饮其羊以诈市人[1]。有公慎氏者,妻淫不制。有慎溃氏,奢侈逾法。鲁之鬻六畜者,饰之以储价[2]。

及孔子之为政也,则沈犹氏不敢朝饮其羊,公慎氏出其妻,慎溃氏越境而徙。三月,则鬻牛马者不储价,卖羊豚者不加饰。男女行者,别其涂,道不拾遗。男尚忠信,女尚贞顺。四方客至于邑,不求有司,皆如归焉。

译文

从前,鲁国有个叫沈犹氏的羊贩子,经常在早上用水把羊灌饱,以此来增加羊的重量,欺骗买羊的人。有个叫公慎氏的人,他的妻子淫乱,也不加制止。有个叫慎溃氏的人,生活十分奢侈,超过了法令的规定。鲁国那些卖牲畜的人,常常把牲畜修整打扮起来,以卖高价。

等到孔子当了鲁国司寇,沈犹氏不敢给羊灌水了,公慎氏把妻子休掉了,慎溃氏迁到别国去了。为政三个月,贩卖牛马的人也不再漫天要价了,贩卖猪羊的人也不再对牲畜做手脚了。路上的男女行人,各走一边,丢在地上的东西也没人拾来据为己有。男子追求忠诚信用,女子崇尚贞节温顺。四方客来到城里,不再请求官府帮助,就像回到家里一样。

注释

1 **“朝饮其羊”诸事**:《荀子·儒效》:“仲尼将为司寇,沈犹氏不敢朝饮其羊,公慎氏出其妻,慎溃氏逾境而徙,鲁之粥牛马者不豫贾,必蚤正以待之也。”另参《新序·杂事》。

2 **储价**:抬高价格。

始　诛

导读

本篇记载了孔子仕途巅峰时期的政治作为,当时孔子“摄行相事”而代理季桓子执政,主张刑杀与教化并行。正文中一杀一放的两件历史事件,一严一宽,恰成鲜明对比,是我们了解儒家教化思想的重要范本。

第一,孔子在执政之始,严厉地诛杀了“乱政大夫”少正卯。但此事多为后世儒者所讳,或避而不谈,或断然否认,以为夫子过判而影响其圣人形象。译注者以为大可不必为圣人隐讳。似乎也可以由此加以引申,即儒家在执行法令时,也有雷厉风行、严惩不贷的一面。

第二,孔子宽大地赦免了陷入官司的父子二人,还诠释了儒家对法律与道德、法制与德治关系的看法。孔子主张教而后诛,先施教化,后加诛罚。如果不教而诛,则为暴虐行为。对百姓进行教化时,注重道德教育为先,通过表彰贤德,运用榜样的力量进行劝勉引导,迫不得已才动用刑威,施以严刑峻法。

原文

孔子为鲁司寇,摄[1]行相事,有喜色。仲由问曰:“由闻君子祸至不惧,福至不喜,今夫子得位而喜,何也?”孔子曰:“然,有是言

译文

孔子担任鲁国大司寇,代理行使宰相的职务,面露喜色。弟子仲由问他:“我听说君子祸患降临不恐惧,幸运来到也不欢喜。现在您得到高位而流露出欢喜的神色,这是为什么呢?”孔子回答说:

也。不曰'乐以贵下人'乎?"

于是朝政[2]七日而诛乱政大夫少正卯[3],戮之于两观[4]之下,尸[5]于朝三日。子贡进曰:"夫少正卯,鲁之闻人也。今夫子为政而始诛之,或者为失乎?"

"对,确实有这样的说法。但不是有'显贵了却以谦恭待人为乐事'的说法吗?"

就这样,孔子执掌朝政七天就诛杀了扰乱朝政的大夫少正卯,诛杀于宫殿门外的两座高台下,还在朝廷暴尸三日。子贡向孔子进谏说:"这个少正卯,是鲁国有名望之人,现在老师您执掌朝政首先就杀掉他,可能有些失策吧?"

注释

1 **摄**:代理。

2 **朝政**:执政。

3 **少正卯**:和孔子同时讲学的鲁大夫。

4 **两观**:宫殿门外的两座高台。

5 **尸**:陈列尸首。

原文

孔子曰:"居[1],吾语汝以其故。天下有大恶者五,而窃盗不与焉。一曰心逆而险[2],二曰行僻而坚[3],三曰言伪而辩,四曰记丑[4]而博,五曰顺非而泽。此五者,有一于人,则不免君子之诛,而少正卯皆兼有之。其居处足以撮徒成党[5],其谈说足以饰褒莹众,其强御足以反是独立[6],此乃人之奸

译文

孔子回答说:"坐下来,我告诉你杀他的缘由。天下称得上大恶的有五种,其中不包括盗窃。一是通达事理却又心存险恶,二是行为怪僻而又坚定固执,三是言语虚伪却又能言善辩,四是掌握过多怪异的事,五是言论错误还要为之润色。人只要有五恶之一,就免不了被正人君子诛杀,何况少正卯是五恶兼具。他身居高位就足以聚集势力结党营私,他的言论也足以伪饰自己迷惑众人,他积蓄的强大力量足以叛逆礼制成为异

雄者也，不可以不除。夫殷汤诛尹谐，文王诛潘正[7]，周公诛管、蔡，太公诛华士[8]，管仲诛付乙，子产[9]诛史何[10]，是此七子皆异世而同诛者，以七子异世而同恶，故不可赦也。《诗》云：'忧心悄悄[11]，愠于群小[12]。'小人成群，斯足忧矣。"

端。这就是人中的奸雄啊！不可不及早除掉。历史上，殷汤杀尹谐，文王杀潘正，周公杀管叔、蔡叔，姜太公杀华士，管仲杀付乙，子产杀史何，这七个人生于不同时代但都被诛杀，原因是七个人尽管所处时代不同，但同样具有恶行，所以不能赦免。《诗经》说：'忧心如焚，被群小所憎恶。'如果小人成群，那就足以令人担忧了。"

注释

1 **居**：坐下。

2 **心逆而险**：《荀子·宥坐》作"心达而险"，《说苑·指武》作"心辨而险"（一本作"心逆而险"），指通达古今事理却很凶险。

3 **行僻而坚**：行为邪僻而意志坚定。

4 **丑**：王肃注："丑谓非义。"《荀子》杨倞注："丑，谓怪异之事。"

5 **撮徒成党**：《荀子·宥坐》作"聚徒成群"。

6 **强御足以反是独立**：强暴有势力足以反对正道而独立成家。

7 **文王诛潘正**：《荀子·宥坐》"潘正"作"潘止"，《说苑·指武》作"太公诛潘阯"。

8 **华士**：隐士，《韩非子》言其"耕而后食，凿井而饮"。

9 **子产**：公孙氏，名侨，字子产，郑国著名政治家。

10 **史何**：《荀子·宥坐》作"邓析、史付"，《说苑·指武》作"邓析"。

11 **忧心悄悄**：忧心忡忡。

12 **愠**：恼怒。

原文

孔子为鲁大司寇[1]，有父子讼者，夫子同狴[2]

译文

孔子做鲁国的大司寇时，有父子二人来打官司，孔子把他们羁押在同一间牢房

执[3]之，三月不别[4]。其父请止，夫子赦之焉。

季孙[5]闻之，不悦，曰："司寇欺余，曩告余曰：'国家必先以孝。'余今戮一不孝以教民孝，不亦可乎？而又赦，何哉？"

冉有[6]以告孔子，子喟然叹曰："呜呼！上失其道而杀其下，非理也。不教以孝而听其狱，是杀不辜。三军大败，不可斩也。狱犴[7]不治，不可刑也。何者？上教之不行，罪不在民故也。

里，过了三个月也不判决。父亲请求撤回诉讼，孔子就将他们都放了。

季孙氏听到这件事，很不高兴，说："司寇欺骗我，从前他曾对我说：'治理国家一定要先实行孝道。'如今我要杀掉一个不孝的家伙，来教导百姓遵行孝道，不也可以吗？司寇却又赦免了他们，这是为什么呢？"

孔子弟子冉有，时任季孙氏的家臣，把话转告了老师。孔子叹息说："唉！身居上位不按道行事而滥杀百姓，这违背常理。不用孝道来教化百姓而随意判决官司，这是滥杀无辜。三军打了败仗，是不能用杀士卒来解决问题的。刑事案件不断发生，是不能用严酷的刑罚来制止的。为什么呢？统治者的教化没有起到作用，罪责不在百姓身上。

注释

1 **大司寇**：《荀子·宥坐》作"司寇"，当时鲁国司空孟孙兼司寇，孔子或为司空下的小司寇。

2 **狴**(bì)：狱牢。

3 **执**：监禁，关押。

4 **别**：判决。

5 **季孙**：鲁桓公子季友后裔，又称季孙氏，三卿之一，司徒兼家宰。自鲁文公后，季孙行父、季孙宿等都是鲁国实权人物。

6 **冉有(前522—前489)**：孔子弟子冉求，字子有，时为季氏家臣。

7 **狱犴**(àn)：刑狱。

原文

“夫慢令谨诛[1]，贼也；征敛无时，暴也；不试责成，虐也。政无此三者，然后刑可即也。《书》云：‘义刑义杀[2]，勿庸以即汝心[3]，惟曰未有慎事。’言必教而后刑也，既陈道德以先服之。而犹不可，尚贤以劝之；又不可，即废之；又不可，而后以威惮之。若是三年，而百姓正矣。其有邪民不从化者，然后待之以刑，则民咸知罪矣。《诗》云：‘天子是毗[4]，俾[5]民不迷。’是以威厉[6]而不试，刑错[7]而不用。今世则不然，乱其教，繁其刑，使民迷惑而陷焉，又从而制之，故刑弥繁而盗不胜也。夫三尺之限[8]，空车不能登者，何哉？峻故也。百仞之山，重载陟焉，何哉？陵迟故也。今世俗之陵迟久矣，虽有刑法，民能勿逾乎？”

译文

“法律松弛而刑杀严酷，是残忍行为；随意横征暴敛，是残暴行径；不加以教化而苛求百姓遵守礼法，是暴虐做法。只有施政中没有这三种弊病，才可以使用刑罚。《尚书·康诰》说：‘刑杀要符合正义，不能随心所欲，断案要慎重，让百姓心悦诚服。’说的是先施教化后用刑罚，先陈说道理使百姓明白敬服。如果还不行，再以贤良的人为表率引导鼓励他们；还不行，才放弃种种说教；还不行，才可以用法令的威势震慑他们。这样实施三年，百姓就会走上正道。那些不从教化的顽劣之徒，对其就可以使用刑罚。这样一来，百姓就都知道什么是犯罪了。《诗经·小雅·节南山》说：‘辅佐天子，使百姓不迷惑。’能做到这些，就不必用严刑峻法，刑法也可搁置不用了。当今之世却不是这样，教化紊乱，刑法繁多，使百姓感到迷惑，仿佛随时都会掉进陷阱。官吏又用繁多的刑律来控制约束，所以刑罚越繁盗贼越多。三尺高的门槛，即使空车也不能越过，为什么呢？那是因为门槛陡峭。一座百仞高的山，负载极重的车子也能登上去，为什么呢？那是因为山虽高而坡缓，车子就能慢慢登上去。如今社会风气已经败坏很久了，即使有严刑峻法，百姓能不违犯吗？”

注释

1 **慢令谨诛**:法令松弛,刑杀谨严。

2 **义刑义杀**:符合正义的刑杀。

3 **勿庸以即汝心**:庸,用。即,就。刑杀教化不求符合你的心意,而要符合正义。

4 **毗**:辅佐。

5 **俾**:使。

6 **威厉**:严酷的刑罚。

7 **错**:放置,搁置。

8 **限**:《荀子·宥坐》作"岸",这里指险阻。

儒行解

导读

本篇系孔子和鲁哀公的对话,主要讨论儒者应该具有什么样的道德行为,故以"儒行"名篇。孔子在卫国时,因弟子冉有向权臣季孙氏力荐"国有圣人"孔子,季孙氏又向鲁哀公推荐。孔子受邀回到鲁国。孔子与鲁哀公的对话,便从孔子的穿着开始,讨论儒者的服饰、德性,即所谓的"儒服"与"儒行"问题。

在孔子看来,服装不过入乡随俗,并不知道是不是儒服,君子靠的是自己的博学。哀公又问"儒行",孔子就介绍了儒者自立、备预、近人情、刚毅、忧思、宽裕、举贤援能、特立独行、自守与交友等十几种道德操行。《说文解字》曾将"儒"释读为柔弱的"术士"。汉人郑玄释《儒行》篇名为:"以其记有道德者所行也。儒之言优也,柔也。能安人、能服人。又儒者,濡也,以先王之道能濡其身。"到了宋代,吕大临认为《儒行》篇之说,"多有矜大胜人之气，少雍容深厚之风”。细读本篇，可以真正体会儒家对“儒者”风范的把握，重新审视历代学者有关“儒行”“儒教”“儒术”概念的相关解读。

原文

孔子在卫[1]，冉求[2]言于季孙[3]曰：“国有圣人而不能用，欲以求治，是犹却步而欲求及前人，不可得已。今孔子在卫，卫将用之。己有才而以资邻国，难以言智也，请以重币[4]迎之。”

季孙以告哀公，公从之。孔子既至，舍哀公馆焉。公自阼阶[5]，孔子宾阶，升堂立侍。公曰：“夫子之服，其儒服与？”孔子对曰：“丘少居鲁，衣逢掖之衣[6]。长居宋，冠章甫之冠。丘闻之，君子之学也博，其服以乡，丘未知其为儒服也。”

译文

孔子在卫国时，冉求对季孙氏说：“本国有圣人却不能用，这样想治理好国家，就像倒着走而又想赶上前面的人一样，是不可能的。如今孔子在卫国，卫国将要任用他。我们自己有人才却去帮助邻国，难以说是明智之举。请您用丰厚的聘礼把他请回来。”

季孙氏把冉求的建议禀告了鲁哀公，鲁哀公听从了这一建议。孔子回到鲁国，住进鲁哀公招待客人的馆舍里。哀公从大堂东面的台阶走上来迎接孔子，孔子从大堂西面的台阶上来觐见哀公，一起来到大堂，孔子站着陪哀公说话。鲁哀公问孔子说：“先生穿的衣服，是儒者的服装吗？”孔子回答说：“我小时候住在鲁国，穿的是宽袖的衣服；长大后住在宋国，戴的是殷代流行的黑布礼冠。我听说，君子学问要广博，穿衣服要随其乡俗。我不知道这是不是儒者的服装。”

注释

1 **卫**：周武王弟康叔封地，在今河北南部、河南北部一带。

2 **冉求**：字子有，孔子弟子，时任季氏家臣。

3 **季孙**：名肥，鲁国大夫，当时的权臣。

4 **重币**:贵重的玉、帛、马匹等丰厚的礼物。

5 **阼**(zuò)**阶**:东阶,与"宾阶"相应。古人相见,主人居东阶相迎,来宾自西阶而上。

6 **逢掖**(yè)**之衣**:宽袖大衣。王肃注:"深衣之褒大也。"

原文

公曰:"敢问儒行?"孔子曰:"略言之,则不能终其物;悉数之,则留仆[1]未可以对。"

哀公命席,孔子侍坐,曰:"儒有席上之珍以待聘,夙夜强学以待问,怀忠信以待举,力行以待取。其自立有如此者。

"儒有衣冠中,动作慎,其大让如慢,小让如伪。大则如威,小则如愧。难进而易退,粥粥若无能也。其容貌有如此者。

"儒有居处齐难[2],其起坐恭敬,言必诚信,行必忠正。道涂不争险易之利,冬夏不争阴阳之和。爱其死以

译文

鲁哀公问:"请问儒者的操行有哪些呢?"孔子回答说:"粗略地讲,不能把儒者的操行讲完;如果详细地讲,需要花费较长时间,可能讲到侍御的人换班了,也难以讲完。"

鲁哀公命人摆设坐席,孔子陪坐在旁边,说:"儒者如同席上的珍品等待君王享用,昼夜不停地勤奋学习等待别人来请教,心怀忠信等待别人举荐,勉力做事等待别人录用。儒者自修立身就是这样的。

"儒者中有这样一类人,他们穿戴适宜,一举一动合乎法度,对大事推让好像很傲慢,对小事推让好像很虚伪。做大事时,神态庄重,像心怀畏惧。做小事时,从不轻慢,像内心愧疚。难于进取而易于退让,柔弱谦恭像是很无能的样子。儒者的容貌就是这样的。

"儒者中有这样一类人,他们起居庄重严肃,坐立行走恭敬,讲话必然诚信,行为必定忠实正直。路途上不与人争走好行的路,冬夏时不与人争坐冬暖夏凉的地方。不轻易赴死以等待值得牺牲生命的事情,保养身

有待也，养其身以有为也。其备预有如此者。

体以期待有所作为。儒者预先准备就是这样的。

注释

1 **留仆**：君王宴朝时，太仆长时间留下侍奉，以致疲倦。借指时间长。仆，太仆，国君身边的侍御者。

2 **齐难**：庄重严肃。王肃注："齐庄可畏难也。"

原文

"儒有不宝金玉而忠信以为宝，不祈土地而仁义以为土地，不求多积而多文以为富。难得而易禄也，易禄而难畜[1]也。非时不见，不亦难得乎？非义不合，不亦难畜乎？先劳而后禄，不亦易禄乎？其近人情有如此者。

"儒有委之以财货而不贪，淹之以乐好而不淫，劫之以众而不惧，阻之以兵而不慑。见利不亏其义，见死不更其守。鸷虫攫搏不程其勇[2]，引重鼎不程其力。往者不悔，来者不豫。过言不再，流言不极[3]。不断其威，不习其谋。其特立有如

译文

"儒者中有这样一类人，他们宝贵的不是金玉而是忠信，不一心谋占土地而把仁义当作土地，不求积蓄很多财富而把满腹经纶作为财富。儒者难以得到却容易供养，容易供养却难以留住。不到适当的时候不会出现，不是很难得吗？不正义的事情就不合作，不是很难留住他们吗？先效力而后才要俸禄，不是很容易供养吗？儒者近乎人情就是这样的。

"儒者中有这样一类人，他们对于别人委托的财货不会有贪心，身处玩乐之境而不过分沉溺，众人威逼也不害怕，武力威胁也不恐惧。见利不会忘义，死亡面前不改操守。遇到凶禽猛兽的攻击不度量自己的勇力而与之搏斗，推举重鼎不度量自己的力量能否胜任就尽力而为。对过去的事情不追悔，对未来的事情不疑虑。错话不重复，流言不追究。保持威严，不学习什么权谋。儒者的特立独行就是这

此者。

“儒有可亲而不可劫，可近而不可迫，可杀而不可辱。其居处不过，其饮食不溽，其过失可微辩而不可面数也。其刚毅有如此者。

样的。

“儒者中有这样一类人，他们可以亲近而不可以胁迫，可以接近而不可以威逼，可以杀死而不可以侮辱。他们的居处之所不奢侈，他们的饮食不丰厚，他们的过失可以含蓄地提醒而不可以当面指责。儒者的刚强坚毅就是这样的。

注释

1 **难畜**：难以留住。畜，容留。

2 **鸷**(zhì) **虫**：凶鸟猛兽。攫搏：鸟兽之抓取、搏击。程：显示。

3 **流言不极**：即“不极流言”，对流言不追根问底。王肃注：“流言相毁，不穷极也。”

原文

“儒有忠信以为甲胄，礼义以为干橹[1]，戴仁而行，抱义而处，虽有暴政，不更其所。其自立有如此者。

“儒有一亩之宫，环堵之室[2]，荜门圭窬[3]，蓬户瓮牖[4]。易衣而出，并日而食。上答之，不敢以疑；上不答之，不敢以谄。其为士有如此者。

“儒有今人以居，

译文

“儒者中有这样一类人，他们以忠信作为铠甲，以礼仪作为盾牌，持守仁德去行动，怀抱信义来居处，即使遇到暴政，也不改变操守。儒者的自立就是这样的。

“儒者中有这样一类人，他们有长宽各十步的宅院，居住着只有四面墙壁的房间，荆竹编的院门狭小如洞，用蓬草编成房门，用破瓮口作为窗框。外出时才换件遮体的衣服，两天才吃一天的粮食。君上采纳他的建议，不敢产生怀疑；君上不采纳他的建议，也不敢谄媚求进。儒者做官的原则就是这样的。

“儒者中有这样一类人，他们与今人一

古人以稽[5];今世行之,后世以为楷。若不逢世,上所不受,下所不推,谗谄之民有比党而危之者,身可危也,其志不可夺也。虽危起居,犹竟信其志,乃不忘百姓之病也。其忧思有如此者。

“儒有博学而不穷,笃行而不倦,幽居而不淫,上通而不困。礼必以和,优游[6]以法,慕贤而容众,毁方而瓦合。其宽裕有如此者。

起居住,而以古人的道德标准要求自己;他们今世的行为,可以作为后世的楷模。如果生不逢时,上面没人援引,下面没人推荐,进谗谄媚的人又合伙来陷害他,只可危害他的身体,而不可剥夺他的志向。虽然能危害他的生活起居,最终他还要施展自己的志向抱负,因其始终不忘百姓的痛苦。儒者的忧思就是这样的。

“儒者中有这样一类人,他们知识广博而不停止追求,专意实行而不松懈倦怠,独处时不放纵自己,通达于上时不离道义。持守礼法,必以和为贵,悠然自得而合乎法度。仰慕贤人而容纳众人,有时像陶瓦一样可削减自己的棱角而依随众人。儒者的宽容大度就是这样的。

注释

1 **干橹**:盾。小盾为干,大盾为橹。

2 **环堵之室**:家徒四壁,指穷居;或指蜗居。王肃注:“方丈曰堵,一堵言其小者也。”

3 **荜(bì)门**:荆条竹木编的门。圭窬(yú):墙上的小门。

4 **蓬户瓮牖**:用蓬草编门,用破瓮口做窗户。

5 **稽**:同。

6 **优游**:平和自在。

原文

“儒有内称不避亲,外举不避怨[1]。程

译文

“儒者举荐人才对内不避亲属,对外不避有仇怨的人。考核功业,积累政绩,不谋求功积事[2]，不求厚禄。推贤达能，不望其报。君得其志，民赖其德。苟利国家，不求富贵。其举贤援能有如此者。

“儒有澡身浴德，陈言而伏。静言而正之，而上下不知也。默而翘之[3]，又不急为也。不临深而为高，不加少而为多。世治不轻，世乱不沮[4]。同己不与，异己不非。其特立独行[5]有如此者。

“儒有上不臣天子，下不事诸侯。慎静尚宽，底厉[6]廉隅[7]，强毅[8]以与人。博学以知服。虽以分国，视之如锱铢[9]，弗肯臣仕。其规为有如此者。

“儒有合志同方，营道同术。并立则乐，相下不厌。久别则闻流言不信，义同而进，不同而退。其交有如此者。

更高的禄位。推荐贤能而进达于上，不祈望他们的报答。君王满足了用贤的愿望，百姓依仗他的仁德。只要有利于国家，不贪图个人的富贵。儒者的举贤荐能就是这样的。

“儒者中有这样一类人，他们洗涤身心，沐浴于道德之中，陈述自己的意见而谦恭地等待君王采纳。平静地纠正君王的过失，君上和臣下都难以觉察。默默地等待，不急于去做。不在地位低下的人面前显示自己高明，不把少的功劳夸大为多。社会安定时，群贤并处，不轻视自己；世道混乱时，也不沮丧。不和志向相同的人结党，也不诋毁和自己政见不同的人。儒者的特立独行就是这样的。

“儒者中有这样一类人，他们对上不做天子的臣下，对下不侍奉诸侯。审慎安静而崇尚宽厚，磨砺自己端方正直的品格，待人接物刚强坚毅。广博地学习以便知道该怎么做。国君虽把土地分封给他，他也看作锱铢小事，不值一提，不肯轻易做别人的臣下和官吏。儒者规范自己的行为就是这样的。

“儒者中有这样一类人，他们交朋友，要志趣相投，道路一致，营求道艺，路数相同。地位相等都高兴，地位互有上下彼此也不厌弃。久不相见，听到对方的流言也绝不相信。志向相同就进一步交往，志向不同就退避疏远。儒者对待交朋友的态度就是这样的。

注释

1 **内称不避亲,外举不避怨**:唯才是举。举荐身边的人,即使是亲属也不故意回避;举荐外面的人,即使是有仇怨的也不有意避开。

2 **程功积事**:考核功业,积累实绩。

3 **默而翘之**:默默地翘首等待。

4 **不沮**:不沮丧。

5 **特立独行**:独特的立身行事,不苟同于流俗。

6 **底厉**:同"砥砺",磨砺,磨炼。

7 **廉隅**:棱角。边为廉,角为隅。

8 **强毅**:刚强坚毅。

9 **锱铢**(zī zhū):微小的东西。古代重量单位中,六铢为一锱,四锱为一两。王肃注:"视之轻如锱铢,八两为锱。"

原文

"夫温良者,仁之本也;慎敬者,仁之地也;宽裕者,仁之作也;逊接者,仁之能也;礼节者,仁之貌也;言谈者,仁之文也;歌乐者,仁之和也;分散者,仁之施也。儒皆兼此而有之,犹且不敢言仁也。其尊让有如此者。

"儒有不陨获[1]于贫贱,不充诎[2]于富贵,不溷[3]君王,不累长上,不闵有司,故曰儒。今人之名儒也妄,常以儒相诟疾。"

哀公既得闻此言也,言

译文

"温和善良是仁的根本,谨慎恭敬是仁的基础,宽宏大量是仁的开始,谦逊辞让是仁的功能,礼节是仁的外在表现,言谈是仁的文雅形式,歌舞音乐是仁的和谐,分散财物是仁的施与。儒者兼有这几种美德,还不敢说已经做到仁了。儒者的恭敬谦让就是这样的。

"儒者中有这样一类人,他们不因贫贱而灰心丧气,不因富贵而得意忘形。不玷辱君王,不拖累长上,不给有关官吏带来困扰,因此叫作儒。今天人们对儒这个名称的理解是虚妄不实的,经常将人称作儒来相互讥讽。"

鲁哀公听到这些话后,说话更加诚

加信，行加敬，曰："终殁吾世，弗敢复以儒为戏矣！"	恳，行为更加恭敬，说："我一辈子再也不敢拿儒者开玩笑了！"

注释

1 **陨**(yǔn)**获**：丧失志气。陨，丧失，坠落，毁坏。获，猎获，泛指收获。

2 **充诎**(qū)：自满而失去节制，得意忘形。王肃注："充诎，踊跃参扰之貌。"《礼记·儒行》郑玄注："充诎，喜失节之貌。"

3 **溷**(hùn)：粪溷，厕所，污浊，玷污。

五仪解

导读

本篇为孔子与鲁哀公的问答记录，在讨论治国选拔人才时提到五个等次的人，即所谓"五仪"，故以此名篇。他们所讨论的五个等次的人分别是：庸人、士人、君子、贤人、圣人。本篇反映的圣贤论、仁礼合治思想、中庸观、民本思想等，构成儒学研究的重要组成部分。对于鲁哀公自称"生于深宫之内，长于妇人之手，未尝知哀，未尝知忧，未尝知劳，未尝知惧，未尝知危"，而"不足以行五仪之教"的担心，孔子告诉他如何思哀、思忧、思劳、思惧等。其中不少相关论述，仍为研究早期儒学核心价值观念的重要资料，如"夫君者，舟也；庶人者，水也；水所以载舟，亦所以覆舟"，"使君朝廷有礼，上下和亲，天下百姓皆君之民"，"君子成人之善，不成人之恶"，"存亡祸福，皆己而已"，"灾妖不胜善政，寤梦不胜善行"，"智士仁人，将身有节，动静以义，喜怒以时，无害其性"，等等。

原文

哀公问于孔子曰："寡人欲论鲁国之士，与之为治，敢问如何取之？"孔子对曰："生今之世，志古之道；居今之俗，服古之服。舍此[1]而为非者，不亦鲜乎？"

曰："然则章甫、絇履[2]、绅带、缙笏者，皆贤人也？"孔子曰："不必然也。丘之所言，非此之谓也。夫端衣玄裳[3]，冕而乘轩者，则志不在于食荤；斩衰[4]菅菲[5]，杖[6]而歠[7]粥者，则志不在于酒肉。生今之世，志古之道；居今之俗，服古之服，谓此类也。"

译文

鲁哀公向孔子问道："我想评论一下鲁国的人才，选用他们来治理国家，请问怎么选拔人才呢？"孔子回答说："生活在当今的时代，却倾慕古代的道德礼仪；据现在的习俗而生活，却穿着古代的儒服。有这样的行为而为非作歹的人，不是很少见吗？"

哀公问："那么戴着殷代的帽子，穿着鞋头上有装饰的鞋子，腰上系着大带子并把笏板插在带子里的人，都是贤人吗？"孔子说："那倒不一定。我刚才说的话，并不是这个意思。那些穿着礼服，戴着礼帽，乘坐车子去行祭祀礼的人，他们的志向不在于食荤；穿着用粗麻布做的丧服，穿着草鞋，拄着丧杖喝粥来行丧礼的人，他们的志向也不在于酒肉。生活在当今的时代，却倾慕古代的道德礼仪；依现在的习俗生活，却穿着古代的儒服，我说的是这一类人。"

注释

1 **舍此**：处于这种境况。舍，读去声，处也。

2 **絇**(qú)**履**：有絇饰的鞋。《荀子·哀公》杨倞注曰："王肃云：'絇谓屦头有拘饰也。'郑康成云：'絇之言拘也，以为行戒，状如刀衣，鼻在屦头。'"

3 **端衣玄裳**：穿礼服，着正装。端衣，祭祀时所穿的礼服。玄，黑红色。

4 **斩衰**(cuī)：亦作"斩缞"，衰通"缞"。古代五种丧服中最重的一种，用极粗麻布做成，不缝边。服制三年。子与未嫁女为父母、媳为公婆、承重孙为祖父母、妻妾为夫、先秦诸侯为天子、臣为君均 服斩衰。

5 **菅(jiān)菲**：草鞋。《荀子·哀公》作“菅屦”。《仪礼·丧服》：“传曰：‘菅屦者，菅菲也。’”贾公彦疏：“周公时谓之屦，子夏时谓之菲。”

6 **杖**：丧棒。

7 **歠(chuò)**：喝。

原文

公曰：“善哉！尽此而已乎？”孔子曰：“人有五仪[1]：有庸人，有士人，有君子，有贤人，有圣人。审此五者，则治道毕矣。”

公曰：“敢问何如斯可谓之庸人？”孔子曰：“所谓庸人者，心不存慎终之规，口不吐训格[2]之言，不择贤以托其身，不力行以自定。见小暗大，而不知所务；从物如流，不知其所执。此则庸人也。”

译文

哀公说：“您说得好啊！就仅仅是这些吗？”孔子回答道：“人分五个等级：有庸人，有士人，有君子，有贤人，有圣人。分清这五类人，那治世的方法就都具备了。”

哀公问道：“请问什么样的人才叫作庸人？”孔子回答说：“所谓庸人，他们心中没有谨慎行事、善始善终的原则，口中说不出训导格正的话，不选择贤人善士作为自己的依靠，不努力行事使自己站稳脚跟。他们往往小事明白大事糊涂，不知自己在忙些什么；凡事随大流，不知自己所主张的是什么。这样的人就是庸人。”

注释

1 **五仪**：五个等次。

2 **训格**：训导格正。

原文

公曰：“何谓士人？”孔子曰：“所谓士人者，心有所定，计有所守。

译文

哀公问道：“请问什么是士人？”孔子回答说：“所谓士人，他们心中有确定的原则，有明确的计划。他们即使不能尽到行道

虽不能尽道术[1]之本，必有率也；虽不能备百善之美，必有处也。是故知不务多，必审其所知；言不务多，必审其所谓；行不务多，必审其所由。智既知之，言既道之，行既由之，则若性命之形骸之不可易也。富贵不足以益，贫贱不足以损。此则士人也。”

公曰：“何谓君子？”孔子曰：“所谓君子者，言必忠信而心不怨，仁义在身而色无伐，思虑通明而辞不专。笃行信道，自强不息。油然[2]若将可越，而终不可及者。此则君子也。”

义治国家的本分，也一定有遵循的法则；即使不能集百善于一身，也一定有自己的操守。因此他们的知识不一定非常广博，但一定要审查自己具有的知识是否正确；话不一定说得很多，但一定要审查说得是否确当；路不一定走得很多，但一定要明白所走的路是不是正道。有足够智慧知道相关事理，说出来加以引导，实行起来遵循事理，那么这些正确的原则就像性命对于形骸一样不可改变了。富贵不能对自己有所补益，贫贱不能对自己有所损害。这样的人就是士人。”

哀公问：“什么样的人是君子呢？”孔子回答说：“所谓君子，说出的话一定忠诚可信，而内心没有怨悔，虽然自己具备仁义的美德却没有自夸的表情，考虑问题明智通达而话语委婉不专横。忠诚地履行仁义之道，自强不息。他那从容的样子好像很容易超越，但终究不能达到他那样的境界。这样的人就是君子。”

注释

1 **道术**：行道义治国家的方法。

2 **油然**：从容安闲的样子。

原文

公曰：“何谓贤人？”孔子曰：“所谓贤人者，德不逾闲，行中规绳[1]。言

译文

哀公问：“什么样的人称得上是贤人呢？”孔子回答说：“所谓贤人，他们的品德不逾越常规，行为符合礼法。他们的言论

足以法于天下而不伤于身，道足以化于百姓而不伤于本。富则天下无宛财[2]，施则天下不病贫。此则贤者也。”

公曰：“何谓圣人？”孔子曰：“所谓圣人者，德合于天地，变通无方。穷万事之终始，协庶品之自然，敷其大道而遂成情性。明并日月，化行若神。下民不知其德，睹者不识其邻。此谓圣人也。”

可以让天下人效法而不会招来灾祸，政治教化足以感化百姓而不会给自己带来伤害。他虽富有，天下人也不会不择手段地积聚财富；他一施恩，天下人都不再为贫穷发愁。这样的人就是贤人。”

哀公又问：“什么样的人称得上是圣人呢？”孔子回答说：“所谓圣人，他的德行符合天地之道，处事灵活变通，能探究万事万物的来龙去脉，能调和万事万物的自然品性，能依照万事万物的自然规律来成就它们。和日月同辉，教化如神灵。下面的百姓不知道他的德行，看到他的人也不知道圣人就在他们身边。这样的人就是圣人。”

注释

1 **规绳**：指规范、法则。规，校正圆形的用具。绳，木工用的墨线。

2 **宛财**：积聚财物。王肃注：“宛，积也。古字亦或作此，故或误不着草矣。”

原文

公曰：“善哉！非子之贤，则寡人不得闻此言也。虽然，寡人生于深宫之内，长于妇人之手，未尝知哀，未尝知忧，未尝知劳，未尝知惧，未尝知危，恐不足以行五仪之教。若何？”孔子对曰：“如君之言，已知之矣，则丘

译文

哀公说：“好啊！不是先生贤明，我就听不到这些言论了。虽然如此，但我从小生在深宫之内，由妇人抚养长大，不知道悲哀，不知道忧愁，不知道劳苦，不知道惧怕，不知道危险，恐不足以实行五仪之教。怎么办呢？”孔子回答说：“从您的话中可以听出，您已经明白这些道理了，我也就没什么可对您说的了。”

哀公说：“要不是您，我的心智就得不

亦无所闻焉。”

公曰：“非吾子，寡人无以启其心。吾子言也！”孔子曰：“君入庙，如右[1]，登自阼阶，仰视榱桷[2]，俯察机筵[3]，其器皆存，而不睹其人。君以此思哀，则哀可知矣。昧爽[4]夙兴[5]，正其衣冠；平旦[6]视朝，虑其危难。一物失理，乱亡之端。君以此思忧，则忧可知矣。日出听政，至于中冥[7]，诸侯子孙，往来为宾，行礼揖让，慎其威仪。君以此思劳，则劳亦可知矣。缅然[8]长思，出于四门，周章[9]远望，睹亡国之墟，必将有数焉。君以此思惧，则惧可知矣。夫君者，舟也；庶人者，水也；水所以载舟，亦所以覆舟。君以此思危，则危可知矣。君既明此五者，又少留意于五仪之事，则于政治何有失矣！”

到启发。您还是再说说吧！”孔子说：“您到庙中行祭祀之礼，从右边台阶走上去，抬头看到房上的椽子，低头看到筵席，祖先使用的器物都在，却看不到他们的身影。您通过这种方式体会哀伤，那么您就可以知道哀伤是什么了。天还没亮就起床，衣帽穿戴整齐，清晨到朝堂听政，忧虑国家是否有危难。一件事处理不当，往往会成为国家混乱灭亡的开端。您通过这种方式来思考如何忧虑国事，那么您就知道什么是忧愁了。从日出就开始处理国家大事，直至午后，接待各国诸侯及子孙，还有宾客往来，行礼揖让，谨慎地按照礼法显示自己的威严仪态。您通过这个过程思考什么是辛劳，那么也就知道什么是辛劳了。缅怀远古，走出都门，周游浏览，向远眺望，查看已经灭亡国家的废墟，由此想到国家命运是有定数的。您通过这种方式思考惧怕，那么也就知道什么是惧怕了。如果君王是舟，百姓就是水。水可以载舟，也可以覆舟。您如果通过这种方式思考危险，那么也就知道什么是危险了。您明白这五个方面后，再稍稍留意于如何评定国家中的五种人，那么治理国家还会有什么失误呢？”

注释

1 **如右**:《荀子·哀公》作“而右”,向右边走。

2 **榱桷**(cuī jué):房屋的椽子。

3 **机筵**:也作“几筵”,筵席。

4 **昧爽**:黎明。

5 **夙兴**:早起。《礼记·昏义》孙希旦《集解》:“夙,早也,谓昏明日之早晨也。兴,起也。”

6 **平旦**:清晨。

7 **中冥**:午后。王肃注:“中,日中;冥,昳中。”

8 **缅然**:悠思的样子。

9 **周章**:周游。

原文

哀公问于孔子曰:“请问取人之法。”孔子对曰:“事任于官,无取捷捷[1],无取钳钳[2],无取哼哼[3]。捷捷,贪也;钳钳,乱也;哼哼,诞也。故弓调而后求劲焉,马服而后求良焉,士必悫而后求智能者焉。不悫而多能,譬之豺狼不可迩。”

译文

鲁哀公问孔子:“请问先生怎么用人呢?”孔子说:“被派事的官吏,不能是贪婪的人,不能是胡言乱语的人,不能是能言善辩的人。贪婪的人贪得无厌,胡言乱语的人容易制造混乱,能言善辩的人常常怪诞不可信。所以说,使用弓箭,必须先调好弓弦才能要求弓箭射出去有力;驾驭马匹,必须先让它拉上车才能要求它的脚力好;用人也一样,选取官吏,必须先要求他诚实谨慎,然后才能要求他聪明能干。如果不忠厚,却足智多谋,就像豺狼一样不可以接近。”

注释

1 **捷捷**:贪婪的样子。王肃注:“捷捷而不已食,所以为贪也。”

2 **钳钳**:胡言乱语。王肃注:“钳钳,妄对不谨诚。”

3 **哼哼**:能言善辩。王肃注:“哼哼,多言。”

原文

哀公问于孔子曰："寡人欲吾国小而能守，大则无攻，其道如何？"孔子对曰："使君朝廷有礼，上下和亲，天下百姓皆君之民，将谁攻之？苟违此道，民畔如归，皆君之仇也，将与谁其守？"公曰："善哉！"于是废山泽之禁[1]，弛[2]关市之税[3]，以惠百姓。

译文

哀公问孔子说："我想让我的国家虽小却能保住，大了就能攻打别国，该怎么办？"孔子回答说："这就需要您的朝廷之上讲究礼制，君臣上下相亲相敬，那么天下百姓就都成为您的子民了，谁还会来攻打您的国家呢？如果违背了这个治国之道，百姓都背叛您，都是您的仇人，您还和谁守卫国家？"哀公感叹道："您说得真好！"于是就废除山林沼泽地区的禁令，减轻关卡市场的税收，让百姓得到实惠。

注释

1 **山泽之禁**：严禁百姓开采山泽中的出产。禁，禁令。

2 **弛**：放松，开放。

3 **关市之税**：工商业税负。关，关口。市，市场。

原文

哀公问于孔子曰："吾闻君子不博，有之乎？"孔子曰："有之。"

公曰："何为？"对曰："为其有二乘[1]。"

公曰："有二乘则何为不博？"子曰："为其兼行恶道也。"

哀公惧焉。有间，复问曰："若是乎，君子之恶

译文

鲁哀公问孔子说："我听说君子并不是知识很渊博，有这回事吗？"孔子说："有这回事。"

哀公问："为什么呢？"孔子回答道："因为知识也有好坏之分。"

哀公说："难道因为知识有善恶，就不可以都渊博一点吗？"孔子说："因为知识也可以用来作恶。"

哀公很吃惊。过了一会儿，他又问："您的意思是说，真正的君子应当是从内

恶道至甚也。”孔子曰:“君子之恶恶道不甚,则好善道亦不甚;好善道不甚,则百姓之亲上亦不甚。《诗》云:‘未见君子,忧心惙惙。亦既见止,亦既觏止,我心则说。’[2]《诗》之好善道甚也如此。”

公曰:“美哉!夫君子成人之善,不成人之恶,微吾子言焉,吾弗之闻也!”

心非常厌恶恶行的吧?”孔子说:“如果君子没有从内心厌恶恶行,那么,他也很难从内心喜好善行;不从内心喜好善行,那么百姓也就不会倾心亲附君子了。《诗经》上有首诗说:‘不见君子啊,忧心忡忡。一见君子啊,其乐无穷。’《诗经》就是这样喜欢和赞扬那些追求善行善道的君子的。”

哀公说:“太好了!君子促成别人的善行,不促成他人的恶行。假如没有您来讲解,我是听不到这些道理的。”

注释

1 **二乘**:即“贰乘”,副车。此喻指正副、善恶两重性。

2 **《诗》**:即《诗经·召南·草虫》。惙惙(chuò):愁苦的样子。止:代词“之”。觏(gòu):遇见。

原文

哀公问于孔子曰:“夫国家之存亡祸福,信有天命,非唯人也?”孔子对曰:“存亡祸福,皆己而已,天灾地妖,不能加也。”

公曰:“善!吾子言之,岂有其事乎?”孔子曰:“昔者殷王帝辛[1]之世,有雀生大鸟于城隅焉,占之者曰:‘凡以小生大,则国家必王,

译文

鲁哀公问孔子:“国家的存亡祸福,的确是由天命决定,而不是人力所能左右的吗?”孔子回答说:“国家的存亡祸福都是由人自己决定的,天灾地祸都不能改变国家的命运。”

哀公说:“很好!您说的话,有什么事实根据吗?”孔子说:“从前,在殷纣王时代,在国都的城墙边,有一只小鸟生出一只大鸟,占卜者说:‘凡是以小生大,国家必将成为霸主,声名必将大震。’于

而名必昌。’于是帝辛介雀之德[2]，不修国政，亢暴[3]无极，朝臣莫救，外寇乃至，殷国以亡。此即以己逆天时，诡[4]福反为祸者也。

是，商纣王凭借小鸟生大鸟的好兆头，不好好治理国家，残暴至极，朝中大臣也无法挽救，结果招致外敌入侵，殷国因此灭亡。这就是个人肆意妄为违背天时，奇异的福兆反而变成灾祸的事例。

注释

1 **帝辛**：商纣王。

2 **介雀之德**：介，借助于。德，德行。此指小鸟生大鸟的好兆头。王肃注："介，助也，以雀之德为助也。"

3 **亢暴**：异常凶暴。

4 **诡**：奇异，怪异。

原文

"又其先世殷王太戊[1]之时，道缺法圮[2]，以致夭蘖[3]，桑穀[4]生于朝，七日大拱[5]，占之者曰：'桑穀野木而不合生朝，意者国亡乎？'太戊恐骇，侧身[6]修行，思先王之政，明养民之道，三年之后，远方慕义，重译[7]至者，十有六国。此即以己逆天时，得祸为福者也。故天灾地妖，所以儆[8]人主者也。寤梦征怪[9]，所以儆人臣者也。灾妖不

译文

"另一个事例，就是在纣王的先祖商王太戊时代，道德缺失，法纪败坏，以致出现反常的树木，朝堂上长出的桑木和穀木，七天就长到两手合抱之粗。占卜者说：'桑、穀野木不应共同生长在朝堂上，难道国家要灭亡吗？'太戊非常恐惧，小心地修养自己的德行，学习先王治国理政的方法，探究养民的措施，三年之后，远方的国家思慕殷国的道义，偏远之国的使者经过辗转翻译来朝见的，有十六国之多。这就是以自己的谨身修治改变天时，祸兆反变为福的事例。所以说，天降灾异，地生怪兆，是上天用来警告君王的；显现梦境，应验怪异，是上天用来警诫臣子的。灾异怪兆胜不过良

胜善政，寤梦不胜善行。能知此者，至治之极也，唯明王达此。”

好的政治，梦兆也胜不过善良的行为。能明白这些道理，就是治国的最高境界，只有贤明的君王才能做到。”

公曰：“寡人不鄙固[10]此，亦不得闻君子之教也。”

鲁哀公说：“我如果不是如此浅陋，也就不能听到您这样的教诲了。”

注释

1 **太戊**：商王，太庚子，因任用贤臣伊陟、巫咸等，使商朝复兴。

2 **圮**：毁坏。

3 **夭蘖**：反常生长的树木。

4 **桑穀**：桑树、穀树。穀，即楮。《尚书大传》卷二：“武丁之时，桑穀俱生于朝，七日而大拱。”《史记·封禅书》：“后八世，至帝太戊，有桑穀生于廷，一暮大拱，惧。”

5 **大拱**：长大到两手可以围抱。

6 **侧身**：小心谨慎。

7 **重译**：辗转翻译。指远方国家的使者。

8 **儆**：告诫，警告。

9 **寤梦**：如有所见梦境。征怪：应验怪异现象。

10 **鄙固**：鄙陋，不通达。

原文

哀公问于孔子曰：“智者寿乎？仁者寿乎？”孔子对曰：“然！人有三死而非其命也，行己自取也。夫寝处不时，饮食不节，逸劳过度者，疾共杀之；居下位而上干[1]其君，嗜

译文

鲁哀公向孔子请教说：“是聪明有才智的人比较长寿，还是心地仁慈、厚道的人比较长寿呢？”孔子回答道：“是这样的。人有三种死法，不是命中注定的，而是他们自取死路。第一，生活起居没有规律，饮食没有节制，无限度地放逸和过度疲劳的人，会遭受疾病而死亡。第二，身处下等地位却要以下犯上冒犯君王，贪得无厌不知满足的人，终会因触犯

欲无厌而求不止者，刑共杀之；以少犯众，以弱侮强，忿怒不类，动不量力，兵共杀之。此三者，死非命[2]也，人自取之。若夫智士仁人，将身[3]有节，动静以义，喜怒以时，无害其性，虽得寿焉，不亦宜乎！”

刑律而被叛死刑。第三，人少却去冒犯人多势众，自己弱小却去轻慢强大，愤怒时意气用事而不懂得克制自己，不自量力而不计后果地行动，这些人会在战乱中丢掉性命。像这三种情况，病杀、刑杀、兵杀，都是死于非命，也是咎由自取的。像那些智谋之人和仁德之人，立身行事遵从礼节，一举一动合乎道义，该高兴就高兴该愤怒就愤怒，不伤害自己的本性，这样他们得享长寿，不也是合乎道理的吗？”

注释

1 **干**：干涉，冒犯。

2 **死非命**：因意外灾祸死亡。非命，非正命，不合天命。

3 **将身**：立身处事。

卷第二

致　思

导读

本篇主要记载了孔子的仁德与仁政思想。因首章记载孔子“农山言志”时,命弟子们“于斯致思”,即在谈论志向方面多用心力,故以“致思”名篇。

本篇各章从不同生活场景,表达了孔子的德治思想、历史人物评论、人生哲理、尊贤重道思想等。第一章“农山言志”时,孔子肯定了颜回的“不伤财,不害民,不繁词”的德政理想。在与子贡讨论时,表达了“死者有知与无知,非今之急”的生死观。孔子对管仲善于变通,创下“一匡天下”之伟业,而许以“仁人之道”。孔子主张“以道导之”的治民之道。在德刑关系上,孔子主张德刑并重,先德、礼,后政、刑,以刑佐教,执行法度要公正无私,常思仁义宽恕之心,树立恩德,感化百姓,反对严刑暴法。这些思想,可与《论语》“为政以德”“有耻且格”等思想参看,也可与《孔子家语》的《执辔》篇“德法者,御民之本”,《刑政》篇“刑政相参”,《五刑解》篇“礼度”“五教”“法典”并用,“以申固之”等合观。

本篇还从细节方面显示了孔子对弟子的了解与宽容,他称扬曾子的“善安身”、子路的孝行,批评子夏“甚吝于财”、子贡赎鲁人而“辞而不取金”。另外,孔子对孔鲤“内学外饰”的家训,对程子的礼遇,以及对当权馈赠与行道之间关系的评价等,都从不同侧面反映了孔子的政治思想与伦理主张。

原文

孔子北游于农山，子路、子贡、颜渊侍侧。孔子四望，喟然而叹曰："于斯致思，无所不至矣！二三子各言尔志，吾将择焉。"

子路进曰："由愿得白羽[1]若月，赤羽若日，钟鼓之音上震于天，旌旗缤纷下蟠于地。由[2]当[3]一队而敌之，必也攘[4]地千里，搴旗[5]执馘[6]。唯由能之，使二子者从我焉。"夫子曰："勇哉！"

译文

孔子向北游览到农山，子路、子贡、颜渊在身边陪着。孔子向四面望了望，不由得深深地感叹说："在这里凝神思虑，什么想法都会出现啊！你们每个人都谈一下自己的志向吧，我将从中做出选择。"

子路走上前说："我希望得到白色的指挥旗像月亮，红色的战旗像太阳，钟鼓的声音响彻云霄，缤纷的旌旗在地面盘旋舞动。我带领一队人马进攻敌人，必会夺取敌人千里之地，拔去敌人的旗帜，割下敌人的耳朵。这样的事只有我能做到，您就让子贡和颜渊跟着我吧！"孔子说："多么勇敢啊！"

注释

1 **羽**：旗帜。

2 **由**：即仲由，字子路，又字季路，孔子弟子。

3 **当**：掌管，充任。

4 **攘**：夺取。

5 **搴**(qiān)**旗**：拔取敌人的军旗。

6 **馘**(guó)：战争中割取敌人的左耳，作为计功凭证。

原文

子贡复进曰："赐[1]愿使齐、楚合战于漭漾[2]之野，两垒相望，尘埃相接，挺刃交兵。赐着缟衣白冠[3]，

译文

子贡也走上前说道："我愿出使到齐国和楚国交战的广阔原野上，两军的营垒遥遥相望，战场上扬起的尘埃连成一片，双方士兵挥刀交战。我呢就穿戴着

陈说其间，推论利害，释国之患。唯赐能之，使夫二子者从我焉。”夫子曰：“辩哉！”

颜回退而不对。孔子曰：“回，来，汝奚[4]独无愿乎？”颜回对曰：“文武之事，则二子者既言之矣，回何云焉？”孔子曰：“虽然，各言尔志也，小子言之。”

白色衣帽，在两国之间劝说，论述交战的利弊，解除国家的灾难。这样的事只有我能做得到，您就让他们俩跟着我吧！”孔子说：“多有辩才啊！”

颜回后退不说话。孔子说：“颜回，过来，为何只有你没有志向呢？”颜回回答说：“文武两方面的事，子路和子贡都已经说过了，我还能说什么呢？”孔子说：“即使这样，还是各人说说各人的志向，你也说吧。”

注释

1 **赐**：即端木赐，字子贡，孔子弟子。

2 **漭瀁**：广大的样子。

3 **缟(gǎo)衣白冠**：白衣白帽。王肃注：“兵，凶事，故白冠服也。”

4 **奚**：为何，如何。

原文

对曰：“回闻薰莸[1]不同器而藏，尧桀不共国而治，以其类异也。回愿得明王圣主辅相之，敷[2]其五教[3]，导之以礼乐，使民城郭不修，沟池不越，铸剑戟以为农器，放牛马于原薮[4]，室家无离旷[5]之思，千岁无战斗之患。则由无所施其勇，而赐无所用其辩

译文

颜回回答说：“我听说薰草和莸草不能收藏在同一个容器中，尧和桀不能共同治理一个国家，因为他们不是同一类。我希望得到明王圣主来辅助他们，向人民宣传‘五教’，用礼乐来教导他们，使百姓不加固城墙，不逾越护城河，把剑、戟之类的武器改铸为农具，平原湖泽上放牧牛马，家家都没有离别相思之苦，千年没有战争之患。这样，子路就没有机会施展他的勇敢，子贡就没有机会运用他

矣。”夫子凛然曰:“美哉!德也。”

子路抗手[6]而对曰:“夫子何选焉?”孔子曰:“不伤财,不害民,不繁词,则颜氏之子有矣。”

的辩才了。”孔子神情肃穆地说:“这种德行是多么美好啊!”

子路举起手来问道:“老师您选择哪种呢?”孔子说:“不耗费财物,不伤害百姓,不费太多的言辞,只有颜回才有这个想法啊!”

注释

1 **薰莸**(xūn yóu):香草和臭草,比喻美丑、善恶或君子小人等。薰,即蕙草,有香味。莸,一种臭草。

2 **敷**:布,施。

3 **五教**:父义、母慈、兄友、弟恭、子孝五种德行。

4 **原薮**(sǒu):平原和湖泽。王肃注:“广平曰原,泽无水曰薮也。”

5 **离旷**:丈夫离家,妇人独处。

6 **抗手**:举手。

原文

鲁有俭啬者,瓦鬲[1]煮食。食之,自谓其美,盛之土型[2],以进孔子。孔子受之而说,如受大牢[3]之馈。子路曰:“瓦甂[4],陋器也;煮食,薄膳也。夫子何喜之如此乎?”夫子曰:“夫好谏者思其君,食美者思其亲;吾非以馔具之为厚,以其食厚而我思焉!”

译文

在鲁国,有一位非常节俭的人,做饭用的是瓦做的炊具。有一天,他尝了自己做的食物,觉得味道很美,便装到了一个盛羹的瓦器里,特意献给孔夫子尝尝。孔子接受以后,显得很高兴,就像接受了三牲的馈赠一样。子路问道:“阔口的瓦盆,是一种简陋的器皿,煮的食物也不过是很普通的东西,老师您为什么会高兴得这样啊?”孔子说:“善于进谏的人,他心中常会想到君王;吃到美味的人,心中总会想起父母。我并没有考虑馈赠食物的容器是否贵重,我只是考虑他吃到了好东西就想到了我啊!”

注释

1 **瓦鬲**(lì):三足的陶制炊具,形似鼎而无耳。

2 **土型**:亦作“土形”或“土硎”,盛汤羹的瓦器。

3 **大牢**:太牢,牛、羊、豕(猪)三牲全备的祭品。

4 **瓦甂**(biān):阔口的小瓦盆。

原文

孔子之楚,而有渔者而献鱼焉,孔子不受。渔者曰:“天暑市远,无所鬻也,思虑弃之粪壤,不如献之君子,故敢以进焉。”于是夫子再拜受之,使弟子扫地,将以享祭[1]。

门人曰:“彼将弃之,而夫子以祭之,何也?”孔子曰:“吾闻诸:惜其腐饪[2],而欲以务施者,仁人之偶[3]也。恶有受仁人之馈而无祭者乎?”

译文

孔子到了楚国,有一位打鱼人献给他一些鱼,孔子不肯接受。打鱼人说:“天这么热,市集又远,已经无法卖了,我想如果扔到粪堆上,那还不如献给君子,所以我才敢冒昧地拿来送给您啊。”孔子听后,很恭敬地拜了两拜,接受了这些鱼,让弟子们把室内打扫干净,准备把它作为祭品供献给祖宗神灵。

孔子的弟子很奇怪,就问老师:“打鱼人本来要扔掉这些鱼,而老师您却要用它来祭祀,这是为什么呢?”孔子说:“我听说,爱惜食物,怕食物变质而把它送给别人的人,是仁人一类的人。如此,哪有接受了仁人的馈赠而不祭祀的呢?”

注释

1 **享祭**:祭祀。

2 **饪**(rèn):同“饪”,熟食。

3 **偶**:同类。

原文

季羔[1]为卫之士师[2]，刖[3]人之足。俄而卫有蒯聩[4]之乱，季羔逃之，走郭门[5]，刖者守门焉，谓季羔曰："彼有缺。"季羔曰："君子不逾。"又曰："彼有窦。"季羔曰："君子不隧。"又曰："于此有室。"季羔乃入焉。

译文

季羔做卫国的最高司法长官，曾让手下的狱官砍了一个犯人的脚。不久后，卫国蒯聩作乱，季羔逃走，跑到了外城门，正好是那个被砍脚的人守门，他对季羔说："那里有个缺口，你逃吧。"季羔说："君子不翻墙。"守门人又说："那里有个地道。"季羔说："君子不钻。"守门人又说："这里有个密室。"季羔才进去。

注释

1 **季羔**：孔子的弟子高柴，字季羔，也叫子羔。

2 **士师**：掌断狱判刑之官。《周礼·秋官·士师》："士师之职，掌国之五禁之法，以左右刑罚：一曰宫禁，二曰官禁，三曰国禁，四曰野禁，五曰军禁。"

3 **刖**(yuè)：砍去脚的酷刑，亦称"剕"。

4 **蒯聩**(kuǎi kuì)：卫国第三十任国君，卫灵公之子卫后庄公，公元前480年至前478年在位。当初蒯聩做太子时，因刺杀南子失败，出逃他国，在其子辄被立为国君十余年后杀回夺位。当时，季羔和子路都在卫国做官。

5 **郭门**：外城的门。

原文

既而追者罢，羔将去，谓刖者曰："吾不能亏主之法而亲刖子之足。今吾在难，此正子之报怨之时，而逃我者三，何故哉？"刖者

译文

随后追捕季羔的人找不到他就撤了。季羔将走，对守门人说："我当初不能违背王法，所以才砍了你的脚，现在我落难了，正是你报仇的好机会，而你却给我找了三次逃跑的机会，这是为什么呢？"守门人

曰:“断足固我之罪,无可奈何。曩者君治臣以法令先人后臣,欲臣之免也,臣知之;狱决罪定,临当论刑,君愀然不乐,见君颜色,臣又知之。君岂私臣哉!天生君子,其道固然,此臣之所以说[1]君也。”

孔子闻之,曰:“善哉为吏!其用法一也。思仁恕则树德,加严暴则树怨。公以行之,其子羔乎!”

说:“断足是我应得之罪,没什么可说的。以前,您是用法令治理大家,先刑罚别人,然后才是我,本意是想免我的罪,我知道您提前对我做了警告。等我的案子判了,罪也定了,要行刑的时候,我看您没有喜色,看您的脸色非常严肃,我又知道了您的想法。您哪里是偏爱我呢?您这是君子本来就有的德行,这就是我敬佩您的原因。”

孔子听说了,说:“好啊!作为一个官吏,用法一视同仁。心怀仁义宽恕之心就会树立恩德,用刑残酷就会与人结怨。公正执法,大概就是子羔这样的人吧!”

注释

1 **说**:读“悦”,欣赏,佩服。

原文

孔子曰:“季孙之赐我粟千钟[1],而交益亲;自南宫敬叔之乘我车[2]也,而道加行。故道虽贵,必有时而后重,有势而后行。微夫二子之贶[3]财,则丘之道殆将废矣。”

孔子曰:“王者有似乎春秋。文王以王季为父,以太任为母,

译文

孔子说:“季孙氏送我千钟粮食,这使我和我的朋友之间的交往更加亲密了。自从南宫敬叔帮我得到乘坐的车子后,我的思想主张就可以更好地推行了。因此,思想主张虽然重要,必须在得到有利的时机后才能被看重,得到有利的条件后才能得以推行。假如没有两人送我财物,那么我的思想主张就可能要被废弃了。”

孔子说:“王者的出世很像自然界的四季更替那样有其内在规律。比如文王有王季做父亲,有太任做母亲,有太姒做夫人,有武王、

以太姒为妃，以武王、周公为子，以太颠、闳夭为臣，其本美矣；武王正其身以正其国，正其国以正天下，伐无道，刑有罪，一动而天下正，其事成矣。春秋致其时，而万物皆及；王者致其道，而万民皆治。周公载己行化，而天下顺之，其诚至矣。”

曾子[4]曰：“入其国也，言信于群臣，而留可也；行忠于卿大夫，则仕可也；泽施于百姓，则富可也。”

孔子曰：“参之言此，可谓善安身矣。”

周公做儿子，有太颠、闳夭做大臣，所以他的根基是很好的。周武王先将自身修养好，然后使自己的国家得到了好的治理，再使天下得到了好的整治，以此来讨伐暴虐无道的国家，惩罚有罪的人，所以自身一行动天下就得到了治理，功业就得到成功。春夏秋冬按照正常的规律运转，那么万物就会正常生长；做君王的人遵循一定的道理来做事情，那么百姓便能得到有效的治理。周公以身作则来教化天下百姓，而天下百姓就都归顺了他，他的诚心应该是已经达到了最高境界。”

曾子说：“到一个国家，说话被群臣信任，就可以留住了。如果能被卿大夫认为自己行事忠诚，那就可以在这个国家做官了。如果自己的恩泽能惠施于百姓，那就可以发家致富了。”

孔子说：“曾参说这样的话，可以算得上是善于立身了。”

注释

1 **季孙之赐我粟千钟**：鲁国大夫季孙氏，曾经一次性送给孔子师徒小米千钟。钟，古代容量单位，六斛四斗为一钟，通常十釜为一钟。

2 **南宫敬叔**：姬姓，名阅或说，一名绦，谥敬，是鲁国三桓之一孟僖子的儿子，孟懿子的弟弟。他曾随孔子到周朝王城洛邑向老聃问礼。王肃注：“孔子欲见老聃而西观周，敬叔言于鲁君，给孔子车马，问礼于老子。孔子历观郊庙，自周而还，弟子四方来习也。”

3 **贶**(kuàng)：赠，赐。

4 **曾子**：即曾参。

原文

子路为蒲宰，为水备，与民修沟洫[1]。以民之劳烦苦也，人与之一箪食、一壶浆。孔子闻之，使子贡止之。子路忿然不说，往见孔子曰："由也以暴雨将至，恐有水灾，故与民修沟洫以备之；而民多匮饿[2]者，是以箪[3]食壶浆[4]而与之。夫子使赐止之，是夫子止由之行仁也。夫子以仁教，而禁其行，由不受也。"

孔子曰："汝以民为饿也，何不白于君，发仓廪以赈之？而私以尔食馈之，是汝明君之无惠，而见己之德美。汝速已则可，不则汝之见罪必矣。"

译文

子路做蒲邑的地方官时，为了防备大水，就率领蒲邑的民众修建沟渠。因为劳动烦重百姓辛苦，子路就发给每人一小筐饭食、一壶汤水。孔子听了这件事，就派子贡去阻止子路。子路有点生气，很不高兴，就去拜见孔子，说："我以为暴雨将要来了，担心有大水灾，所以就率领民众修理沟渠以做防备，但民众却因缺少粮食忍受饥饿，所以就发给他们每人一筐小饭食、一壶汤水。老师您让子贡制止我，这是老师阻止我施行仁德。老师用仁德教育弟子而禁止弟子施行它，我没有办法接受。"

孔子说："如果民众饥饿，你为何不向国君报告，请求开放粮仓的粮食救济他们呢？而你却私自用自己的食物救济民众，这是你想向民众表明国君没有恩惠，而显示自己的德行之美。你赶快停止这件事还可以，否则你将一定被治罪的！"

注释

1 **沟洫**(xù)：田间水道，泛指农田水利。

2 **匮饿**：缺粮饥饿。

3 **箪**(dān)：小筐，盛饭的圆竹器。

4 **浆**：较稠的汤水。

原文

子路问于孔子曰："管仲[1]之为人如何？"子曰："仁也。"

子路曰："昔管仲说襄公，公不受，是不辩也；欲立公子纠而不能，是不智也；家残于齐，而无忧色，是不慈也；桎梏而居槛车，无惭心，是无愧也；事所射之君，是不贞也；召忽[2]死之，管仲不死，是不忠也。仁人之道，固若是乎？"

孔子曰："管仲说襄公，襄公不受，公之暗也；欲立子纠而不能，不遇时也；家残于齐而无忧色，是知权命也；桎梏而无惭心，自裁审也；事所射之君，通于变也；不死子纠，量轻重也。夫子纠未成君，而管仲未成臣，管仲仁才度义，管仲不死束缚而立功名，未可非也。召忽虽死，过与取仁，未足多也。"

译文

子路向孔子问道："管仲的为人是怎么样的呢？"孔子说："是一个有仁德的人。"

子路说："过去管仲劝谏襄公，襄公不接受，这是管仲没有口才；想立公子纠为国君而没有能做到，这是他没有智谋；父母家人在齐国因罪被杀，却没有忧伤的神色，这是他没有慈爱的胸怀；戴着脚镣、手铐被关在囚车里，而没有羞惭的表情，这是没有耻恶之心；转而为臣侍奉他曾经想射杀的齐桓公，是不忠贞；召忽为公子纠而死，而管仲却没有为之而死，这是不忠心。做仁人的方法，难道真的是这样吗？"

孔子说："管仲劝谏齐襄公，襄公没有接受，这是齐襄公的昏暗无道；想立公子纠而不能做到，这是没有遇到好的时机；父母家人在齐国因罪被杀，却没有忧伤的神色，这是懂得审度时命；戴着脚镣、手铐被关在囚车里，而没有羞惭的表情，这是因为自己裁断慎重；改事齐桓公，这是因为懂得及时变通；不为公子纠而死，这是会权衡生死的轻重。公子纠没有成为国君，管仲也就没有成为公子纠的臣，管仲的才智胜过了道德，他没有为道义所束缚而死，而是要建立功名，这是无可非议的。召忽虽然为公子纠而死，但为了追求仁德做得太过分了，并不值得称赞。"

注释

1 **管仲**:名夷吾,字仲,齐颍上(颍水之滨)人,曾辅佐齐桓公成为春秋时期第一个霸主。

2 **召忽**:春秋时齐国人,与管仲同事襄公之子公子纠。公子小白夺权后,派人追杀公子纠,退回鲁国的公子纠为鲁庄公所杀,召忽为尽人臣礼节,便自杀而亡。

原文

孔子适齐,中路闻哭者之声,其音甚哀。孔子谓其仆[1]曰:“此哭哀则哀矣,然非丧者之哀也。”驱而前,少进,见有异人[2]焉,拥镰带素[3],哭者不哀。

孔子下车,追而问曰:“子何人也?”对曰:“吾,丘吾子也。”

曰:“子今非丧之所,奚哭之悲也?”丘吾子曰:“吾有三失,晚而自觉,悔之何及!”

曰:“三失可得闻乎?愿子告吾,无隐也。”丘吾子曰:“吾少时好学,周遍天下,后还丧吾亲,是一失也;长事齐君,君骄奢失士,臣节不遂,是二失也;吾平生厚交,而今皆离绝,是三失

译文

孔子到了齐国,途中听到有哭声,哭得十分悲哀。孔子对给他驾车的人说:“此哭声虽然悲哀,但不是家有丧事的悲哀。”车子继续向前走,没走多远,见到有个与常人不同的人,拿着镰刀,穿着孝服,哭声并不悲哀。

孔子下车,追上问道:“你是何人?”那人回答说:“我是丘吾子。”

孔子说:“你现在不是在举办丧事的地方,为什么哭得这么悲伤呢?”丘吾子说:“我有三个失去的东西,到了晚年才发觉,现在是后悔也来不及了。”

孔子说:“我可以听听你的‘三失’吗?请你不要隐瞒。”丘吾子说:“我少年时非常爱学习,四处游学,后来回家时至亲已死,这是第一失;年长后,我为齐君工作,而君主骄傲奢侈,失去人心,我也不能保全为臣的节操,这是第二失;我平生的至交好友,现都四散分离,断绝了联络,这是第三失。树想要停下来不动

也。夫树欲静而风不停，子欲养而亲不待。往而不来者年也，不可再见者亲也。请从此辞！”遂投水而死。

孔子曰：“小子识之！斯足为戒矣。”自是弟子辞归养亲者十有三。

但风不停，儿子想服侍父母而父母已离世。逝去就不再回来的是岁月，岁月带走而不可再见的是至亲。我也要从此辞别人世。”接着，他就跳水死了。

孔子说：“你们要记住此事，这件事足以引以为戒。”此后，孔子弟子中告辞回家服侍父母的有十三人。

注释

1 **仆**：驾车的人。

2 **异人**：非同一般的人。

3 **拥镰带素**：拿着镰刀，穿着孝服。

原文

孔子谓伯鱼[1]曰：“鲤乎！吾闻可以与人终日不倦者，其惟学焉。其容体不足观也，其勇力不足惮也，其先祖不足称也，其族姓不足道也；终而有大名，以显闻四方，流声后裔者，岂非学者之效也？故君子不可以不学，其容不可以不饬[2]。不饬无类[3]，无类失亲，失亲不忠，不忠失礼，失礼不立。夫远而有光者，饬也；近而愈明者，学也。譬之污

译文

孔子对伯鱼说：“鲤呀，我听说可以整天使人不知厌倦的，恐怕也只有学习吧！一个人容貌形体是不值得向人炫耀的，勇猛气力是不能让人害怕的，祖先是不值得向人称道的，宗族姓氏是不值得谈论的。最终可以使自己成名，扬名于四方，流芳于后世的，难道不是学习的功效吗？所以君子不能不学习，容貌不能不修饰。不修饰就会因为没有好的容貌举止而失礼，没有礼貌别人就不会亲近，失去了彼此的亲近就会失去忠信，没有忠信就导致礼仪缺失，礼仪一缺失，人也就无法立身。让人远看起来有光彩的，是修饰容貌的结果；让人靠近感到更加聪明睿智的，是学习的

池，水潦[4]注焉，萑苇[5]生焉，虽或以观之，孰知其源乎？”

结果。这就好比一个污水池，有雨水流到里面，池中芦苇丛生，虽然偶尔有人来观看，可谁又知道它的源头在哪儿呢？”

注释

1 **伯鱼**：孔子儿子孔鲤，字伯鱼。

2 **饬**：修饰，打扮。

3 **无类**：没有礼貌。王肃注：“类宜为貌，不在饬，故无貌，不得言不饬无类也。礼貌矜庄，然后亲爱可久，故曰无类失亲也。”

4 **水潦**(lǎo)：雨水。

5 **萑苇**(huán wěi)：两种芦类植物，蒹长成后为萑，葭长成后为苇。

原文

子路见于孔子曰：“负重涉远，不择地而休；家贫亲老，不择禄[1]而仕。昔者由也事二亲之时，常食藜藿[2]之实，为亲负米百里之外。亲殁之后，南游于楚，从车百乘，积粟万钟，累茵[3]而坐，列鼎而食，愿欲食藜藿，为亲负米，不可复得也。枯鱼衔索[4]，几何不蠹；二亲之寿，忽若过隙[5]。”孔子曰：“由也事亲，可谓生事尽力，死事尽思者也。”

译文

子路见到孔子，对他说：“背着沉重的行李到远方去，累的时候就不能挑拣舒适的地方休息；家里贫穷，双亲年迈，就不能随便挑选俸禄高的地方去做官。以前，我侍奉双亲的时候，穷得经常吃藜菜藿叶这类粗劣的食物，曾经为了父母去百里之外背粮食回来。父母去世之后，我在南方的楚国游历，跟随我的车辆有上百乘，家里储备的粮食有上万钟，将好几层垫褥叠起来坐着，用尊贵的宝鼎排列开来吃饭。现在想要再去吃那些粗劣的饭菜，为父母背粮食，却永远不再可能。干鱼被穿在绳索上，它们还能撑持多长时间不被蠹虫吃掉呢？父母的寿命，如同白驹过隙一般匆匆而逝啊。”孔子说：“子路侍奉父母，可以说是生前侍奉则倾尽所有的能力，死后侍奉则是极尽哀思啊。”

注释

1 **禄**:古代官员的工资俸禄。

2 **藜藿**(lí huò):泛指粗劣的饭菜。藜,灰条菜。藿,豆类植物的叶子。

3 **累茵**:多层垫褥。

4 **枯鱼**:干鱼。衔索:被穿在绳索之上。衔,含着。

5 **忽若过隙**:如同白驹过隙一样,转瞬即逝。与《庄子》"白驹过隙"之喻相类。

原文

孔子之郯[1],遭程子于涂,倾盖[2]而语终日,甚相亲。顾谓子路曰:"取束帛以赠先生。"子路屑然[3]对曰:"由闻之,士不中间见,女嫁无媒,君子不以交,礼也。"

有间,又顾谓子路,子路又对如初。孔子曰:"由!《诗》[4]不云乎?'有美一人,清扬宛兮。邂逅相遇,适我愿兮。'今程子,天下贤士也。于斯不赠,则终身弗能见也。小子行之!"

译文

孔子到郯国去,在路上遇到了程子,便将车子停在一起谈话,一直到天黑,显得非常亲密。孔子回头对子路说:"取一束帛来送给先生。"子路不爽快地分辩说:"我听说,士人没有介绍人就互相见面,女子没有媒妁之言就嫁人,君子是不跟这样的人交往的。这是礼所规定的。"

过了一会儿,孔子又回头让子路递礼。子路还是像刚才那样答复老师。孔子说:"仲由啊,《诗经》上不是说:'有一个美女,眼波秀媚啊。不期而遇,正合我意啊。'今天偶遇的程先生,正是天下的贤达之士。在这个时候不送给他礼物,可能以后也很难再见到他了。你还是按我的话去做吧。"

注释

1 **郯**(tán):古国名,在今山东郯城北。

2 **倾盖**:车上的伞盖靠在一起。

3 **屑然**：杂碎众多的样子。比喻磨蹭、不爽快而又强为之辞。

4《**诗**》：指《诗经·郑风·野有蔓草》。

原文

孔子自卫反鲁，息驾[1]于河梁[2]而观焉。有悬水[3]三十仞[4]，圜流[5]九十里，鱼鳖不能道，鼋鼍[6]不能居。有一丈夫[7]，方将厉[8]之。孔子使人并涯[9]止之，曰："此悬水三十仞，圜流九十里，鱼鳖、鼋鼍不能居也，意者难可济也。"丈夫不以措意，遂渡而出。

孔子问之曰："子巧乎？有道术乎？所以能入而出者何也？"丈夫对曰："始吾之入也，先以忠信；及吾之出也，又从以忠信。忠信措吾躯于波流，而吾不敢以用私，所以能入而复出也。"

孔子谓弟子曰："二三子识之！水且犹可以忠信成身[10]亲之，而况于人乎？"

译文

孔子从卫国返回鲁国，在大桥上停车休息，欣赏风景。有一道瀑布高达三十仞，旋转回流的水达九十里长，鱼鳖不能游走，鳄鱼不能停留。有一位壮年男子，正要从那里游过河。孔子派人走近河岸边加以阻止说："这瀑布高三十仞，下面回旋的水流达九十里长，鱼、鳖、鳄鱼都不能停留，想来应该很难通过。"这名男子不以为然，便入水游渡，并成功游到对岸，从水里走出来。

孔子问他，说："你有特别的技巧吗？有高明的道术吗？能自如地出入于水中，为什么呢？"这名男子说："开始我游入水中的时候，心中首先便充满了忠信；等到我游出水中的时候，又是怀着忠信。忠信托着我的身躯在急水湍流中平稳前进，而我不敢怀着私心，所以能自如地出入于水中。"

孔子告诉弟子说："你们记住，用忠信成就自身尚且可以用来亲近水，更何况以忠信待人呢？"

注释

1 **息驾**：停车。

2 **河梁**：河上的大桥。

3 **悬水**：瀑布。

4 **仞**：周尺八尺或七尺。周尺一尺约合今二十三厘米。

5 **圜**(huán)**流**：漩涡急流。

6 **鼋鼍**(yuán tuó)：大鳖，猪婆龙或鳄鱼。

7 **丈夫**：成年男子。

8 **厉**：不脱衣渡水。

9 **并涯**：走近岸边。

10 **成身**：修身。

原文

孔子将行，雨而无盖[1]。门人曰："商[2]也有之。"孔子曰："商之为人也，甚吝于财。吾闻与人交，推其长者，违其短者，故能久也。"

译文

孔子将要出行，雨下起来车子却没有伞盖。有弟子说："卜商有伞盖。"孔子曰："卜商为人，非常吝惜钱财。但是，我听说与人交往，要推重他的长处，避开他的短处，这样交往才能长久。"

注释

1 **盖**：挡雨的雨具。这里大概指车上遮雨的伞盖。

2 **商**：即卜商，字子夏，孔子弟子。

原文

楚王渡江，江中有物大如斗，圆而赤，直触王舟。舟人取之。王大怪之，遍问群臣，莫之能识。王使使[1]聘于鲁，问于孔子。子曰："此所谓萍实者也，可剖而食之，吉祥也，唯

译文

楚王渡长江的时候，江中有个东西像斗那样大，圆状、红色，径直向王舟碰过来。船夫把它取上来。楚王觉得此物很奇怪，问遍了大臣，都不认识。楚王派使者访问鲁国时，就这件事向孔子请教。孔子说："这就是所谓的萍草的果实，可以剖开而食，是吉祥物，只有称霸的国君才能获得。"

霸者为能获焉。”

使者反。王遂食之，大美。久之，使来，以告鲁大夫。大夫因子游问曰：“夫子何以知其然乎？”曰：“吾昔之郑，过乎陈之野，闻童谣曰：‘楚王渡江得萍实，大如斗，赤如日，剖而食之甜如蜜。’此是楚王之应也，吾是以知之。”

使者回到楚国告诉楚王。楚王于是将萍草的果实剖开吃了，味道非常鲜美。很久以后，楚国的使者又来鲁国访问，并把这件事情告诉了鲁国大夫。大夫通过子游请教孔子：“先生怎么知道是这样的呢？”孔子回答说：“我曾经到郑国去，经过陈国都城的郊外，听童谣说：‘楚王渡过长江得到萍草的果实，大得像斗一样，红得像太阳，剖开吃掉它甜得像蜜一样。’这次楚王的遭遇真的恰像是应验了这个童谣，所以我能知道这件事。”

注释

1 **使使**：派遣使者。

原文

子贡问于孔子曰：“死者有知乎？将无[1]知乎？”子曰：“吾欲言死之有知，将恐孝子顺孙妨生以送死；吾欲言死之无知，将恐不孝之子弃其亲而不葬。赐不欲知死者有知与无知，非今之急，后自知之。”

译文

子贡问孔子说：“死去的人是有意识的？还是没有意识的呢？”孔子回答说：“我如果说人死了之后还有意识的话，那么恐怕孝子顺孙们就会忙着去考虑死后的问题，甚至会忽略活着的人；而如果我说人死了之后就没有意识的话，那么恐怕不孝的人甚至会抛弃自己的亲人而不去安葬。所以，子贡你还是不要知道死后有意识还是无意识，现在不需要急于知道到底有没有，以后你自己自然会知道的。”

注释

1 **将无**:恐怕,别是,表疑问。

原文

子贡问治民于孔子。子曰:"懔懔[1]焉!若持腐索[2]之扞马[3]。"

子贡曰:"何其畏也?"孔子曰:"夫通达之御[4],皆人也。以道导之,则吾畜也;不以道导之,则仇也。如之何其无畏也?"

译文

子贡向孔子请教治民的方法。孔子说:"好比手握腐朽的缰绳驾驭奔马一样,怀着认真而忧惧的心情就可以了。"

子贡说:"何必那么害怕呢?"孔子说:"要知道,交通畅达的地方到处都是驾驭奔马的人和行人。如果遵守相关的规则来文明地驾驭马匹,这马就像我驯养的一样听话。不按照相关的规则驾驭马匹,这样马就会横冲直撞,像仇敌一样给我们造成生命危险。像这样的话,怎么可能不畏惧呢?"

注释

1 **懔懔**:谨慎而忧惧的样子。

2 **腐索**:腐朽的缰绳。《尚书·五子之歌》中有"腐索奔马"一说,指的是用腐朽的绳索驾驭奔跑的烈马。

3 **扞马**:驾驭马。

4 **通达之御**:在通达大道上驾车。

原文

鲁国之法,赎人臣妾[1]于诸侯者,皆取金于府。子贡赎之,辞而不取金。孔子闻之,曰:"赐失之矣!夫圣人之举事[2]也,可以移风易俗,而教导可

译文

鲁国有一则法律,如果鲁国人从其他诸侯国赎回本国的臣和妾,就可以从官府取得金钱的补偿和奖励。子贡把鲁国人从外国赎回来,但放弃向国家领取金钱。孔子听到这件事,说:"端木赐做得不对啊!圣人做事,可以改变风气和

以施于百姓，非独适身之行也。今鲁国富者寡而贫者众，赎人受金则为不廉[3]，则何以相赎乎？自今以后，鲁人不复赎人于诸侯。”

习俗，他的教导可以在百姓身上实施，不仅仅是适用于他自己的行为。如今鲁国富人少而穷人多，如果赎人得到金钱和奖励就算不廉洁，那么谁还赎人呢？从此以后，鲁国就没有人再去赎回在其他诸侯国落难的同胞了。”

注释

1 **臣妾**：本国臣子和妾妇们。此指在其他诸侯国落难为奴者。

2 **举事**：做事。

3 **廉**：廉洁。

原文

子路治蒲[1]，见于孔子曰：“由愿受教于夫子。”子曰：“蒲其何如？”对曰：“邑多壮士，又难治也。”子曰：“然。吾语尔，恭而敬，可以摄[2]勇；宽而正，可以怀强；爱而恕，可以容困；温而断，可以抑奸。如此而加之，则正不难矣。”

译文

子路治理蒲邑，请求拜见孔子，说：“我希望得到老师的指教。”孔子问他：“蒲邑的情况怎样啊？”子路回答说：“蒲邑有很多好勇斗狠的人，又很难治理。”孔子说：“这样说来，我告诉你：态度谦恭，尊敬他人，就可以震慑住好勇斗狠的人；宽厚而又正直，可以安抚强人；怜爱而又宽恕，可以容纳困窘无出路的人；温和而又果断，可以压制奸邪的人。像这样多种方法并用，治理好蒲邑就不是困难的事情了。”

注释

1 **蒲**：卫国城邑，在今河南长垣境。

2 **摄**：通“慑”，震慑。

三　恕

导读

本篇首章记载了孔子"君子有三恕"的思想，故以"三恕"名篇。所谓君子讲的"三恕"，即君臣、父子、兄弟之间要讲恕道，要讲忠信、孝悌之道。

孔子还主张君子要三思，"少思其长""老思其死""有思其穷"，以勉力做到"务学""务教""务施"。此外，孔子对"身亦不穷，道亦不隐"之道的看法，对"持满有道"的忧患意识，对"君子所见大水必观"的"善化"之道，对"有所耻，有所鄙，有所殆"之观点，对弟子"智者""仁者"讨论的评论与点醒，对于"父命""君命"当"审其所从"而不惜做"争子""争臣"的思想主张，以及他所执持的"国无道，隐之可也；国有道，则衮冕而执玉"的仕隐观等等，均有多方面的研讨意义。

原文

孔子曰："君子有三恕[1]：有君不能事，有臣而求其使，非恕也；有亲不能孝，有子而求其报，非恕也；有兄不能敬，有弟而求其顺，非恕也。士能明于三恕之本，则可谓端身[2]矣。"

译文

孔子说："君子有三恕：有君王而不能侍奉，有臣子却要役使，这不是恕；有父母不能孝敬，有儿子却要求他报恩，这也不是恕；有哥哥不能尊敬，有弟弟却要求他顺从，这也不是恕。读书人能明了这'三恕'的根本意义，就可以算得上行为端正了。"

注释

1 **恕**:推己及人。

2 **端身**:正身,使自己行为端正。

原文

孔子曰:"君子有三思,不可不察[1]也。少而不学,长无能也;老而不教[2],死莫之思也;有而不施,穷莫之救也。故君子少思其长则务学,老思其死则务教,有思其穷则务施。"

译文

孔子说:"君子有三种思虑,是不能不深察的。小时候不爱学习,长大后就没有技能;年老不教导子孙,死后就没人思念;富有时不愿施舍,穷困时就没人救济。所以君子年少时思虑长大以后的事就要努力学习,年老了思虑死后的事就要好好教导儿孙,富有时思虑穷困窘境就要致力于施舍。"

注释

1 **察**:察知。

2 **教**:指教育自己的子孙。

原文

伯常骞[1]问于孔子曰:"骞固周国之贱吏也,不自以不肖,将北面以事[2]君子。敢问正道宜行,不容于世;隐道宜行,然亦不忍。今欲身亦不穷,道亦不隐,为之有道乎?"

孔子曰:"善哉,子

译文

伯常骞问孔子说:"我本来是周国的一名低级小吏,但认为自己并不是没有能力,打算做您的弟子。现在要请教这样一个难题:想要按照正道处世,却不被世人容纳;想要按照隐道处世,然而自己又于心不忍。我现在想要既使自己不穷困,又不违反道,有办法可以做到吗?"

孔子说:"你的问题问得很好!在我所听到的言论中,还没有像你的问题这样既辩

之问也！自丘之闻，未有若吾子所问辩且说也。丘尝闻君子之言道矣，听者无察，则道不入；奇伟不稽[3]，则道不信。又尝闻君子之言事矣，制无度量，则事不成；其政晓察，则民不保。又尝闻君子之言志矣，刚折不终，径易者则数伤，浩倨[4]者则不亲，就利者则无不敝。又尝闻养世之君子矣，从轻勿为先，从重勿为后，见像[5]而勿强，陈道而勿怫。此四者，丘之所闻也。”

证而又有说服力的。我曾经听有德之人谈论道时说，人们如果不察知‘道’，那么‘道’就不能被接受。如果把‘道’解释得奇特而无法查核，那么人们就不会相信‘道’。我又曾经听有德之人谈论事情时说，如果制度没有一定的规范，那么事情是无法成就的；政见过于清楚明白，百姓也就不能安定。我又曾经听有德之人谈论志向时说，刚强的人不会得到好下场，平易近人的人容易被伤害，傲慢无礼的人没有人亲近，贪求利益的人没有不失败的。我还听说那些善于处世的有德之人，他们做容易的事的时候不和人争抢，做繁重的事情的时候不会躲在后面，碰到法令的时候不会用强力违背，自己宣扬‘道’且不会违背。以上所说的四个方面，都是我曾听说过的，(可以供你参考)。”

注释

1 **伯常骞**：春秋人物。《晏子春秋·杂下四》作“柏常骞”。《庄子·则阳》篇记载孔子向太史大弢、伯常骞、狶韦请教卫灵公的谥号。

2 **北面以事**：拜师。北面，即面北。事，俯首拜伏。

3 **稽**：考核，核查。

4 **浩倨**：傲慢无礼。《楚辞·九歌·河伯》“心飞扬兮浩荡”，王逸注曰：“志放貌也。”

5 **像**：法令，法式，榜样。《楚辞·九章·橘颂》：“行比伯夷，置以为像兮。”

原文

孔子观于鲁桓公[1]之庙，有欹[2]器焉。夫子问于守庙者，曰："此谓何器？"对曰："此盖为宥坐之器。"

孔子曰："吾闻宥坐之器[3]，虚则欹，中[4]则正，满则覆。明君以为至诫，故常置之于坐侧。"顾谓弟子曰："试注水焉！"乃注之。水中则正，满则覆。夫子喟然叹曰："呜呼！夫物恶有满而不覆哉？"

子路进曰："敢问持满[5]有道乎？"子曰："聪明睿智，守之以愚；功被天下，守之以让；勇力振世，守之以怯；富有四海，守之以谦。此所谓损之又损之之道也。"

译文

孔子到鲁桓公的庙里去参观，在那里看到一件容易倾倒的器物。孔子就问守庙的人说："这是什么器物啊？"守庙人回答说："这是君王放在座位右边以示警诫的欹器。"

孔子说："我听说君王放在座位右边的欹器，空虚时就倾斜，水不多不少时就端正，水满时就倒下。贤明的君王把它作为最高警诫，因此常常把它放在座位的旁边。"说完回头对弟子说："试着往里面倒些水看看。"弟子把水灌进欹器，水不多不少时欹器就端正，水满时就倒下了。孔子感叹道："唉！哪有东西太满了还不倒的呢！"

子路走上前问道："请问怎样才能保持最满而又恰好不倒下呢？"孔子说："聪明睿智的人，可用愚朴来保持优势；功盖天下的人，可用谦让来保卫疆土；勇力震世的人，可用怯懦来保护既得利益；富有四海的人，可用谦卑来保守成业。这就是一再谦虚退让的方法。"

注释

1 **鲁桓公**：鲁惠公子，隐公弟，名轨，又作允。鲁隐公十一年（前 712）即位，公元前 694 年在齐国被齐襄公派人杀害。

2 **欹**（qī）：倾斜。

3 **宥**（yòu）**坐之器**：古代国君放在座位右边以示警诫的器物，后来演化为座右铭。宥，同"右"。

4 **中**:水到一半,适中。

5 **持满**:不盈不满,保持优势地位。

原文

孔子观于东流之水,子贡问曰:"君子所见大水必观焉,何也?"孔子对曰:"以其不息,且遍与诸生而不为也,夫水似乎德;其流也,则卑下倨拘[1]必循其理,此似义;浩浩乎无屈尽[2]之期,此似道;流行赴百仞之溪而不惧,此似勇;至量[3]必平之,此似法;盛而不求概[4],此似正;绰约微达[5],此似察;发源必东,此似志;以出以入,万物就此化洁,此似善化[6]也。水之德有若此,是故君子见必观焉。"

译文

孔子观赏向东流去的河水。子贡问孔子说:"君子每逢看见浩大的流水,就一定要驻足观赏,这是为什么呢?"孔子说:"因为它永不停息,并且普遍地滋养万物而不居功,那水就像德一样。它向着低下的地方流动,弯弯曲曲,一定遵循那向下流动的规律,这就像义一样。它浩浩荡荡没有竭尽的时候,这就好像道一样。它流下百仞高的山谷,也无所畏惧,这好像人的勇敢一样。它注入量器时一定很平,好像世间的法度一样。它注满量器后不需要用刮板刮就会自然平整,就好像社会的公正一样。它虽然柔软舒缓,却可通达细微的地方,就好像人的明察一样。它一旦发源,即使千曲万折也一定向东流去,好像人的意志一样。把各种东西放在水里出来进去地淘洗,便渐趋鲜美洁净,这好像善于教化的过程一样。水有这些值得效法的德行,所以君子看见浩大的流水,总是要观赏它。"

注释

1 **倨拘**:亦作"倨佝""倨句",弯曲。微曲为"倨",甚曲为"句"。

2 **屈尽**:竭尽。

3 **至量**:注入量器。

4 **概**:古代用容器量东西时用来刮平所盛东西的木片。

5 **绰约微达**:意指水虽舒缓柔美,却可通达于细微之处。

6 **善化**:善于教化。

原文

子贡观于鲁庙之北堂,出而问于孔子曰:“向也,赐观于太庙之堂,未既,辍,还瞻北盖[1],皆断[2]焉。彼将有说邪? 匠之过也。”孔子曰:“太庙之堂,官致良工之匠,匠致良材,尽其工巧,盖贵久矣。尚有说也。”

译文

子贡参观了鲁国宗庙的北堂,出来后问孔子说:“刚才呀,我参观了太庙的北堂,还未看完,就停下来,回头再去观看那北门,发现它们都是用木板拼接而成的。那有什么讲究吗? 是因为木匠过失而把木料弄断了罢。”孔子说:“建造太庙的时候,官吏挑选的都是技艺精良的工匠,工匠选择最好的材料,而且极尽工巧,这是为了使太庙保持长久。因此,这扇门这么做恐怕是有特定原因的。”

注释

1 **盖**:门窗。

2 **断**:木板拼接形成的断纹。

原文

孔子曰:“吾有所耻,有所鄙,有所殆。夫幼而不能强学,老而无以教,吾耻之;去其乡,事君而达,卒[1]遇故人,曾无旧言,吾鄙之;与小人处而不能亲贤,吾殆之。”

译文

孔子说:“我有所羞耻,有所鄙视,有所担忧。年轻的时候不努力学习,到老的时候无法教导子孙,我为这种人感到羞耻。离开家乡,因侍奉君主而发达了,突然遇到老乡,没有忆旧的话,我为这种人心生鄙夷。有些人和小人混在一起,不愿亲近贤能的人,我为这些人感到担忧。”

注释

1 卒：同“猝”，突然。

原文

子路见于孔子。孔子曰：“智者若何？仁者若何？”子路对曰：“智者使人知己，仁者使人爱己。”子曰：“可谓士矣。”

子路出，子贡入，问亦如之。子贡对曰：“智者知人，仁者爱人。”子曰：“可谓士矣。”

子贡出，颜回入，问亦如之。对曰：“智者自知，仁者自爱。”子曰：“可谓士君子矣。”

子贡问于孔子曰：“子从父命，孝乎；臣从君命，贞乎。奚疑焉？”孔子曰：“鄙哉赐！汝不识也。昔者明王万乘之国，有争臣[1]七人，则主无过举[2]；千乘之国，有争臣五人，则社稷不危也；百乘之家，有争臣三人，则禄位[3]不替[4]。父

译文

子路拜见孔子。孔子说：“智者怎么样？仁者怎么样？”子路回答说：“智者使别人了解自己，仁者使别人爱自己。”孔子说：“你可以称为士了。”

子路出去了，子贡进来，孔子询问了同样的问题。子贡回答说：“智者了解他人，仁者热爱他人。”孔子曰：“你也可以称为士了。”

子贡出去了，颜回走进来，孔子又问了同样的问题。颜回回答说：“智者有自知之明，仁者爱惜自己。”孔子说：“你可以称为士中的君子了。”

子贡问孔子说：“儿子服从父亲就是孝，臣下服从君上就是忠，这有什么可疑呢？”孔子说：“端木赐，你真是知识短浅啊！这你就不懂了。以往，拥有万辆战车的贤明国君，有七个敢于坚持真理和国君争辩的大臣，国君就不至于有错误的举动；拥有千辆战车的国君，有五个敢于坚持真理和国君争辩的大臣，国家就可以避免危险；拥有百辆战车的大夫，有三个敢于坚持真理和大夫争辩的士人，他的俸禄官位就可以保住。做父亲的，有敢于坚持真理和自己争辩的儿子，就不会陷入无礼的事情中；作

有争子，不陷无礼；士有争友，不行不义。故子从父命，奚讵[5]为孝？臣从君命，奚讵为贞？夫能审其所从，之谓孝，之谓贞矣。”

为士人，有敢于坚持真理和自己争辩的朋友，就不会做违背道义的事情。所以，儿子服从父亲，怎么就能够说是孝呢？臣下服从君上，怎么就能够说是忠呢？要能够分辨是非，懂得什么样的意见应当服从，才可以叫作孝，叫作忠。”

注释

1 **争臣**：即“诤臣”，敢于直言进谏的臣子。

2 **过举**：过当之举。

3 **禄位**：俸禄官位。《周礼·天官·大宰》：“四曰禄位，以驭其士。”郑玄注：“禄，若今月奉也；位，爵次也。”

4 **替**：废除。

5 **奚讵**：岂，难道。亦作“奚距”，与“庸讵”意同。

原文

子路盛服[1]见于孔子。子曰：“由！是倨倨[2]者何也？夫江始出于岷山，其源可以滥觞[3]，及其至于江津[4]，不舫舟[5]，不避风，则不可以涉，非惟下流水多邪？今尔衣服既盛，颜色充盈[6]，天下且孰肯以非告汝乎？”

子路趋而出，改服而入，盖自若也。子

译文

子路穿着华丽的衣服去拜见孔子。孔子教导他说：“仲由，你为什么这样飘飘然地穿着华丽的衣服呢？像那长江的水，从岷山流出，它的源头水很小很浅，仅能浮起一只酒杯，但流至长江的渡口，如果不用两船并在一起，不避开大风，就无法渡过去，还不是因为长江的下游水多吗？如今你穿得这样讲究，神色如此高傲自满，天下的人还会有谁肯指出你的过错呢？”

子路听了，快步走出来，换上平时的衣服再进去，看上去很自在的样子。孔子说：“仲由，你要记住，我告诉你，喜欢夸夸其谈的人

曰："由志之！吾告汝！奋于言者华，奋于行者伐。夫色智而有能者，小人也。故君子知之曰知，言之要也；不能曰不能，行之至也。言要则智，行至则仁。既仁且智，恶不足哉？"

往往华而不实，喜欢不顾后果而行动的人往往自我夸耀。像那种神色上表现出什么都懂，什么都能的人，正是小人。因此作为一个君子，就要老老实实，懂得才说懂得，这就是讲话的总原则；不会做就不要逞能去做，这就是行动的最高原则。讲话抓住了总的原则就是智，行动不越出最高原则就是仁。能够做到仁又能够做到智，还有什么不满足呢？"

注释

1 **盛服**：穿戴很讲究。

2 **倨倨**：《说苑·杂言》作"襜襜"，《荀子·子道》作"裾裾"。傲然，飘飘然。

3 **滥觞**：浮起酒杯，比喻水的浅小。

4 **江津**：长江的渡口。

5 **舫舟**：即"方舟"，两船并在一起。

6 **颜色充盈**：神色高傲自满。

原文

子路问于孔子曰："有人于此，披褐[1]而怀玉，何如？"子曰："国无道，隐之可也；国有道，则衮冕而执玉[2]。"

译文

子路问孔子说："现在有个人，穿得很普通朴素，却空怀圣人的智慧，该怎么办呢？"孔子说道："如果国家无道，社会动荡不安，那么这个人隐居起来是可以的。如果国家有道，政治清明，那就出来做官，穿上官服，戴着官帽，拿着玉笏上朝了。"

注释

1 **披褐**：穿着粗布衣或短衣。

2 **衮(gǔn)冕而执玉**：穿着官服，戴着官帽，双手执玉，以用于王侯。比喻做官。衮冕，帝王与上公的礼服和礼冠。执玉，手捧玉器。古代以不同形制之玉圭区别爵位。

好　生

导读

本篇首章为孔子和鲁哀公的对话，一开头哀公问舜帝冠冕，一如《儒行解》篇先问"儒服"之细枝末节之事，孔子却希望他能问大事，因此讲到舜"好生而恶杀"，"授贤而替不肖"。故本篇以"好生"名篇。

本篇启开的新论域，主要在于孔子与"六经"之关系。本篇所载"孔子尝自筮其卦"且述《贲》卦的卦象，说明孔子与《周易》的密切关系。本篇六处载有孔子引《诗》、论《诗》，说明孔子与《诗经》的密切关系。本篇"孔子读史"而赞扬"楚复陈"，说明孔子与《春秋》的密切关系。孔子所言"君子以心导耳目"的心性论，可与子思之学、新出楚简《性自命出》《五行》等篇结合起来综合考论。

另外，本篇中孔子赞颂"忠以为质，仁以为卫"的古君子之道，慎重刑狱，重视祭礼，赞扬"不令而从，不教而听"的文王之道，以及他的"君子有三患""小辩害义，小言破道"之议等等，均为值得重视的早期儒家政治主张与伦理教化思想。

原文

鲁哀公问于孔子曰："昔者舜冠何冠乎？"孔子不对。公曰："寡人有问于子，而子无言，何

译文

鲁哀公向孔子问道："从前舜戴的是什么帽子啊？"孔子没有回答。鲁哀公又说："我有问题问你，你却不说话，这是为什么呢？"孔子回答说："因为您问问题不先问

也？”对曰：“以[1]君之问不先其大者，故方思所以为对。”

公曰：“其大何乎？”孔子曰：“舜之为君也，其政好生而恶杀，其任授贤而替[2]不肖。德若天地而静虚[3]，化若四时而变物[4]。是以四海承风[5]，畅于异类[6]，凤翔麟至，鸟兽驯德。无他，好生故也。君舍此道而冠冕是问，是以缓对。”

重要的，所以我正在思考怎样回答。”

鲁哀公说：“重要的问题是什么呢？”孔子说：“舜作为君主，他的政治主张是爱惜生命而厌恶杀戮，他用人的原则是以有才能的人替换无才能的人。他的仁德像天地一样广大而又清净无欲，他的教化像四季一样无声无息地生养万物。所以，四海之内都接受了他的教化，甚至遍及动植物之类，凤凰飞来，麒麟跑来，鸟兽都被他的仁德所感化。这没有别的原因，就是因为他爱惜生灵的缘故。您不问这些治国之道而问他戴什么帽子，所以我才迟迟不做回答。”

注释

1 **以**：因为。

2 **替**：废弃，更换。

3 **静虚**：清净无欲。

4 **变物**：使万物变化。

5 **承风**：接受教化。

6 **异类**：与人不同类的动植物等。或称“异族”，而指少数民族。

原文

孔子读史，至楚复[1]陈，喟然叹曰：“贤哉楚王！轻千乘[2]之国，而重一言之信。匪申叔[3]之信，不能达其义；匪庄王之贤，不能受其训[4]。”

译文

孔子读史书，读到楚国恢复陈国的时候，深深地感叹道：“楚王真是贤明啊！宁可放弃千乘之国，也要重视一句话的承诺。如果不是申叔时的忠信，那就不能使其明晓道理。如果不是楚庄王这样贤明的人，那也不能听进这样的直言忠谏。”

注释

1 **复**:恢复。

2 **乘**(shèng):古代以四马一车为一乘。千乘之国,指一个拥有千辆战车军事实力的国家。

3 **申叔**:即申叔时,春秋楚庄王时的楚国公族。鲁成公十六年(前575)晋厉公将伐郑,楚庄王之子楚共王,救郑,过申地时问申叔时,申叔时指出"德、刑、详、义、礼、信,战之器也",以为"今楚内弃其民,而外绝其好,渎齐盟,而食话言,奸时以动,而疲民以逞,民不知信,进退罪也。人恤所底,其谁致死?"

4 **训**:劝告。楚庄王擅于纳谏,也擅于识才用才,在征战的同时吸纳贤臣进言,及时纠正错误,可谓霸亦有方。

原文

孔子尝自筮[1],其卦得《贲》焉,愀然有不平之状。子张[2]进曰:"师闻卜者得《贲》卦,吉也;而夫子之色有不平,何也?"孔子对曰:"以其离邪!在《周易》,山下有火谓之《贲》,非正色之卦也。夫质也,黑白宜正焉,今得《贲》,非吾兆也。吾闻丹漆不文,白玉不雕,何也?质有余,不受饰故也。"

译文

孔子常常自己占卦。有一次占得《贲》卦,脸色变得很难看,显示出不高兴的样子。弟子子张上前问道:"我听说占卜得《贲》卦,十分吉利。而老师您的面带不高兴的神色,这是为什么呢?"孔子回答说:"因为它离谱啊!在《周易》上,山下有火叫《贲》卦,这不是颜色纯正的好卦象。从质地说,黑就是黑,白就是白,色应该纯正。我现在占得《贲》卦,不是我的好兆头。我听说一件好东西涂了朱红色以后,就不必再绘花纹;已经是一块好白玉,也就不用再加以雕刻。为什么这样说呢?因为质地已经够好的东西,便不可过分让它再接受修饰了。"

注释

1 **筮**(shì):用蓍草占卦。

2 **子张**:复姓颛孙,名师,字子张,陈国(今河南淮阳)人。孔门弟子。

原文

孔子曰:“吾于《甘棠》[1],见宗庙之敬也甚矣。思其人,必爱其树;尊其人,必敬其位,道也。”

译文

孔子说:“我从《甘棠》篇中,可以读出人们在宗庙祭祀时礼唱《诗经》时的崇敬之心。诗中表达了人们对召伯的纪念,人们爱戴召伯,连带也爱护他曾于其下歇息的甘棠树,而不肯砍伐;尊敬召伯其人,连他所游历的处所也一同尊敬,这自是常理。”

注释

1 **《甘棠》**:《诗经·国风·召南》中有《甘棠》篇。司马迁《史记·燕召世家》载:“召公巡行乡邑,有棠树,决狱政事其下,自侯伯至庶人各得其所,无失职者。召公卒,而民人思召公之政,怀棠树不敢伐,歌咏之,作《甘棠》之诗。”召(shào)公奭,周文王长庶子,与周公分陕而治,巡行陕间乡里,舍于甘棠。召公的德政教化,被誉为“甘棠遗爱”。

原文

子路戎服[1]见于孔子,拔剑而舞之,曰:“古之君子,固以剑而自卫乎?”孔子曰:“古之君子,忠以为质,仁以为卫,不出环堵之室,而知千里之外。有不善,则以忠化之;侵暴[2],则以仁固之。何待剑乎?”子路曰:“由乃今闻此言,请摄齐[3]以受教。”

译文

有一天,子路身着戎装,前来拜见孔子,并拔起剑舞了起来,问:“老师啊,古代的君子,也是用剑来自卫的吧?”孔子答道:“古代的君子,以忠诚作为自己的本质,以仁爱作为自己的护卫,虽然不出窄小的屋子,却能知道千里之外的大事。有不善的人,就用忠信来感化他;对于暴乱侵扰的人,则用仁义来使他们安定。这样,又何须持剑使用武力呢?”子路感慨道:“我今天才听到这样的话,我愿从今以后,至诚恭敬地接受您的教诲!”

注释

1 **戎服**:军装。

2 **侵暴**:暴乱侵扰。

3 **摄齐**(zī):提起衣摆,谨防踩着跌倒,以示恭敬有礼。《论语·乡党》:"摄齐升堂,鞠躬如也。"朱熹集注:"摄,抠也。齐,衣下缝也。礼,将升堂,两手抠衣,使去地尺,恐蹑之而倾跌失容也。"

原文

楚王出游,亡弓[1],左右请求之。王曰:"止。楚王失弓,楚人得之,又何求之?"孔子闻之:"惜乎其不大也!不曰人遗弓、人得之而已,何必楚也!"

译文

楚王打猎时丢失了一张弓,身旁的人请求去寻找。楚王说:"算了,楚王丢失了弓,捡得弓的人不过是楚国的臣民,何必去寻找弓呢?"孔子听说这事后,说:"可惜的是,楚王的心胸还不够宽广,不如说'人失弓人得之'算了,何必计较是不是楚国人得到弓呢?"

注释

1 **弓**:王肃注:"弓,乌嗥之良弓。"乌嗥良弓,传说曾为黄帝所用。乌嗥(háo),一作"乌号"。《淮南子·原道训》:"射者扞乌号之弓,弯棋卫之箭。"高诱注:"乌号,桑柘,其材坚劲,乌峙其上,及其将飞,枝必桡下,劲能复巢,乌随之,乌不敢飞,号呼其上。伐其枝以为弓,因曰乌号之弓也。一说黄帝铸鼎于荆山鼎湖,得道而仙,乘龙而上,其臣援弓射龙,欲下黄帝,不能也。乌,於也;号,呼也。于是抱弓而号。因名其弓为乌号之弓也。"

原文

孔子为鲁司寇,断狱讼[1],皆进众议者而问之,曰:"子以为奚若[2]?

译文

孔子在做鲁国司寇的时候,每一件案子,都非常慎重来处理,总是和他的下属及同事们一起认真地讨论案情,还问大伙儿说:"你

某以为何若？”皆曰云云如是，然后夫子曰：“当从某子，几是。”

认为该怎么办？你认为该怎么办？”都说“这样办”“那样办”，这样议论之后，孔子说：“应当遵从某人的意见，他的看法基本正确。”

注释

1 **狱讼**：讼案。《周礼·地官·大司徒》：“凡万民之不服教而有狱讼者，与有地治者听而断之，其附于刑者归于士。”郑玄注：“争罪曰狱，争财曰讼。”贾公彦疏：“狱讼相对，故狱为争罪，讼为争财。若狱讼不相对，则争财亦为狱。”

2 **奚若**：何如，怎么办。

原文

孔子问漆雕凭[1]曰：“子事臧文仲、武仲[2]，及孺子容[3]，此三大夫孰贤？”对曰：“臧氏家有守龟[4]焉，名曰蔡。文仲三年而为一兆，武仲三年而为二兆，孺子容三年而为三兆，凭从此之见。若问三人之贤与不贤，所未敢识也。”孔子曰：“君子哉，漆雕氏之子！其言人之美也，隐而显；言人之过也，微而著。智而不能及，明而不能见。孰克如此？”

译文

孔子问漆雕凭说：“你侍奉臧文仲、臧武仲、孺子容，三个大夫哪个更贤明些？”漆雕凭答道：“臧氏家有占卜用的龟甲，叫‘蔡’。文仲主事时，三年占卜一次；武仲主事时，三年占卜两次；孺子容主事时，三年占卜三次。我只是看见了他们遇有什么大事不能定夺时，就会用‘蔡’来占卜决疑。要说三个大夫贤或不贤，我本人就不清楚了。”孔子说：“漆雕氏之子真是个君子啊！他谈别人的优点，表面隐晦但实质彰显；他批评别人的过失，话语含蓄但意思明确。他说话有智慧是别人所赶不上的，他说话明白却不让人直接看出他的观点。谁能这样呢？”

注释

1 **漆雕凭**:孔门七十二贤之一,春秋末蔡国(今河南上蔡)人。

2 **臧文仲**:姬姓,臧氏,名辰,谥文。鲁国的世袭司寇,前后历经庄、闵、僖、文四代,辅政四十余年,多次出使齐国。虽然孔子多次称颂臧文仲,但总体评价不高,说他不"智"不"仁",是"窃位者"。武仲:鲁国大夫臧氏,名纥,谥武,又称臧孙、臧纥、臧孙纥,臧文仲之孙,臧宣叔之子。被立为臧氏的继承人,曾任司寇。但"孟孙恶臧孙,季孙爱之"(《左传·襄公二十三年》),终不能见容于鲁国,先逃到邾国,后又逃到齐国。

3 **孺子容**:鲁国大夫名,经历不详。

4 **守龟**:古代天子诸侯占卜用的龟甲,因有专人掌守,故称"守龟"。大

原文

鲁公索氏[1]将祭,而亡其牲[2]。孔子闻之,曰:"公索氏不及二年将亡。"后一年而亡。门人问曰:"昔公索氏亡其祭牲,而夫子知其将亡,何也?"孔子曰:"夫祭者,孝子所以自尽于其亲。将祭而亡其牲,则其余所亡者多矣。若此而不亡者,未之有也。"

译文

鲁国的公索氏将要祭祀,却丢失了供祭祀用的牺牲。孔子听说了这件事,便说:"公索氏不到两年,就一定会灭亡。"过了一年,公索氏真的灭亡了。弟子问孔子说:"从前公索氏丢失了祭牲,老师就知道他一定会灭亡,这是为什么呢?"孔子回答道:"祭祀,这是孝顺的子孙向父母及祖先尽孝心的方式。将要祭祀却将祭祀用的牲畜丢失了,可见在其他方面丢失的必定很多。像这样而不灭亡的,从来没有过。"

注释

1 **公索氏**:鲁国贵族。

2 **牲**:祭祀时用的三牲。

原文

虞、芮[1]二国争田而讼，连年不决，乃相谓曰："西伯[2]，仁人也，盍[3]往质[4]之。"入其境，则耕者让畔，行者让路。入其邑，男女异路，斑白[5]不提挈[6]。入其朝，士让为大夫，大夫让为卿。虞、芮之君曰："嘻！吾侪[7]小人也，不可以入君子之朝。"遂自相与而退，咸以所争之田为闲田矣。孔子曰："以此观之，文王之道，其不可加焉。不令而从，不教而听，至矣哉！"

译文

虞国和芮国为了争田而打官司，打了几年也没结果。两国的国君就相互说："西伯侯是一位仁人，我们何不到他那里让他给判定一下呢？"他们进入西伯侯的领地后，看到耕田的人互相谦让田地的边界，走路的人互相让路。进入城邑后，看到男女分道而行，老年人没有提着重东西的。进入西伯的朝廷后，士谦让着让别人做大夫，大夫谦让着让他人做卿。虞国和芮国的国君说："唉！相比较而言我们这类人真是小人啊！是不可以进入西伯这样的君子之国的。"于是，他们就一起远远地走开回去了，都把所争的那块田作为闲田处理了。孔子说："从这件事看来，文王的治国之道，恐怕谁也不能超过了。不下命令大家就服从，不用教导大家就听从，这是治国之道的最高境界啊！"

注释

1 **虞、芮**：春秋时两个小诸侯国，分别在今山西平陆、芮城。

2 **西伯**：周文王，曾被封为西伯侯。

3 **盍**：何不。

4 **质**：判定。《仪礼·士冠礼》"质明行事"注："质，正也。"《广雅》："问也，定也。"

5 **斑白**：头发黑白相杂，指老年人。

6 **提挈**(qiè)：用手提物。

7 **吾侪**(chái)：我等，我辈。

原文

曾子曰："狎[1]甚则相简[2]，庄甚则不亲。是故君子之狎足以交欢[3]，其庄足以成礼。"孔子闻斯言也，曰："二三子志之，孰为参也不知礼也？"

译文

曾子说："亲昵过分就相互怠慢，庄重过分就没有亲切感。因此，君子的亲昵到足以快乐交往的程度就行，君子的庄重到足以成礼的程度即可。"孔子听说了曾子的这些话，说："学生们记住他说的话，谁说曾参不懂得礼呢？"

注释

1 **狎**：亲近而不庄重。

2 **简**：简慢，怠慢。

3 **交欢**：与人结交而取得对方的欢心。

原文

哀公问曰："绅[1]委章甫[2]，有益于仁乎？"孔子作色而对曰："君胡然焉！衰麻苴杖[3]者，志不存乎乐，非耳弗闻，服使然也。黼黻衮冕者，容不亵慢，非性矜庄，服使然也。介胄执戈者，无退愞之气，非体纯猛，服使然也。且臣闻之，好肆不守折，而长者不为市。窃夫其有益与无益，君子所以知。"

译文

鲁哀公问孔子说："束宽大的腰带、戴周代式样的黑色丝绸礼帽或商代式样的成人礼帽，有益于仁吗？"孔子惊恐不安地说："您怎么这样问呢？穿着丧服、撑着孝棍的人不听音乐，并不是耳朵不能听见，而是身穿丧服使他这样的。穿着祭祀或朝廷礼服的人，脸上没有轻慢的神色，不是他本性庄重严肃，而是身穿祭服或朝服使他这样的。戴甲持戈的人，没有退缩怯懦之气，不是身体勇猛，而是身穿的服饰使他这样。而且我听说过这样的话，善于经商的人不使所守资财折耗，德高望重的长者不去市场做生意谋利。束腰带、戴礼帽是有益于仁还是无益于仁，您大概知道了吧。"

注释

1 **绅**:古代士大夫束在腰间、一头垂下的大带子。有身份的人才束绅。

2 **委**:周代上朝时所戴的一种礼帽,用黑色的丝织物制成。章甫:商代的一种礼帽,行冠礼以后才戴的缁布冠,用来表明("章")成人男子("甫")的身份。

3 **苴杖**:哭丧棒,用粗劣的竹子做成。

原文

孔子谓子路曰:"见长者而不尽其辞,虽有风雨,吾不能入其门矣。故君子以其所能敬人,小人反是。"

孔子谓子路曰:"君子以心导耳目,立义以为勇;小人以耳目导心,不悫[1]以为勇。故曰:退之而不怨,先之斯可从已。"

译文

孔子对子路说:"如果遇到德高望重的贤人,却不去尽心竭力地称誉护持,那么即使遇到狂风暴雨的天气,我也不会到这种人的家中去躲避风雨。所以,君子一定要竭尽所能来尊敬贤德之人,小人的态度则恰恰相反。"

孔子对子路说:"君子用心来引导耳朵和眼睛,把树立道义作为勇敢;小人则用耳朵和眼睛引导内心,把不顺从当作勇敢。所以说,别人轻视自己而不要怨恨他,别人重视自己,才可以跟着他学习了。"

注释

1 **悫**:驯顺。

原文

孔子曰:"君子有三患:未之闻,患不得闻;既得闻之,患弗得学;既得学之,患弗能行。君子有五

译文

孔子说:"君子所担忧的情况有三种:自己没有听说过的知识或道理,担心不能听到;已经听说了,担心不能学到手;已经学到了,又担心不能实行。君子感到可耻

耻：有其德而无其言，君子耻之；有其言而以无其行，君子耻之；既得之而又失之，君子耻之；地有余而民不足，君子耻之；众寡均[1]而人功倍己焉，君子耻之。”

的情景有五种：有仁德却不能说出仁德之言，君子感到可耻；有仁德之言却不去践行仁德，君子感到可耻；得到仁德之后，却又失去了，君子感到可耻；土地广袤，但是百姓却不多，君子感到可耻；众人所得相对平均，而别人的功劳却比自己多一倍，君子感到可耻。”

注释

1 **众寡均**：众人所得相对平均。

原文

鲁人有独处室者，邻之嫠妇[1]亦独处一室。夜，暴风雨至，嫠妇室坏，趋而托焉。鲁人闭户而不纳。嫠妇自牖与之言：“子何不仁而不纳我乎？”鲁人曰：“吾闻男女不六十不同居。今子幼，吾亦幼，是以不敢纳尔也。”妇人曰：“子何不如柳下惠[2]然？妪不逮门[3]之女，国人不称其乱。”鲁人曰：“柳下惠则可，吾固不可。吾将以吾之不可，学柳下惠之可。”

译文

有一位鲁国男子，独自居住在一间房子里，他的邻居，是个寡妇，也单独住在一间房子里。一天夜里，来了暴风雨，狂风四起，寡妇的房子被风雨破坏了。寡妇赶紧快步跑到这位男子居住的地方，请求男子给她提供一个栖身之所，以躲避暴雨。但鲁国男子并没有开门接纳她。寡妇在窗户外向他责问道：“您为何这般不仁慈，不肯接纳我呢？”鲁国男子回答说：“我听说男女之间不到六十岁，是不可以同居一室的。现在，您还年轻，我也正年轻，所以，我不敢接纳您啊！”妇人说：“您怎么不学柳下惠那样呢？他虽然爱抚无家可归的女子，但是因没有发生违德之事，国人并没有说他乱德啊。”鲁国男子答道：“柳下惠他可以那样做，但是我却不能那样做。我将用我不能做到的，学习

孔子闻之，曰："善哉！欲学柳下惠者，未有似于此者。期于至善，而不袭其为，可谓智乎。"

柳下惠已经做到的。"

当孔子听到了此事之后，说："好啊！想要学习柳下惠的人，没有能像他学得这么像的。期望能够达到最高的境界，而不盲从柳下惠的行迹，可以说是非常有智慧的！"

注释

1 **嫠(lí)妇**：寡妇。

2 **柳下惠**：姬姓，展氏，名获，字禽，又字季。私谥惠，食邑于柳下，故称。鲁孝公之子公子展的后裔。鲁僖公时为士师，能以直道事君，修德习礼，洁身自好，有"坐怀不乱"之誉。

3 **不逮门**：无家可归。逮，到，及。

原文

孔子曰："小辩[1]害义，小言[2]破道。《关雎》兴于鸟，而君子美之，取其雄雌之有别；《鹿鸣》兴于兽，而君子大之，取其得食而相呼。若以鸟兽之名嫌之，固不可行也。"

译文

孔子说："巧言论辩妨害道义，不合大道的言论损害道。《关雎》由鸟起兴而君子称赞不已，赞赏的就是其中雄雌关雎有所分别；《鹿鸣》由兽起兴，而君子发扬光大它，赞美的是诗中写的鹿得到吃的就呼朋引伴一起分享。假如因为有鸟兽存在而有嫌弃之心，这当然是不行的。"

注释

1 **小辩**：巧言论辩。《荀子》杨倞注："小辩，谓辩说小事。"

2 **小言**：不合大道的言论。

原文

孔子谓子路曰："君子而强气[1]，则不得其死；小

译文

孔子对子路说："君子如果桀骜不驯，意气用事，就会不得善终；小人如果桀骜

人而强气，则刑戮[2]荐臻[3]。《豳》诗曰：'殆天之未阴雨，彻彼桑土，绸缪牖户。今汝下民，或敢侮予？'"

不驯，固执傲慢，就会接连不断惹来杀身之祸。《诗经·豳风·鸱鸮》说：'趁着天气还晴好，赶快去寻桑树根，回来筑牢我的巢。如今你们树下人，有谁敢来欺负我？'"

注释

1 **强气**：桀骜不驯，意气用事。

2 **刑戮**：受刑，被处死。

3 **荐臻**：屡次降临。

原文

孔子曰："能治国家之如此，虽欲侮之，岂可得乎？周自后稷，积行累功，以有爵土，公刘重之以仁。及至大王亶父[1]，敦以德让，其树根置本，备豫远矣。初，大王都豳，翟人[2]侵之。事之以皮币，不得免焉；事之以珠玉，不得免焉。于是属耆老[3]而告：'之所欲，吾土地。吾闻之，君子不以所养而害人。二三子何患乎无君？'遂独与大姜去之，逾梁山，邑于岐山之下。豳人曰：'仁人之君，不可失也。'从之如归市焉。天之与周，民之去

译文

孔子说："能像这首诗写的一样治理国家，即使别的国家想要侵犯，那怎么可能呢？周代自从后稷积累德行，有了土地和爵位。公刘继续修养仁德，到了太王亶父的时候，忠厚地实行仁德礼让，树立治国之本，为后世打好了基础。起初太王居住在豳地，狄人入侵。太王送给他们毛皮和货币，不能免于侵犯；送给他们珍珠玉石，仍然不能免于侵犯。于是太王就嘱咐老人们说：'狄人想要的，是我们的土地。我听说，君子不因为养人的土地而害人，你们不用担忧没有君主。'于是他和夫人太姜离开了，越过梁山，在岐山下面建立都邑。豳地的人说：'那是仁义的国君，我们不能失去他。'于是跟随太王的人像赶往市场的人一样多。上天要把天下让给周，人民内心叛离殷商已经很久了。像周

殷，久矣。若此而不能天下，未之有也。武庚[4]恶能侮？《郑》诗曰：'执辔如组[5]，两骖[6]如舞。'"

这样还不能得到天下的，那是不可能的事情。武庚怎么能危害周朝呢？《诗经·郑风·大叔于田》说：'手握缰绳如丝带，车旁两马像跳舞。'"

注释

1 **大王亶父**：轩辕黄帝第十五世孙、周文王的祖父，后被追尊为周太王。亦作"周大王""古公亶父"，"大"通"太"。

2 **翟人**：北方少数民族。翟，通"狄"。

3 **耆老**：年老有地位的人。

4 **武庚**：商纣之子。周灭商后，武庚被周武王封侯，留驻商都朝歌以统领殷商遗民部众。

5 **组**：丝织的宽带。

6 **骖**(cān)：驾车时位于两侧的马。

原文

孔子曰："为此诗者，其知政乎？夫为组者，总纰[1]于此，成文于彼。言其动于近，行于远也。执此法以御民，岂不化乎？《竿旄》之忠告，至矣哉！"

译文

孔子说："作这首诗的人，大概是懂得政治的吧？像那编制大丝带的人，在这里镶边，却在别的方面形成了花纹。这说的是他在本地编织，编织好了以后流传到远方。用这种方法治理人民，人们难道不会被教化吗？《诗经·鄘风·竿旄》招揽贤淑的忠告，是言近指远的最好表现了！"

注释

1 **纰**(pí)：在衣冠或旗帜上镶边。

卷第三

贤 君

导读

本篇由孔子与鲁哀公、齐景公、卫灵公、宋国国君等几位君主，及孔子与子贡、颜渊、子路等数位弟子的问答组成，主要讨论了贤君、贤臣的标准，也探讨了如何治国理政以避免乱亡、获得大治的政治思想。因开篇为鲁哀公“当今之君，孰为最贤”之问，故以“贤君”名篇。

在孔子看来，贤君应该知人善用，克己修身，尊贤重才，评判君主的贤明与否，当看其“朝廷行事”，不能论其“私家之际”；贤臣则是那些善于推荐高于自己的人，“进贤者”当贤于“用力者”。本篇还集中表述了孔子“崇道贵德”“恭敬忠信”的政治哲学思想，他主张“政在节财”，认为“使民富且寿”为“政之急”，为政当“省力役，薄赋敛……敦礼教，远罪疾”；外交上“邻国相亲”，“悦近而来远”；对内则“君惠臣忠”，“不杀无辜，无释罪人”，“士益之禄”，“尊天敬鬼”，“崇道贵德”，“任能黜否”，处处显示了孔子的重贤重才的人才观、惠民爱民的仁政治理思想。

原文

哀公问于孔子曰：“当今之君，孰为最贤？”孔子对曰：“丘未之见也，抑有卫灵公乎？”

公曰：“吾闻其闺门之内无别[1]，而子次之贤，何

译文

鲁哀公问孔子：“当今的君主，谁最贤明啊？”孔子回答说：“我还没有看到最贤明的君主，或许是卫灵公吧！”

哀公说：“我听说他家庭之内男女长幼没有分别，而你把他说成贤人，为什么呢？”孔子说：“我是说他在朝廷所做的

也？”孔子曰：“臣语其朝廷行事，不论其私家之际[2]也。”

公曰：“其事何如？”孔子对曰：“灵公之弟曰公子渠牟，其智足以治千乘，其信足以守之。灵公爱而任之。又有士曰林国者，见贤必进之，而退与分其禄，是以灵公无游放之士[3]。灵公贤而尊之。又有士曰庆足者，卫国有大事，则必起而治之；国无事，则退而容贤[4]。灵公悦而敬之。又有大夫史䲡，以道去卫。而灵公郊舍[5]三日，琴瑟不御[6]，必待史䲡[7]之入，而后敢入。臣以此取之，虽次之贤，不亦可乎？”

事，而不论他家庭内部的事情。”

哀公问：“朝廷的事怎么样呢？”孔子回答说：“卫灵公的弟弟公子渠牟，他的智慧足以治理拥有千辆兵车的大国，他的诚信足以守卫这个国家。灵公喜欢他并委以重任。又有个叫林国的士人，发现贤能的人必定推荐，如果那人辞了官，林国还要把自己的俸禄拿出来与他分用，因此在灵公的国家没有放任游荡的士人。灵公认为林国是贤士而很尊敬他。又有个叫庆足的士人，卫国有大事，就必定被起用来处理政务；国家无事，就辞去官职而让其他的贤人被容纳。卫灵公喜欢而且非常尊敬他。还有个大夫叫史䲡，因为自己的政治主张不能实行而离开卫国。卫灵公在郊外住了三天，不弹奏琴瑟，一定要等到史䲡回国，而后他才敢回去。我根据这些情况来选取卫灵公，即使把他放在贤人的地位，不也可以吗？”

注释

1 **闺门之内无别**：家庭之内男女无别。

2 **私家之际**：私人家庭之间。

3 **游放之士**：游荡放纵的人。指没被任用的读书人。

4 **退而容贤**：自己退位，把位置让给贤能的人。王肃注：“言其所以退者欲以容贤于朝。”

5 **郊舍**：在郊外住宿，表示敬意。

6 **不御**：不弹奏、吹奏。

7 **史鳍**(qiū):也称史鱼,卫国大夫,字子鱼。

原文

子贡问于孔子曰:“今之人臣,孰为贤?”子曰:“吾未识也。往者齐有鲍叔[1],郑有子皮[2],则贤者矣。”

子贡曰:“齐无管仲,郑无子产?”子曰:“赐,汝徒知其一,未知其二也。汝闻用力为贤乎?进贤为贤乎?”

子贡曰:“进贤贤哉。”子曰:“然。吾闻鲍叔达管仲,子皮达子产,未闻二子之达贤己之才者也。”

译文

子贡问孔子:“当今的大臣,谁是贤能的人呢?”孔子说:“我不知道。从前,齐国有鲍叔,郑国有子皮,他们都是贤人。”

子贡说:“齐国不是有管仲,郑国不是有子产吗?”孔子说:“端木赐啊,你只知其一,不知其二。你听说努力做事的人贤能呢,还是能举荐贤人的人贤能呢?”

子贡说:“能举荐贤人的人贤能!”孔子说:“这就对了。我听说鲍叔牙举荐管仲而使他显达,子皮举荐子产而使他显达,却没有听说管仲和子产举荐比自己更贤能的人而使其显达。”

注释

1 **鲍叔**:春秋时齐国大夫鲍叔牙。曾推荐好友管仲为齐国的相。

2 **子皮**:春秋时郑国大夫,姓罕,名虎。曾推荐子产做郑国的相。

原文

哀公问于孔子曰:“寡人闻忘之甚者,徙而忘其妻,有诸?”孔子对曰:“此犹未甚者也,甚者乃忘其身。”

公曰:“可得而闻

译文

哀公问孔子说:“我听说,有很健忘的人,在搬迁的时候,竟忘了带走自己的妻子,真有这种事吗?”孔子回答道:“这还不算是很健忘的,还有更健忘的人,连他自身也忘了。”

哀公问:“先生您能说给寡人听听吗?”

乎？”孔子曰：“昔者夏桀贵为天子，富有四海，忘其圣祖之道，坏其典法，废其世祀，荒于淫乐，耽湎于酒。佞臣[1]谄谀，窥导其心；忠士折口[2]，逃罪不言。天下诛桀而有其国，此谓忘其身之甚矣。”

孔子于是答道：“从前，夏桀贵为天子，坐拥天下，却遗弃了他的圣祖夏禹的为政之道，破坏了祖先的典章制度，废弃了世代相继的祭祀礼仪，过度地荒淫享乐，沉迷于酒色之中。阿谀的奸臣，便暗中窥察他心中的欲望，逢迎他的嗜好，使他更为堕落；忠臣直士，为逃避无端的刑戮迫害，闭口不敢劝谏。于是天下的人起而诛杀了他，夏朝也因此灭亡，这正是连他本身都忘失了所造成的极端例子。”

注释

1 **佞臣**：奸邪谄媚之臣。

2 **折口**：闭口不言。王肃注：“折口，杜口。”

原文

颜渊将西游于宋，问于孔子曰：“何以为身[1]？”子曰：“恭、敬、忠、信而已矣。恭则远于患，敬则人爱之，忠则和于众，信则人任之。勤斯四者，可以政国[2]，岂特一身者哉！故夫不比于数[3]而比于疏，不亦远乎？不修其中而修外者，不亦反乎？虑不先定，临事而谋，不亦晚乎？”

译文

颜渊将要西行游学于宋国，临行前，向孔子求教说：“我应该用什么立身处世呢？”孔子说：“注意做到恭、敬、忠、信，就可以了。为人谦恭，就能远离祸患；对人尊敬，别人就会喜爱你；对人忠实，别人就会与你和睦相处；待人诚信，别人就会信任你。努力做到了恭、敬、忠、信四点，就可以把国家治理好，哪里只是有利于自己一人而已呢？所以在立身处世时不亲近应该亲近的人，却亲近应该疏淡的人，这样做，不就离自己追求的目标越来越远了吗？不修养自己的心性，使心性纯良，却只顾修饰自己的外表，追求外在的华美，不是搞反了、弄颠倒了吗？做事情不先考虑成熟，事到临头才开始谋划，那不就晚了吗？”

注释

1 **为身**:立身处世。

2 **政国**:治理国家。政,通“正”。

3 **比于数**:比,亲近。数,密集。

原文

孔子读《诗》,于《正月》六章,惕然如惧,曰:“彼不达之君子,岂不殆哉!从上依世则道废,违上离俗则身危。时不兴善,己独由之,则曰非妖即妄也。故贤也既不遇天,恐不终其命焉。桀杀龙逢[1],纣杀比干[2],皆是类也。《诗》曰:‘谓天盖高,不敢不局。谓地盖厚,不敢不蹐。’[3]此言上下畏罪,无所自容也。”

译文

孔子读《诗经》,读到《诗经·小雅·正月》六章时,一副提心吊胆很恐惧的样子,说:“那些不得志的君子,岂不是太危险了吗?顺从君主附和世俗,那么‘道’就要废弃;违背君主远离世俗,那么自身就有危险。当时的时代不宣扬善行,自己偏要追求善,就会有人说这不是反常就是不合法。所以贤人既不能遭逢天时,又害怕不能终养天年。夏桀杀害关龙逢,商纣杀害比干,都是这一类的事情。《诗经》上说:‘都说天很高,不敢不弯腰。都说地很厚,不敢不蹑脚。’这是说对上对下都害怕得罪,唯恐失去自己的容身之地。”

注释

1 **龙逢**:夏朝贤人关龙逢,因夏桀为酒池糟丘直谏,被桀囚禁杀害。

2 **比干**:商纣王的叔父,官为少师,因直谏被剖心而死。

3 **《诗》**:指《诗经·小雅·正月》,是诗披露了周幽王昏庸无道,导致国破家亡。盖:通“盍”,何等。蹐(jí):后脚紧跟着前脚小步地走。王肃注:“此《正月》六章之辞也。局,曲也。言天至高,己不敢不曲身危行,恐上干忌讳也。蹐,累足也。言地至厚,己不敢不累足,恐陷累在位之罗网。”

原文

子路问于孔子曰："贤君治国，所先者何？"孔子曰："在于尊贤而贱不肖。"

子路曰："由闻晋中行氏[1]尊贤而贱不肖矣，其亡何也？"孔子曰："中行氏尊贤而不能用，贱不肖而不能去。贤者知其不用而怨之，不肖者知其必己贱而仇之。怨仇并存于国，邻敌构兵[2]于郊，中行氏虽欲无亡，岂可得乎？"

译文

子路问孔子说："贤明的君主治理国家，首先要做的是什么呢？"孔子说："在于重用才德兼美的人，而把不才的放在卑下的位置。"

子路说："我听说晋国的中行氏，尊重才德兼美的人，鄙弃不才的人，他为什么会败亡呢？"孔子说："中行氏尊重才德兼美的人，却不能加以重用；鄙弃不才的人，却又不解除他的职务。才德兼美者知道他不会重用自己，因而埋怨他；不才者知道他一定鄙弃自己，因而仇恨他。埋怨他和仇恨他的在他的封邑内同时并存，而邻近的敌国又交战于外，中行氏虽不想败亡，难道办得到吗？"

注释

1 **中行(háng)氏**：晋文公称霸，设三军三行，荀林父为晋文公中行将，自此荀姓产生了新支系中行氏。

2 **构兵**：交战。

原文

孔子闲处，喟然而叹曰："向使铜鞮伯华无死，则天下其有定矣！"子路曰："由愿闻其人也。"

子曰："其幼也，敏而好学；其壮也，有勇而不屈；

译文

孔子闲居在家时，有一天感叹道："如果铜鞮伯华还没有死，天下大概就可安定了。"子路说："我希望知道他是什么样的人。"

孔子说："他小时候聪敏好学；壮年时英勇不屈；老年时涵养高深，却能态度

其老也，有道而能下人。有此三者，以定天下也，何难乎哉？”子路曰：“幼而好学，壮而有勇，则可也；若夫有道下人，又谁下哉？”

子曰：“由，不知！吾闻以众攻寡，无不克也；以贵下贱，无不得也。昔者周公居冢宰[1]之尊，制天下之政，而犹下白屋[2]之士，日见百七十人，斯岂以无道也？欲得士之用也。恶有道[3]而无下天下君子哉？”

谦下，亲近别人。拥有了这三种品质，用以安定天下，有什么为难的呢？”子路说：“小时候聪敏好学，壮年时英勇不屈，这也罢了；可涵养有道而谦恭待人，又是亲近哪些人呢？”

孔子说：“仲由啊，这你就不知道了！我听说，以多数人攻打少数人没有不胜利的；以尊贵的身份去亲近不如自己的人，没有不得到他们尊重的。过去周公旦以冢宰摄政时，还礼贤下士，每天接见贫寒之士一百七十多人，难道能说他不是涵养有道的人吗？这是因为他希望得到贤士而为自己所用啊！怎么能说涵养有道就不必谦恭地对待天下君子呢？”

注释

1 **冢宰**：即太宰，六卿之首。《书·周官》：“冢宰掌邦治，统百官，均四海。”

2 **白屋**：王肃注：“草屋也。”

3 **恶有道**：四库本、同文本作“恶有有道”。

原文

齐景公来适鲁，舍于公馆，使晏婴迎孔子。孔子至，景公问政焉。孔子答曰：“政在节财。”

公悦，又问曰：“秦穆公[1]国小处僻而霸，何也？”孔子曰：“其国虽

译文

齐景公来到鲁国，下榻在客馆，派晏婴去迎接孔子。孔子到了，齐景公向他询问政事。孔子回答说：“治理国家在于节省财力。”

齐景公很高兴，又问道：“秦穆公时秦是个很小的国家，地处偏僻而能成就霸业，这是什么原因呢？”孔子说：“他的国家领

小，其志大；处虽僻，而其政中。其举也果，其谋也和，法无私而令不愉[2]。首拔五羖[3]，爵之大夫，与语三日而授之以政。此取之，虽王可，其霸少矣。”

景公曰：“善哉！”

土虽小，但他的志向却很大；位置虽然偏僻，但政治举措却正确。他行动果断，策划事情的时候尽量征求大家的意见，执法没有偏私，政令不会苟且。秦穆公首先提拔百里奚，授给他爵位，封他为上大夫，和他谈了三天话，就把政事交给他去处理。能这样做，即使称王也是可以的，称霸还算少了。”

齐景公说：“讲得很好啊！”

注释

1 **秦穆公**：春秋时秦国国君，亦作秦缪公，姓嬴，名任好，公元前659年至前621年在位。

2 **愉**：王肃注：“愉，宜为偷。偷，苟且也。”

3 **五羖**(gǔ)：指春秋虞国大夫百里奚。晋献公灭虞后被俘，晋献公的姐姐嫁秦穆公，百里奚被当作陪嫁家奴送到秦国。后百里奚逃到宛，为楚人所获，秦穆公用五张黑色公羊皮赎回，被委任为上大夫。羖，黑色公羊。

原文

哀公问政于孔子，孔子对曰：“政之急者，莫大乎使民富且寿也。”

公曰：“为之奈何？”孔子曰：“省力役，薄赋敛，则民富矣；敦礼教[1]，远罪疾，则民寿矣。”

公曰：“寡人欲行夫子之言，恐吾国贫矣。”孔子曰：“《诗》[2]云：‘恺悌君子，

译文

鲁哀公问孔子如何治理国家。孔子说：“治理国家当中最急迫的事情，就是要让老百姓生活富足，健康长寿。”

鲁哀公说：“怎样才能做到这一点呢？”孔子说：“少派劳役，减轻赋税，那么老百姓就会富足。敦行礼乐教化，让老百姓远离犯罪与疾病，百姓就会长寿。”

鲁哀公说：“我想照您的话去做，又担心我的国家因此会变得贫困。”孔子说：“《诗经》上说‘和乐平易的好君子，如同

民之父母。’未有子富而父母贫者也。”

百姓的父母’，没有孩子富足而父母却贫穷的现象啊。”

注释

1 **敦礼教**：督促实行礼乐教化。《礼记·经解》：“恭俭庄敬，礼教也。”清代学者凌廷堪说：“上古圣王所以治民者，后世圣贤之所以教民者，一礼字而已。”

2 **《诗》**：指《诗经·大雅·泂酌》。

原文

卫灵公问于孔子曰：“有语寡人曰：‘有国家者，计之于庙堂之上，则政治矣。’何如？”孔子曰：“其可也。爱人者，则人爱之；恶人者，则人恶之；知得之己者，则知得之人。所谓‘不出环堵之室而知天下’者，知及己[1]之谓也。”

译文

卫灵公问孔子说：“有人告诉我说：‘作为国家的统治者，在朝廷上策划国家大事，国家就能得到治理。’您认为这种说法怎么样？”孔子说：“这么说是可以的。爱别人的人，别人也爱他；憎恨别人的人，别人也憎恨他；懂得从自己这里得到的，也就懂得从别人那里也得到。所谓的‘不出家门却知道天下的事情’，其实也就是推己及人的意思。”

注释

1 **及己**：亦作“反己”，反求诸己，反省自己。

原文

孔子见宋君，君问孔子曰：“吾欲使长有国，而列都得之[1]，吾欲使民无惑，吾欲使士竭力，吾欲使日月当时，吾欲使圣人自

译文

孔子拜见宋国国君，国君问孔子说：“我想使国家长期共存，而且使各地城邑保有不失。我想让老百姓没有困惑，我想让士人都尽力，我想让日月正常运行，我想让圣人不请自到，我想让官府得到很好

来，吾欲使官府治理，为之奈何？”孔子对曰：“千乘之君，问丘者多矣，而未有若主君[2]之问问之悉也！然主君所欲者，尽可得也。丘闻之，邻国相亲，则长有国；君惠臣忠，则列都得之；不杀无辜，无释罪人，则民不惑；士益之禄，则皆竭力；尊天敬鬼，则日月当时；崇道贵德，则圣人自来；任能黜否[3]，则官府治理。”

宋君曰：“善哉！岂不然乎？寡人不佞[4]，不足以致之也。”孔子曰：“此事非难，唯欲行之云耳。”

的治理，如何才能做到这些呢？”孔子回答说：“很多大诸侯国的国君问我，却都没有像您这样，问得如此全面！不过，您想得到的东西都可以得到。我听说，邻近的国家互相友好就能长期共存；国君仁爱，臣子尽忠，那么众多的城邑就都能保有；不杀无罪的人，不释放有罪的人，那么老百姓就不会困惑；增加士人的俸禄，那么他们都会尽力为您服务；尊奉天道，敬事鬼神，那么日月就会按时运行；崇尚道，尊敬德，那么圣人就会自己前来归附；任用贤能之才，罢免无能之辈，那么官府就能得到很好的治理。”

宋君说：“说得好啊！哪里不是这样呢！可我不才，恐怕不能做到这种程度啊。”孔子说：“这些事情做起来并不难，只要想做，就可以做到。”

注释

1 **列都得之**：王肃注：“国之列都皆得其道。”

2 **主君**：对一国君主的尊称。

3 **黜否**(pǐ)：罢斥佞邪小人。

4 **不佞**：不才。

辩　政

导读

本篇记述了孔子针对子贡的发问，辩察“政之所欲”，故以“辩政”名篇。

由开头的“子贡问”章可以看出，孔子回答问题“各因其事”，齐君、鲁君、叶公均为“问政”，孔子对病发药，答以崇尚节俭、以民为本，知晓臣下、君臣同欲，悦近来远、天下大同，等等。“忠臣之谏”章举出劝谏君主的五种方式，即委婉地进谏、迂腐鲁莽地进谏、心平气和地进谏、直接进谏、以婉言隐语进谏，而孔子主张“度主而行之”的讽谏，所以他赞扬令尹子西对楚王进谏的方式，代表了儒家得君行道的政治智慧。孔子赞扬子产的惠民与博学，晏子的忠君与恭敏，显示了孔子的仁学视野。另外，孔子主张贤人辅政，认为“贤者”是“百福之宗，神明之主”，还提出“治官莫若平，临财莫如廉”，地方治理中要做到“恭敬以信”“忠信而宽”“明察以断”等，这些都是儒家政治哲学思想的核心内容。

原文

子贡问于孔子曰：“昔者齐君问政于夫子，夫子曰：‘政在节财。’鲁君问政于夫子，子曰：‘政在谕臣[1]。’叶公[2]问政于夫子，夫子曰：‘政在悦近而来远。’三者之问，一也，而夫子应之不

译文

子贡问孔子说：“从前齐国国君向您询问如何治理国家，您说治理国家在于节省财力。鲁国国君向您询问如何治理国家，您说在于了解大臣。叶公向您询问如何治理国家，您说治理国家在于使近处的人高兴，使远处的人前来依附。三个人的问题是一样的，而您的回答却

同，然政在异端[3]乎？”

孔子曰：“各因其事也。齐君为国，奢乎台榭，淫于苑囿[4]，五官伎乐[5]，不解于时，一旦而赐人以千乘之家者三，故曰政在节财。鲁君有臣三人[6]，内比周[7]以愚其君，外距[8]诸侯之宾，以蔽其明，故曰政在谕臣。夫荆之地广而都狭，民有离心，莫安其居，故曰政在悦近而来远。此三者所以为政殊矣。《诗》云：‘丧乱蔑资，曾不惠我师。’[9]此伤奢侈不节以为乱者也。又曰：‘匪其止共，惟王之邛。’[10]此伤奸臣蔽主以为乱也。又曰：‘乱离瘼矣，奚其适归？’[11]此伤离散以为乱者也。察此三者，政之所欲，岂同乎哉！”

不同，然而治国有不同的方法吗？”

孔子说：“我是针对不同情况所做的不同回答。齐国国君治理国家，建造很多楼台水榭，修筑很多园林宫殿，声色享乐，无时无刻，有时一天就赏赐三个家族各一千辆战车，所以说为政在于节财。鲁国国君有三个大臣，在朝廷内相互勾结愚弄君王，在朝廷外排斥诸侯国的宾客，遮盖他们明察的目光，所以说为政在于了解大臣。楚国国土广阔而都城狭小，百姓想离开那里，不安心在那里居住，所以说为政在于让近处的人高兴，让远方的人来依附。这三个国家的情况不同，所以施政方针也不同。《诗经》上说：‘天下大乱民财尽，竟无一人顾百姓。’这是哀叹奢侈浪费不节约资财而导致国家动乱啊。又说：‘小人不恭顺，王政大弊病。’这是哀叹奸臣蒙蔽君王而导致国家动乱啊。又说：‘兵荒马乱心忧苦，何处才是我归宿。’这是哀叹百姓四处离散而导致国家动乱啊。明察这三种情况，搞国政该抓什么，难道能相同吗？”

注释

1 **谕臣**：了解大臣。

2 **叶**(shè)**公**：楚国叶地长官沈诸梁，字子高。

3 **异端**：不同方面。

4 **苑囿**(yòu):宫室园林。

5 **五官伎乐**:声色享乐。伎,歌女。

6 **有臣三人**:鲁国权臣孟孙、叔孙、季孙三家。

7 **比周**:勾结。

8 **距**:通“拒”,抗拒。

9 **《诗》**:指《诗经·大雅·板》。王肃注:“蔑,无也。资,财也。师,众也。夫为亡乱之政,重赋厚敛,民无资财,曾莫肯爱我众。”

10 **“匪其止共”句**:引自《诗经·小雅·巧言》。共(gōng),通“恭”。王肃注:“止,止息也。邛,病也。谗人不共所止息,故惟王之病。”

11 **“乱离瘼矣”句**:引自《诗经·小雅·四月》。王肃注:“离,忧也。瘼,病也。言离散以成忧,忆祸乱于斯,归于祸乱者也。”

原文

孔子曰:“忠臣之谏君,有五义[1]焉:一曰谲谏[2],二曰戆谏[3],三曰降谏[4],四曰直谏,五曰风谏[5]。唯度主而行之,吾从其风谏乎。”

译文

孔子说:“忠臣规劝君主,有五种方法:一是委婉而郑重地规劝,二是刚直而鲁莽地规劝,三是低声下气地规劝,四是直截痛快地规劝,五是用婉言隐语来规劝。应该揣度君主的心意以施行相应的方式,我愿意采用婉言隐语的方法来规劝啊。”

注释

1 **五义**:五种方法。

2 **谲谏**:直接指出问题而委婉地规劝。王肃注:“正其事以谲谏其君。”

3 **戆谏**:刚直地规劝。王肃注:“戆谏,无文饰也。”

4 **降谏**:低声下气地规劝。王肃注:“卑降其体所以谏也。”

5 **风谏**:风,通“讽”。《说苑·正谏》作“讽谏”,意为以婉言隐语规劝。王肃注:“风谏,依违远罪避害者也。”

原文

子曰："夫道，不可不贵也。中行文子倍道失义以亡其国，而能礼贤以活其身。[1]圣人转祸为福，此谓是与？"

译文

孔子说："那大道啊，是不能不尊崇的。中行文子背弃道义，因此丢失了封地，但由于能够礼贤下士，从而保全了性命。圣人能够转祸为福，说的就是这种情况吧？"

注释

1 **"中行文子"句**：王肃注："此说倍道失义，不宜说得道之意。而云礼贤，不与上相次配。又文子无礼贤之事。中行文子得罪于晋，出亡至边。从者曰：'谓此啬夫者，君子也。'故休马待骏者。文子曰：'吾好音，子遗吾琴；好佩，子遗吾玉。是以不振吾过，自容于我者也。吾惢其以我求容也。'遂不入车。人闻文子之所言，执而不杀之。孔子闻之，曰：'文子倍道失义以亡其国，然得之由活其身，而能礼贤以为宜，以然后得也。'"

原文

楚王将游荆台[1]，司马子祺谏，王怒之。令尹子西[2]贺于殿下，谏曰："今荆台之观，不可失也。"王喜，拊子西之背曰："与子共乐之矣。"

子西步马十里，引辔而止曰："臣愿言有道，王肯听之乎？"王曰："子其言之。"

子西曰："臣闻为人臣而忠其君者，爵禄不足以赏也；谀其君者，刑罚不足以

译文

楚王想去荆台游玩，司马子祺上谏阻止，楚王非常恼怒。令尹子西在大殿下面附和道："现在是到荆台观赏的最佳时机，不能错过啊！"楚王非常高兴，摸着子西的背说："我要你一起去，享受游玩的快乐吧！"

子西骑着马遛了大约十里路，拉住马缰停止了前进，说："臣我有话想说，大王愿意听吗？"楚王说："你说吧。"

子西说："我听说，做人臣的忠于他的君主的人，爵位俸禄不足以表现对他的赏赐；阿谀奉承他的君主的人，各种刑

诛也。夫子祺者,忠臣也,而臣者,谀臣也,愿主赏忠而诛谀焉。”王曰:“我今听司马之谏,是独能禁我耳,若后世游之,何也?”

子西曰:“禁后世易耳。大王万岁[3]之后,起山陵[4]于荆台之上,则子孙必不忍游于父祖之墓以为欢乐也。”王曰:“善。”乃还。

孔子闻之,曰:“至哉,子西之谏也!入之于千里之上,抑之于百世之后者也。”

罚都不足以表现对他的诛杀。子祺,他是忠臣,可是我是阿谀奉承的人。希望大王赏赐忠臣子祺,而诛灭阿谀的我。”楚王说:“我现在听了司马子祺的进谏,只能阻止我一个人。如果后辈还要游玩,那怎么办呢?”

子西说:“阻止后辈很容易。大王你归西之后,就在荆台的上面建一个山陵,那么子孙后辈必定不忍心在前辈的墓陵上游玩作乐啊!”楚王说:“好!”于是就回去了。

孔子听说这件事之后说:“子西的进谏真是巧妙至极!阻止了高高在上的圣上,又阻止了百世之后人们的奢侈游乐。”

注释

1 **荆台**:在今湖北江陵。
2 **子西**:楚国执政官,楚平王庶长子。
3 **万岁**:去世。
4 **山陵**:帝王或皇后的坟墓。

原文

子贡问于孔子曰:“夫子之于子产、晏子,可为至矣。敢问二大夫之所为目[1],夫子之所以与之者。”孔子曰:“夫子产于民为惠主,于学为博物。

译文

子贡请教孔子说:“您对于子产、晏子的评价,可以说是最高的了。我冒昧地请教您,两位大夫的所作所为,突出的是什么,您为什么这样称赞他们?”孔子说:“子产对百姓来说,是一位仁慈施惠的治理者,从学识来看又博学多识。晏子对君主

晏子于君为忠臣，于[2]行为恭敏。故吾皆以兄事之，而加爱敬。”

来说，是忠臣，而且行为恭敬勤勉。因此，我把他们都当作兄长来看待，并加以爱戴与敬重。”

注释

1 **目**：要目，要点。

2 **于**：一本作“而”。

原文

齐有一足之鸟，飞集于宫朝，下止于殿前，舒翅而跳。齐侯大怪之，使使聘鲁问孔子。孔子曰：“此鸟名曰商羊，水祥[1]也。昔童儿有屈其一脚，振讯[2]两眉而跳且谣曰：‘天将大雨，商羊[3]鼓舞。’今齐有之，其应至矣。急告民趋治沟渠，修堤防，将有大水为灾。”

顷之，大霖雨[4]，水溢泛诸国，伤害民人，唯齐有备不败。景公曰：“圣人之言，信而有征矣！”

译文

齐国飞来了只有一条腿的鸟，它们翔集到宫室，又飞到宫殿前停下来，张开翅膀欢快跳跃。齐国的国君感到非常奇怪，便派人出使到鲁国，向孔子请教。孔子说：“这种鸟叫商羊，是大水将要来的预兆。从前有小孩子弯起一只脚，抖动两眉，边跳边唱歌谣道：‘天降大雨，商羊起舞。’现在齐国出现这种鸟，说明歌谣要应验了。应当尽快告诉民众，赶紧修理沟渠，修筑堤坝，因为将要有大水到来为灾了。”

不久，大雨连绵，洪水泛滥，淹没了各诸侯国，很多百姓深受其害，只有齐国提前做好了准备，没有造成什么损害。齐景公说道：“圣人说的话，真实可信并且经得起考验！”

注释

1 **祥**：预兆。

2 **振讯**：抖动。

3 **商羊**:传说中的鸟名,大雨前常屈一足起舞。王充《论衡·变动》:"商羊者,知雨之物也;天且雨,屈其一足起舞矣。"

4 **霖雨**:连绵大雨。

原文

孔子谓宓子贱[1]曰:"子治单父[2],众悦。子何施而得之也?子语丘所以为之者。"对曰:"不齐之治也,父恤其子,其子恤诸孤,而哀丧纪。"

孔子曰:"善!小节也,小民附矣,犹未足也。"曰:"不齐所父事者三人,所兄事者五人,所友事者十一人。"

孔子曰:"父事三人,可以教孝矣;兄事五人,可以教悌矣;友事十一人,可以举善矣。中节也,中人附矣,犹未足也。"曰:"此地民有贤于不齐者五人,不齐事之而禀度[3]焉,皆教不齐之道。"

孔子叹曰:"其大者乃于此乎有矣。昔尧舜听天下,务求贤以自辅。夫贤

译文

孔子对宓子贱说:"你治理单父这个地方,百姓很高兴。你采用什么方法而做到的呢?你告诉我都采用了什么办法。"宓子贱回答说:"我治理的办法是,像父亲那样体恤百姓的儿子,像顾惜自己儿子那样照顾孤儿,而且以哀痛的心情办好丧事。"

孔子说:"好!这只是小的礼节,小民就依附了,恐怕这做得还不够。"宓子贱说:"我像对待父亲那样侍奉的有三个人,像兄长那样侍奉的有五个人,像朋友那样交往的有十一个人。"

孔子说:"像父亲那样侍奉这三个人,可以教百姓孝道;像兄长那样侍奉五个人,可以教百姓敬爱兄长;像朋友那样交往十一个人,可以提倡友善。这只是中等的礼节,中等的人就会依附了,恐怕这做得还是不够。"宓子贱说:"在单父这个地方,比我贤能的有五个人,我侍奉他们并向他们请教,他们都教我治理之道。"

孔子感叹地说:"治理好单父的大道理就在这里了。从前尧舜治理天下,一

者，百福之宗也，神明之主也，惜乎不齐之以所治者小也。”

定要访求贤人来辅助自己。那些贤人，是百福的根源，是神明的主宰啊！可惜你治理的地方太小了啊！”

注释

1 **宓(fú)子贱**：名不齐，字子贱，鲁国人，孔子弟子。

2 **单父**(shàn fǔ)：鲁国都邑，在今山东单县南。

3 **禀度**：受教。

原文

子贡为信阳宰，将行，辞于孔子。孔子曰：“勤之慎之，奉天子之时[1]，无夺无伐，无暴无盗。”子贡曰：“赐也，少而事君子，岂以盗为累[2]哉？”

孔子曰：“汝未之详也。夫以贤代贤，是谓之夺；以不肖代贤，是谓之伐；缓令急诛，是谓之暴；取善自与，是谓之盗。盗非窃财之谓也。吾闻之，知为吏者，奉法以利民；不知为吏者，枉法以侵民，此怨之所由也。治官莫若平，临财莫如廉。廉、平之守，不可改也。匿人之善，斯

译文

子贡去做信阳的长官，临行前，向孔子辞别。孔子说：“做事要勤恳谨慎，尊奉天子颁行的历法，按季节指导农业生产。不要夺取，不要攻伐，不要残暴，不要盗窃。”子贡说：“我呀，从小就向君子学习，难道还能犯偷盗的过失吗？”

孔子说：“你知道的还不详尽啊。用贤人去取代贤人，这就叫作‘夺’；用不才的人去取代有才的，这就叫作‘伐’；政令宽松而诛杀峻急，这就叫作‘暴’；夺取美好的东西归自己，这就叫作‘盗’。盗，不是一般所谓的盗窃财物。我听说，善于做官的，遵循法令办事，使百姓得到好处；不善做官的，歪曲法令办事，使百姓受到侵害，这是怨怒产生的根源啊。整顿官风，没有比公平更好；面对财货，没有比廉洁更好。清廉和公平的操守，怎么也不能变易啊。隐藏别人的好处，这就是埋没人才；揭发别人的丑行，

谓蔽贤；扬人之恶，斯为小人。内不相训，而外相谤，非亲睦也。言人之善，若己有之；言人之恶，若己受之。故君子无所不慎焉。”

这是小人所为。不是在内部互相规劝，而是在外面互相诽谤，便不可能亲昵而和睦地相处。说人家的优点，就像我自己的优点一样；说人家的缺点，好像自己被别人指出缺点一样。所以，君子时时处处没有不戒慎恐惧的啊。”

注释

1 **天子之时**：天子颁行的历法。

2 **累**：过失。

原文

子路治蒲[1]三年，孔子过之。入其境，曰：“善哉由也！恭敬以信矣。”入其邑，曰：“善哉由也！忠信而宽矣。”至庭，曰：“善哉由也！明察以断矣。”

子贡执辔而问曰：“夫子未见由之政，而三称其善，其善可得闻乎？”孔子曰：“吾见其政矣。入其境，田畴尽易，草莱[2]甚辟，沟洫深治，此其恭敬以信，故其民尽力也。入其邑，墙屋完固，树木甚茂，此其

译文

子路治理蒲邑三年后，孔子路过那里。走到子路管辖地界时，孔子说：“子路做得真不错！他做到了恭敬谨慎而又有信用了。”走到城中时，孔子又说：“子路做得真好！他做到了忠信而宽厚了。”走进子路的官署时，孔子又说：“子路做得真好啊！他做到了明察而又有决断。”

子贡手握着缰绳，问孔子说：“老师您还没有看到子路的政策与成效，然而却三次称赞他做得好，他做得好的地方，可以说给我听听吗？”夫子说：“我已看到了他的政绩了。进入蒲地境内，看到耕地都整理好了，荒地大都开辟了，沟渠也挖得很深，这是因为他为政恭敬诚信，所以百姓才会尽力去做啊。走到城中时，看到城墙和屋宇都完整坚固，树木长得很茂盛，这是因为他的政令忠信而

忠信以宽，故其民不偷也。至其庭，庭甚清闲，诸下用命，此其言明察以断，故其政不扰[3]也。以此观之，虽三称其善，庸尽其美矣。”

宽厚，所以百姓才不苟且马虎啊。走进他的官署，看到那里清静闲暇，下面办事的人都很效力，都服从命令，这是因为他明察一切，而又非常果断，所以他处理政事毫不纷扰啊。从这些方面来看，即使我连续三次称赞他做得好，又怎能将他的好说尽呢？”

注释

1 **蒲**：春秋卫地，在今河南长垣。

2 **草莱**：荒地。

3 **扰**：纷扰，烦劳。

卷第四

六 本

导读

本篇谈君子立身行事的六大根本，即立身、丧纪、战阵、治政、居国、生财六个方面的根本要求，故以“六本”名篇。

所谓“六本”，指孝为立身之本、哀为丧纪之本、勇为战阵之本、农为治政之本、立嗣为居国之本、惜民力为生财之本。孔子既重视立身处世中的君子之道，那他就会主张宽容争臣、争子、争弟、争友，谨记“良药苦于口而利于病，忠言逆于耳而利于行”的训导。孔子根据“天之以善，必报其德”的格言，推断“祸亦如之”，故有周釐王庙的火灾，将“天殃”与民间帝王“变文武之制”而尚“奢侈”的行为之间的关系，进行了正确的预测。这种密窥天人之际的思维方式，启开了“天人感应”的政治伦理批判模式，也对民间帝王起到了一定的警示作用。另外，本篇中记述的孔子对“先王制礼”的认知，他重视“志诚感之，通于金石”的真情，主张“君子慎其所从”，主张礼让而“慎其初”，提倡“损其自多，以虚受人”“调其盈虚，不令自满”的损益之道，等等，都显示了孔子较深切的礼治思想、人生哲学与现实关怀。

原文

孔子曰：“行己[1]有六本焉，然后为君子也。立身有义矣，而孝为本；丧纪有礼矣，而哀为本；战阵有列矣，而勇为本；治政有理

译文

孔子说：“一个人的立身行事，要先遵循六个根本准则，然后才能成为君子。立身有仁义，孝道是根本；举办丧事有礼节，哀痛是根本；交战布阵有行列，勇敢是根本；处理政务有法则，农业是根本；掌管天

矣，而农为本；居国有道矣，而嗣[2]为本；生财有时矣，而力为本。置本不固，无务农桑；亲戚不悦，无务外交；事不终始，无务多业；记闻而言，无务多说；比近不安，无务求远。是故反本修迩[3]，君子之道也。”

下有原则，选定继位人是根本；创造财富有时机，肯下力气是根本。根本不巩固，就不能很好地从事农桑；不能让亲戚高兴，就不要进行人事交往；做事不能有始有终，就不要经营多种产业；道听途说的话，就不要多说；不能让近处安定，就不要去安定远方。因此返回到事物的根本，从近处做起，是君子遵循的途径。”

注释

1 **行己**：立身处世。

2 **嗣**：子孙，这里指选定继位之君。

3 **反本修迩**：返回到事物的根本，从近处做起。

原文

孔子曰：“良药苦于口而利于病，忠言逆于耳而利于行。汤武以谔谔[1]而昌，桀纣以唯唯[2]而亡。君无争[3]臣，父无争子，兄无争弟，士无争友，无其过者，未之有也。故曰：‘君失之，臣得之；父失之，子得之；兄失之，弟得之；己失之，友得之。’是以国无危亡之兆，家无悖乱之恶，父子兄弟无失，而交友无绝也。”

译文

孔子说：“良药吃起来苦但有利于治愈疾病，忠言听起来不顺耳却有利于行事。商汤和周武王因为能听取进谏的直言而使国家昌盛，夏桀和商纣因为只听随声附和的话而国破身亡。君王没有直言敢谏的大臣，父亲没有直言敢谏的儿子，兄长没有直言敢劝的弟弟，士人没有直言敢劝的朋友，要想不犯错误是不可能的。所以说：‘君王有失误，臣子来补救；父亲有失误，儿子来补救；哥哥有失误，弟弟来补救；自己有失误，朋友来补救。’这样，国家就没有灭亡的危险，家庭就没有悖逆的坏事，父子兄弟之间就不会失和，朋友也不会断绝来往。”

注释

1 **谔谔**:直言进谏的样子。

2 **唯唯**:恭敬顺从的应答声。

3 **争**(zhèng):通“诤”,直言劝谏。

原文

孔子见齐景公,公悦焉,请置廪丘之邑以为养。孔子辞而不受,入谓弟子曰:“吾闻君子当功受赏[1]。今吾言于齐君,君未之有行,而赐吾邑,其不知丘亦甚矣。”于是遂行。

译文

孔子拜见齐景公,景公很高兴,赠与廪丘邑,以此作为孔子供养之地。孔子拒绝了,没有接受赠地,回到住处,对弟子说:“我听说,君子应当有功劳而受到奖赏。时下我游说齐国君王,国君并没有按我的劝导行事,却赐给我廪丘邑,这说明他也是太不了解我了。”于是辞别景公离去。

注释

1 **当功受赏**:因功得到奖赏。

原文

孔子在齐,舍于外馆[1],景公造焉。宾主之辞既接,而左右白曰:“周使适至,言先王庙灾。”景公复问:“灾何王之庙也?”孔子曰:“此必釐王[2]之庙。”

公曰:“何以知之?”孔子曰:“《诗》云:‘皇皇上天,其命不忒。天之以善,必报其德。’[3]祸亦如之。夫釐

译文

孔子在齐国,住在旅馆里,齐景公到旅馆来看他。宾主互致问候以后,景公身边的人就报告说:“周王室的使者刚到,说先王的宗庙遭了火灾。”景公追问:“哪个君王的宗庙被烧了?”孔子说:“这一定是釐王的宗庙。”

景公问:“怎么知道的呢?”孔子说:“《诗经》说:‘伟大至善的上天,它的命令不会有差错。上天降下的好事,回报他人的美德。’灾祸也是如此。釐王改

王变文武之制，而作玄黄华丽之饰，宫室崇峻，舆马奢侈，而弗可振[4]也。故天殃所宜加其庙焉。以是占[5]之为然。”

变了文王和武王的制度，而且制作色彩华丽的装饰，宫室高耸，车马奢侈，而无可救药。所以上天把灾祸降在他的庙上。我以此作了这样的推测。”

公曰：“天何不殃其身，而加罚其庙也？”孔子曰：“盖以文、武故也。若殃其身，则文、武之嗣，无乃殄[6]乎？故当殃其庙以彰其过。”

景公说：“上天为什么不降祸到他的身上，而要惩罚他的宗庙呢？”孔子说：“大概是因为文王和武王的缘故吧。如果降到他身上，文王和武王的后代不是就灭绝了吗？所以降灾到他的庙上来彰显他的过错。”

俄顷，左右报曰：“所灾者，釐王庙也。”景公惊起，再拜曰：“善哉！圣人之智，过人远矣。”

过了一小会儿，景公身边的人又来报告说：“受灾的是釐王的宗庙。”景公吃惊地站起来，再次向孔子行礼说：“好啊！圣人的智慧，超过一般人太多了。”

注释

1 **外馆**：客馆。

2 **釐(xī)王**：亦作僖王，东周君王，周庄王之子，名胡齐。

3 **“《诗》云”句**：王肃注：“此逸诗也。皇皇，美貌也。忒，差也。”

4 **振**：救。

5 **占**：预测，推测。

6 **殄**：断绝，灭绝。

原文

子夏三年之丧毕，见于孔子。子曰：“与之琴，使之弦[1]。”侃侃[2]而乐，作而曰：“先王制礼，

译文

子夏守完三年的丧礼，前来拜见孔子，孔子说：“给他一把琴，让他弹。”子夏边弹边唱，神情和乐得很，唱完站起来说：“先王制作的礼乐，我不敢不达到它啊。”

不敢不及。”子曰:“君子也!”

闵子[3]三年之丧毕,见于孔子。子曰:“与之琴,使之弦。”切切而悲,作而曰:“先王制礼,弗敢过也。”子曰:“君子也!”

子贡曰:“闵子哀未尽,夫子曰:‘君子也。’子夏哀已尽,又曰:‘君子也。’二者殊情,而俱曰君子,赐也惑,敢问之。”孔子曰:“闵子哀未忘,能断之以礼;子夏哀已尽,能引之及礼。虽均之君子,不亦可乎?”

孔子说:“真是一个有道德修养的人啊!”

闵子骞守完三年丧礼,也来拜见孔子,孔子说:“给他一把琴,让他弹。”闵子骞边弹边唱,悲伤得很,唱完站起来说:“先王制作的礼乐,我不敢超越它啊。”孔子称赞他说:“真是一个有道德修养的人啊!”

子贡听了疑惑不解,向孔子请教说:“闵子骞的哀思还没有完,老师您说他是‘有道德修养的人’;子夏的哀思已尽,您也说他是‘有道德修养的人’。两人的感情不同,而您却都称赞他们有道德修养,学生疑惑,请问是什么缘故?”孔子说:“闵子骞没有忘记悲哀,可他能按照礼制来截断哀思;子夏的哀思已尽,但他能够按照礼制的规定来引导孝思。即使都称之为有道德修养的人,不也是可以的吗?”

注释

1 **弦**:弹奏。

2 **侃侃**:和乐貌。《论语·乡党》:“朝,与下大夫言,侃侃如也。”

3 **闵子**:闵子骞,孔子弟子,以德行著称。

原文

孔子曰:“无体之礼[1],敬也;无服之丧,哀也;无声之乐,欢也。不言而信,不动而威,不施而仁,志。夫钟之音,

译文

孔子说:“礼节即使没有依照程式,也还有真正的恭敬之心;丧事即使没有穿丧服,也还有真正的悲哀之情;音乐即使没有声音,也还有真正的欢乐之意。不说话就有信用,不行动就有威严,不施与就有仁爱,这是

怒而击之则武，忧而击之则悲。其志变者，声亦随之，故至诚感之，通于金石，而况人乎？”

心志使然。钟的声音，发怒时敲击则高亢威武，忧伤时敲击则低沉悲凉。心志改变了，声音也随之改变。所以心志真诚有所触动时，和乐器都能相通，何况是人呢？”

注释

1 **无体之礼**：《礼记·孔子闲居》：“孔子曰：‘无声之乐，无体之礼，无服之丧，此之谓三无。’”孔颖达疏：“非有升降揖让之礼，故为无体之礼也。”体，仪式。

原文

孔子见罗雀者，所得皆黄口[1]小雀。夫子问之曰：“大雀独不得，何也？”罗者曰：“大雀善惊而难得，黄口贪食而易得。黄口从大雀，则不得；大雀从黄口，亦不得。”

孔子顾谓弟子曰：“善惊以远害，利食而忘患，自其心矣。而独以所从为祸福，故君子慎其所从。以长者之虑，则有全身之阶；随小者之戆[2]，而有危亡之败也。”

译文

孔子看见捉鸟的人，捉到的都是黄嘴的小鸟。孔子问他：“大鸟却捕不到，这是为什么呢？”捕鸟人说：“大鸟警觉，所以难以捕捉到；小鸟贪吃，所以容易捕捉到。如果小鸟跟从大鸟，（因为大鸟会带领小鸟及时逃离危险）就捕捉不到了；如果大鸟跟从小鸟，（因为大鸟会叫转小鸟及时逃离危险）也捕捉不到的。”

孔子回过头对弟子们说：“机变警觉（的大鸟）能远离祸害，喜欢贪食（的小鸟）就容易忘记祸患，这是出自它们的本性啊。跟从不同的人就会有不同的祸福，所以君子要谨慎选择自己跟从的人。借助年长者的谋虑，就会有保全性命的途径；依从年轻人的愚蠢和鲁莽，就会面临危险死亡的祸患。”

注释

1 **黄口**:雏鸟的嘴,多嫩黄色。

2 **戆**(gàng):傻,愣,鲁莽。

原文

孔子读《易》,至于《损》《益》,喟然而叹。子夏避席[1],问曰:"夫子何叹焉?"孔子曰:"夫自损者必有益之,自益者必有决之[2],吾是以叹也。"

子夏曰:"然则学者不可以益乎?"子曰:"非道益之谓也,道弥益而身弥损。夫学者损其自多,以虚受人,故能成其满。博哉!天道成而必变。凡持满而能久者,未尝有也。故曰:'自贤者,天下之善言不得闻于耳矣。'昔尧治天下之位,犹允[3]恭以持之,克让以接下,是以千岁而益盛,迄今而逾彰。夏桀、昆吾[4],自满而无极,亢意而不节,斩刈黎民,如草芥焉;天下讨之,如诛匹夫。是以千载而恶著,迄

译文

孔子读《易经》,读到《损》《益》两卦时,喟然长叹。子夏起身,问道:"老师您为何长叹?"孔子说:"自己谦虚的人一定有所得,自己骄傲的人一定受到损失,我因此叹息。"

子夏说:"那么求学的人不可以求增益吗?"孔子说:"我并不是说道艺的增益。道艺愈增进,自己越会感觉不足。学者减损自满之心,以谦虚之心接受别人的教诲,才能让自己收获满满。天道真是广博啊!它完成后一定变化。骄傲自满而能够长久存在的,那是不曾有过的啊。所以说,认为自己是贤人的人,天下那些美好的话就听不进耳朵了。过去尧帝处于治理天下的地位,还能诚信恭敬地待人,克己谦让地对待臣下,所以千百年来名声日盛,到如今而越发美德彰显。夏桀、昆吾自满到极点,恣意妄为而不加节制,斩杀老百姓像割除草芥一样,天下人讨伐他,就像诛杀独夫民贼一样,所以千百年后他们的罪恶越发昭著,到如今也不能消失。看到这些,如果走

今而不灭。观此，如行，则让长，不疾先；如在舆，遇三人则下之，遇二人则式[5]之。调其盈虚，不令自满，所以能久也。”

子夏曰：“商请志之，而终身奉行焉。”

在路上，就要尊让长者，而不着急抢先；如果乘车，遇到三个人就主动下来，遇到两个人就扶住车厢前面的横木站着。调节好盈虚的尺度，不让自己自满，就能长久于世。”

子夏说：“我请求把这些教诲记下来，并终身奉行。”

注释

1 **避席**：古人席地而坐，避席即离坐而起，以示敬意。

2 **自益者必有决之**：王肃注：“《易·损》卦次得《益》，《益》次《夬》。夬，决也。损而不已必益，故受之以《益》；益而不已必决，故受之以《夬》。”决，通“缺”。

3 **允**：王肃注：“允，信也。”

4 **昆吾**：夏商之间部落名，己姓，初封于濮阳（今河南濮阳西南），夏时迁于旧许（今河南许昌），后为商汤所灭。

5 **式**：通“轼”，用手扶住车厢前面的横木，以示敬意。

原文

子路问于孔子曰：“请释古之道而行由之意，可乎？”子曰：“不可。昔东夷之子，慕诸夏之礼，有女而寡，为内私婿[1]，终身不嫁。嫁则不嫁矣，亦非贞节之义也。苍梧娆[2]娶妻而美，让与其兄。让则让矣，然非礼之让也。不

译文

子路问孔子说：“让我们抛弃掉古代的礼制，而按我的意志行事，可以吗？”孔子说：“不可。从前东夷的人，羡慕中原的伦理制度，有一个女人死了丈夫，便给她引进一个非正式婚配的夫婿，终身没有再嫁。嫁是没有再嫁了，但也不符合贞节的本义了。苍梧有一个人，娶了一个貌美的妻子，后来让给了他的哥哥。谦让是谦让了，却是不合礼的谦让。办什么事，在开

慎其初，而悔其后，何嗟及矣[3]。今汝欲舍古之道，行子之意，庸知子意不以是为非，以非为是乎？后虽欲悔，难哉！”

始的时候不谨慎，事后又后悔，叹气又有什么用呢？如今你想抛弃古代的礼制，照你的想法去干，怎么知道你不是拿正确的当作错误的，拿错误的作为正确的呢？到了后来即使想反悔，也很难了啊！”

注释

1 **内私婿**：内，通“纳”。私婿，女子夫死后再非正式招夫婚配。

2 **苍梧娆**：或作“苍梧绕”，或认为与史书中的“壮古佬”“牂柯佬”等相同，均指古老的苍梧国。其国人即壮族先民之一。

3 **何嗟及矣**：王肃注：“言事至而后悔，吁嗟又何及矣。”

原文

曾子耘瓜，误斩其根。曾皙[1]怒，建大杖以击其背。曾子仆地而不知人久之。有顷，乃苏，欣然而起，进于曾皙曰：“向也，参得罪于大人，大人用力教参，得无疾乎？”退而就房，援琴而歌，欲令曾皙而闻之，知其体康也。

孔子闻之而怒，告门弟子曰：“参来，勿内！”曾参自以为无罪，使人请于孔子。

子曰：“汝不闻乎？昔瞽瞍有子曰舜。舜之事瞽

译文

曾子修整瓜地，不小心锄断了瓜苗的根。曾皙大怒，举起大木棍击打他的背。曾子倒地不醒人事许久。过了好长时间，曾子才醒过来，高高兴兴地爬起来，向曾皙进言：“刚才儿子得罪了父亲大人，父亲用尽力气教训儿子，该不会累病了吧？”然后退下来，回到房里，拉起琴弦唱起了歌，想要让曾皙听到，知道他身体安然无恙。

孔子听说了这件事后很生气，告诉门下弟子：“曾参如果来了，不要让他进来！”曾参自以为没有过错，托人向孔子请教。

孔子说：“你没听说吗？从前，瞽瞍有一个儿子叫舜。舜侍候瞽瞍，想要使

瞍，欲使之，未尝不在于侧；索而杀之，未尝可得。小棰则待过，大杖则逃走。故瞽瞍不犯不父之罪，而舜不失烝烝[2]之孝。今参事父，委身以待暴怒，殪[3]而不避。既身死而陷父于不义，其不孝孰大焉！汝非天子之民也？杀天子之民，其罪奚若？”曾参闻之，曰：“参罪大矣！”遂造孔子而谢过。

唤他，未尝不在身边；找他并想杀了他，却从未得手。父亲用小棍打他，他就等着受过挨打；用大木棍打他，他就逃走。所以，瞽瞍没有犯下不行父道的过错，而舜也没有失去淳厚的孝道。如今曾参侍候父亲，放弃身体来等着被父亲暴打，朝死里打也不躲一下。打死之后就会陷他父亲于不义之地，有哪种不孝比这个更严重呢？你不是天子的百姓吗？杀了天子的百姓，这应该承担什么罪行呢？”曾参听说了这些话，说：“参的罪过大啊！”于是前往孔子那里，当面谢罪。

注释

1 **曾皙**：字子皙，“宗圣”曾子（即曾参）之父，孔子早期弟子。

2 **烝烝**：德业淳厚的样子。

3 **殪**（yì）：死。

原文

荆公子行年[1]十五，而摄荆相事。孔子闻之，使人往观其为政焉。使者反，曰：“视其朝，清净而少事；其堂上有五老焉，其廊下有二十壮士焉。”孔子曰：“合二十五人之智，以治天下，其固免矣，况荆乎？”

译文

楚国有一公子，十五岁就代理楚国宰相事务。孔子听说这件事情后，叫人前往观察他理政的情况。派去的人回来说：“看他的大堂，清静少事；厅堂上有五位老人，屋廊下有二十位壮士。”孔子说：“集合二十五人的智慧来治理天下，本来就能免于灾患了，何况仅仅是用来治理一个楚国呢？”

注释

1 **行年**:经历的年岁,当时年龄。

原文

子夏问于孔子曰:"颜回之为人奚若?"子曰:"回之信贤于丘。"

曰:"子贡之为人奚若?"子曰:"赐之敏贤于丘。"

曰:"子路之为人奚若?"子曰:"由之勇贤于丘。"

曰:"子张之为人奚若?"子曰:"师之庄贤于丘。"

子夏避席而问曰:"然则四子何为事先生?"子曰:"居!吾语汝。夫回能信而不能反[1],赐能敏而不能诎[2],由能勇而不能怯,师能庄而不能同[3]。兼四子者之有,以易吾弗与[4]也,此其所以事吾而弗贰也。"

译文

子夏问孔子说:"颜回的为人怎么样?"孔子说:"颜回在诚信方面比我强。"

子夏问:"子贡的为人怎么样?"孔子说:"端木赐在机敏聪慧方面比我强。"

子夏问:"子路的为人怎么样?"孔子说:"仲由在勇敢方面比我强。"

子夏问:"子张的为人怎么样?"孔子说:"颛孙师在庄重方面比我强。"

子夏离开坐席,问道:"既然他们都比你强,那么他们四个人怎么都愿意拜您为师呢?"孔子说:"坐下来,我告诉你。颜回诚信却不善于灵活变通,端木赐机敏聪慧却不能委屈自己,仲由勇敢却不知退避示弱,颛孙师庄重却不合群。兼有了他们四个的优点,又除去了我所不能赞同的他们的缺点,这就是他们都愿意拜我为师,而又忠贞不贰的原因。"

注释

1 **能信而不能反**:王肃注:"反,谓反信也。君子言不必信,唯义所在耳。"

2 **能敏而不能诎**:诎,屈服。王肃注:"言人虽辨敏,亦宜有屈折时也。"

3 **能庄而不能同**:王肃注:"言人虽矜庄,亦当有和同时也。"

4 **与**:赞许。

原文

孔子游于泰山，见荣声期[1]，行乎郕[2]之野，鹿裘带索，鼓琴而歌。孔子问曰："先生所以为乐者何也？"期对曰："吾乐甚多，而至者三：天生万物，唯人为贵，吾既得为人，是一乐也；男女之别，男尊女卑，故人以男为贵，吾既得为男，是二乐也；人生有不见日月[3]，不免襁褓者，吾既以行年九十五矣，是三乐也。贫者，士之常；死者，人之终。处常得终，当何忧哉！"

孔子曰："善哉！能自宽者也。"

译文

孔子游历泰山时，遇到了荣声期，见荣声期正行走在郕的郊外，披着鹿皮做的衣服，以绳索为衣带，边弹琴边唱歌。孔子问道："先生为何这般快乐呢？"荣声期回答道："我的快乐很多，最突出的有三条：天生万物，以人为最宝贵，我已经做了人，这是第一乐；人分男女，世俗又以为男尊女卑，我已经做了男子，这是第二乐；有的人胎死腹中，有的人在襁褓中便夭折了，而我已经活到了九十五岁，这是第三乐。贫穷，那是读书人的本分；死亡，那是人生的归宿。我安守读书人本分，坦然面对人生归宿，还有什么忧愁的呢！"

孔子称赞他道："好啊！真是一位能自我宽慰的人！"

注释

1 **荣声期**：王肃注："声，宜为启，或曰荣益期也。"

2 **郕**(chéng)：周文王第五子郕叔武封地，在今河南范县。

3 **不见日月**：指胎死腹中。

原文

孔子曰："回有君子之道四焉：强[1]于行义，弱于受谏，怵于待禄[2]，慎于治身。史鳍有君子[3]之道三焉：

译文

孔子说："颜回有君子的四种品德：实行道义时很坚定，接受劝谏时很柔顺，得到官禄时很戒惧，修养自身时很谨慎。史鳍具有君子的三种品德：不做官也尊

不仕而敬上，不祀而敬鬼，直己而曲人。”

曾子侍，曰：“参昔者常闻夫子三言，而未之能行也。夫子见人之一善，而忘其百非[4]，是夫子之易事也；见人之有善，若己有之，是夫子之不争也；闻善必躬行之，然后导之，是夫子之能劳也。学夫子之三言，而未能行，以自知终不及二子者也。”

敬身居上位的人，不祭祀也敬奉鬼神，自身正直却婉曲待人。”

曾参正在一旁陪侍，便说：“我以前曾听您说过三句话，却没有依言去做。老师发现别人的一处优点就忘记他所有的缺点，因此您容易与人相处；看见别人有优点，像是自己也有了一样，所以您不与人争名夺利；听到善行一定亲身践行，之后教导别人，因此您能够吃苦耐劳。学习您的三句话，却不能照着去做，所以自己知道最终赶不上颜回和史鳍。”

注释

1 **强**：尽力去做。

2 **怵于待禄**：王肃注：“怵，怵惕也。待，宜为得也。”

3 **君子**：一本作“男子”。

4 **百非**：很多缺点。

原文

孔子曰：“吾死之后，则商[1]也日益，赐[2]也日损。”

曾子曰：“何谓也？”子曰：“商也好与贤己者处，赐也好说不若己者。不知其子，视其父；不知其人，视其友；不知其君，视其所使[3]；不知其地，视其草木。故曰：与善人居，如

译文

孔子说：“我死后，卜商会一天天长进，端木赐会一天天后退。”

曾参说：“为什么？”孔子说：“卜商好跟比自己贤能的人相处，端木赐喜欢谈论不如自己的人。不了解儿子，看他的父亲如何；不了解某人，看他的朋友如何；不了解国君，看他任用的臣下如何；不了解某块土地，看地面上草木的生长情况怎样。所以说，和好人在一起，就像

入芝兰之室，久而不闻其香，即与之化矣；与不善人居，如入鲍鱼[4]之肆，久而不闻其臭，亦与之化矣。丹[5]之所藏者赤，漆之所藏者黑。是以君子必慎其所与处者焉。”

进入了置放芝兰的房间，时间久了就闻不到它的香味，这是被它同化了；和坏人在一起，就像进入了咸鱼铺，时间久了就闻不到它的臭味，这也是被它同化了。用来保藏丹砂的容器是红色，用来保藏漆的容器是黑色。因此，君子一定要谨慎地注意和自己一起相处的人。”

注释

1 **商**：卜商，字子夏。

2 **赐**：端木赐，字子贡。

3 **所使**：所使用的人。

4 **鲍鱼**：咸鱼，其气味腥臭。

5 **丹**：朱砂。

原文

曾子从孔子之齐，齐景公以下卿之礼聘曾子，曾子固辞。将行，晏子送之，曰：“吾闻之，君子遗人以财，不若善言。今夫兰本[1]三年，湛[2]之以鹿醢[3]，既成，啖[4]之，则易之匹马。非兰之本性也，所以湛者美矣，愿子详其所湛者。夫君子居必择处，游必择方，仕必择君。择君所以求仕，择方所以修道。迁风移俗，嗜欲移性，

译文

曾子跟从孔子到齐国，齐景公用对待下卿的礼节聘请曾子，曾子执意推辞。将要离开时，晏婴送他，说：“我听说，君子赠人以钱财，不如赠人以好话。假使有生长了三年的兰草根，用鹿汤浸泡，泡好后，味道好的可以换一匹马。这不是兰草本身有这么好的味道，而是浸泡它的鹿汤鲜美，请你弄明白鹿汤的作用。君子居住一定要选择处所，交游一定要选择品类，做官一定要选择国君。选择国君是为了做官，选择品类是为了修养德行。那些变更风气、移风易俗的人，十

可不慎乎？”

孔子闻之，曰：“晏子之言，君子哉！依贤者，固不困；依富者，固不穷。马蚿[5]斩足而复行，何也？以其辅之者众。”

分喜好转移本性，能不谨慎吗？”

孔子听到后，说：“晏子的话，真是君子之言啊！依靠贤人，当然不会困顿；依靠富人，当然不会贫穷。马蚿被砍断了脚，还能继续爬行，为什么？这是因为辅助它爬行的脚多。”

注释

1 **今**：若，假设。兰本：兰草的根。

2 **湛**：浸渍。

3 **鹿酳**(yìn)：用鹿肉做的肉汤。酳，四库本、同文本作“醢”。醢(hǎi)，用肉、鱼等制成的酱。

4 **啖**：吃。

5 **马蚿**(xián)：即“马陆”，一种节肢动物，有很多对腿。

原文

孔子曰：“以富贵而下人，何人不尊？以富贵而爱人，何人不亲？发言不逆[1]，可谓知言矣；言而众向[2]之，可谓知时矣。是故以富而能富人者，欲贫不可得也；以贵而能贵人者，欲贱不可得也；以达而能达人者，欲穷不可得也。”

译文

孔子说：“身处富贵却又谦让待人，又有什么人不尊敬他呢？身处富贵而又仁爱他人，又有什么人不亲近他呢？说话不忤逆众人意愿，可算是懂得讲话了；说出话来大家都响应，可算是懂得时机了。所以，自己富有，又能让人富有的人，想贫穷也不可能啊！自己有地位，而且还让别人也有地位，想低贱也不可能啊！自己通达，而且能让别人也通达的，要想困顿也不可能啊！”

注释

1 **逆**:违抗。

2 **向**:响应。

原文

孔子曰:“中人[1]之情也,有余则侈,不足则俭,无禁则淫,无度则逸,从欲则败。是故鞭扑之子,不从父之教;刑戮之民,不从君之令。此言疾之难忍,急之难行也。故君子不急断,不急制。使饮食有量,衣食有节,宫室有度,畜积有数,车器有限,所以防乱之原也。夫度量不可不明[2],是中人所由之令。”

译文

孔子说:“一般人的情况是:财物有余就会奢侈浪费,不够才会节省,没有禁令就会过度行动,没有限度就会放纵,随心所欲就会败亡。所以,被鞭挞的儿子不会听从父亲的教育,被刑律惩罚的老百姓不会听从君主的命令。这是说,行动过快就会让人难以忍受,操之过急就会难以实行。所以君子不急于决断,不急于作规定。使饮食有限量,穿衣有礼制,住房有规定,积蓄有定数,车辆器用有限制,这就是防止祸乱的根本方法。像那法令禁止,不能不明确,这是一般人都要遵守的教令。”

注释

1 **中人**:普通人。

2 **不可不明**:原脱误为“不可明”,据四库本、陈本、燕山本改。

原文

孔子曰:“巧而好度必攻[1],勇而好问必胜,智而好谋必成。以愚者反之。是以非其人,告

译文

孔子说:“精巧而且喜欢度量的人一定坚定,勇敢而且好问的人一定胜利,睿智而且喜好谋划的人一定成功。愚蠢的人正好相反。因此,不是合适的人,告诉他也不会

之弗听；非其地，树之弗生。得其人，如聚砂而雨之[2]；非其人，如会聋而鼓之。夫处重擅宠，专事妒贤，愚者之情也。位高则危，任重则崩，可立而待。”

听从；不是合适的地，种上树也不会生长。遇上合适的人，就像堆起沙子，雨浇上去便立即被吸收；不是合适的人，就像遇到聋子，敲鼓也没有用。所以呀，处于重要地位独自受宠，会专门干嫉贤妒能的事情，这是愚者的常情。地位过高就危险，任务过重就会崩塌，这些都是马上可以看到后果的。”

注释

1 **巧而好度必攻**：度，揣测。攻，坚。

2 **如聚砂而雨之**：王肃注：“言立入也。”

原文

孔子曰：“舟非水不行，水入舟则没；君非民不治，民犯上则倾。是故君子不可不严也，小人不可不整一也。”

齐高庭问于孔子曰：“庭不旷山，不直地，[1]衣穰而提贽[2]，精气[3]以问事君子之道，愿夫子告之。”孔子曰：“贞以干之[4]，敬以辅之，施仁无倦。见君子则举之，见小人则退之。去汝恶心，而忠与之。效其行，修其礼，千里之外，亲如兄弟。行不效，

译文

孔子说：“船没有水就不会行驶，水进了船，船就会沉没。君主远离了老百姓就治理不好国家，百姓犯上作乱，国家就会灭亡。所以君子的思想不能不严谨，小人的思想不能不统一。”

齐国人高庭来问孔子：“我爬过高山，不远千里而来，穿着蒿草做的衣服，拿着见面礼，真诚地前来，向您请教侍奉君子的方法，希望您能告诉我。”孔子说：“守持正道去做，恭敬地去辅佐，实行仁德而不知疲倦。看到君子就加以举荐，见到小人就加以摒退。去掉邪恶的念头，真心地与人交往。如果学习好的品行，修明礼教，那么即使相距千里之遥，别人也会同你亲如兄弟。如果不学习好的品行，不能修明

礼不修，则对门不汝通矣。夫终日言不遗己之忧，终日行不遗己之患，唯智者能之。故自修者，必恐惧以除患，恭俭以避难者也。终身为善，一言则败之，可不慎乎！”

礼教，那么即使对门居住，别人也不会同你交往。所以呀，整天说话而不给自己留下隐忧，整天做事而不给自己留下祸患，只有聪明的人才能做得到。因此，注重自我修养的人，一定会小心谨慎地消除祸患，恭敬节俭地避免灾难。一辈子做好事，因为说错一句话就败坏了自己，能不谨慎吗？”

注释

1 **庭不旷山，不直地**：王肃注：“庭，高庭，名也。旷，隔也。不以山为隔，逾山而来。直，宜为植。不根于地而远来也。”

2 **衣穰而提贽**：王肃注：“穰，蒿草衣。提，持。贽，所以执为礼也。”

3 **精气**：精诚，真诚。

4 **贞以干之**：守持正道去做。王肃注：“贞正以为干植。”《周易·乾·文言》：“文言曰：‘贞者，事之干也……贞固足以干事。’”孔颖达疏：“言君子能坚固贞正，令物得成，使事皆干济，此法天之贞也。”高亨注：“贞固，正而坚，即坚持正道。干是动词，主持，主办。”

哀公问政

导读

本篇记载了孔子对施政原则和鬼神观念的看法，因首章以“哀公问政于孔子”为首，故以“哀公问政”名篇。

本篇表达了孔子的德政思想，“为政在于得人”，“其人存，则其政举；其人亡，则其政息”，还细述了孔子关于五达道、三达德、治国九经、诚、择善固执、教以慈睦敬爱之道等方面的思想主张。本篇所述的孔子的鬼神观,认为“气者,神之盛也。众生必死,死必归土,此谓鬼;魂气归天,此谓神”,主张“合鬼与神而享之,教之至也”的神道设教。

原文

哀公[1]问政于孔子。孔子对曰:“文武之政,布在方策[2]。其人存,则其政举;其人亡,则其政息。天道敏生,人道敏政,地道敏树。夫政者,犹蒲卢[3]也,待化以成,故为政在于得人。取人以身,修道以仁。仁者,人也,亲亲为大;义者,宜也,尊贤为大。亲亲之杀[4],尊贤之等,礼所以生也。礼者,政之本也,是以君子不可以不修身。思修身,不可以不事亲;思事亲,不可以不知人;思知人,不可以不知天。天下之达道有五,其所以行之者三。曰君臣也,父子也,夫妇也,昆弟也,朋友也,五者,天下之达道[5]。智、仁、勇三者,天下之达德也。所以

译文

鲁哀公向孔子请教治国方略。孔子回答说:“周文王、周武王的治国方略,记载在木板和简册上。像周文王、周武王这样的贤人在世,他们的治国举措就能施行;他们去世,他们的治国举措就不能施行了。天之道就是迅速地化生万物,人之道就是勤敏地处理政事,地之道就是让树木迅速生长。政治啊,就像蒲苇,得到雨露滋润化育就能很快成功,所以治理国家的关键在于得到人才。选取人才在于修养自身,修养道德要以仁为本。仁,就是人与人相互亲爱,而爱自己的亲人是最大的仁;义,就是事事做得适宜,而尊重贤人是最大的义。爱亲人要分亲疏,尊重贤人要有等级,这就产生了礼。礼,是为政之本,因此君子不可以不加强自身修养。想要修身,便不能不侍奉父母;要侍奉父母,便不能不了解人;要了解人,便不能不了解天行之道。天下共通的人伦大道有五条,用来实行这五条人伦大道的德行有三种。君臣之道,父子之道,夫妇之道,兄弟之道,朋友之道,这五条是天下共通的人伦大道。智、仁、勇三种品德,是天下共行的美德。实行这些大道

行之者，一也。或生而知之，或学而知之，或困而知之，及其知之，一也。或安而行之，或利而行之，或勉强而行之，及其成功，一也。”

与美德的方法，是诚实专一。有的人天生就知道，有的人通过学习才知道，有的人经历了困苦才知道，最终都知道了这些道理，这是一样的。有的人心安理得地去做，有的人为了名利去做，有的人被迫勉强去做，最终成功了，都是一样的。”

注释

1 **哀公**：鲁哀公，姓姬，名蒋，谥哀。

2 **布在方策**：记载在木板和竹简上。方，书写用的木板。策，竹简。

3 **蒲卢**：德化政治。王肃注：“蒲卢，蜾螺（一本作蠃）也，谓土蜂也。取螟蛉而化之，以为子。为政化百姓，亦如之者也。”《尔雅》曰：“蜾蠃，蒲卢。”《诗》云：“螟蛉有子，蜾蠃负之。”蒲卢，取桑虫之子以为己子。朱熹《中庸集注》：“蒲卢，沈括以为蒲苇是也。”

4 **杀**（shài）：减少，降等。

5 **达道**：天下古今共同遵守的道理。

原文

公曰：“子之言美矣，至矣！寡人实固，不足以成之也。”孔子曰：“好学近乎智，力行近乎仁，知耻近乎勇。知斯三者，则知所以修身；知所以修身，则知所以治人；知所以治人，则能成天下国家者矣。”

公曰：“政其尽此而已乎？”孔子曰：“凡为天下国

译文

哀公说：“您说得太好了，达到极点了！但我实在鄙陋，不足以做到这些的。”孔子说：“喜欢学习的人近于有智慧，努力实行的人近于有仁心，知道耻辱的人近于有勇气。知道了这三者，就知道如何修身；知道了如何修身，就知道如何管理人；知道如何管理人，就能完成治理国家的大事了。”

哀公问：“治国之道就只有这些吗？”孔子说：“凡是治理天下国家有

家有九经[1]，曰：修身也，尊贤也，亲亲也，敬大臣也，体群臣也，子庶民[2]也，来百工也，柔远人[3]也，怀诸侯也。夫修身则道立，尊贤则不惑，亲亲则诸父[4]兄弟不怨，敬大臣则不眩[5]，体群臣则士之报礼重，子庶民则百姓劝[6]，来百工则财用足，柔远人则四方归之，怀诸侯则天下畏之。”

九条原则，那就是：修养自身，尊重贤人，亲爱亲人，敬重大臣，体恤群臣，爱民如子，招纳工匠，怀柔远民，安抚诸侯。修养自身，就能确立正道；尊重贤人，就不会困惑；亲爱亲人，叔伯兄弟就不会怨恨；敬重大臣，遇事就不会迷惑；体恤群臣，士人的回报之礼就会更加厚重；爱民如子，百姓就会努力工作；招纳百工，财物就会充足；怀柔远民，四方之人就会归顺；安抚诸侯，天下人就会敬畏。”

注释

1 **经**：原则，常道。
2 **子庶民**：以平民百姓为子。
3 **柔远人**：安抚、优待边远地方的人。
4 **诸父**：指父辈的族人，如叔伯等。
5 **眩**：眼花，迷乱。
6 **劝**：勤勉。

原文

公曰：“为之奈何？”孔子曰：“齐洁盛服[1]，非礼不动，所以修身也。去谗远色，贱财而贵德，所以尊贤也。爵其能[2]，重其禄，同其好恶，所以笃亲亲也。官盛任使[3]，

译文

哀公问：“该怎么做才可以呢？”孔子说：“斋戒静心，穿着庄重的礼服，不符合礼仪的事坚决不做，这就是修养自身的方法。消除谗佞，疏远女色，看轻财物而重视德行，这就是尊重贤人的方法。给有才能的人加官进爵，给予他们丰厚的俸禄，与他们爱憎一致，这就是让亲人更加亲爱的方法。多为大臣

所以敬大臣也。忠信重禄，所以劝士也。时使薄敛，所以子百姓也。日省月考[4]，既廪称事[5]，所以来百工也。送往迎来，嘉善而矜不能，所以绥远人也。继绝世，举废邦[6]，治乱持危，朝聘以时，厚往而薄来，所以怀诸侯也。治天下国家有九经，其所以行之者，一也。凡事豫则立，不豫则废。言前定则不跲[7]，事前定则不困，行前定则不疚，道前定则不穷。在下位不获于上，民弗可得而治矣。获于上有道，不信于友，不获于上矣。信于友有道，不顺于亲[8]，不信于友矣。顺于亲有道，反诸身不诚，不顺于亲矣。诚身有道，不明于善，不诚于身矣。诚者，天之至道也；诚之[9]者，人之道也。夫诚，弗勉而中，不思而得，从容中道[10]，

设置属官，足供他们任用指使，这就是劝勉大臣的方法。真心诚意地任用，给予丰厚的俸禄，这就是奖劝士人的方法。劳役不误农时，减少赋税，这就是爱民如子的方法。每天省察，每月考核，付给的工钱粮米与工作业绩相称，这就是奖劝百工的方法。来时欢迎，去时欢送，嘉奖善行，怜惜弱者，这就是优待边远地区百姓的方法。延续已经绝嗣的世家，复兴已经被废亡的邦国，治理祸乱，扶持危局，让诸侯按时朝聘，赠送丰厚而纳贡菲薄，这就是安抚诸侯的方法。治理天下国家有九大方法，实行这些方法的原则只有一个。任何事情，事先有准备就会成功，无准备就会失败。说话先有准备，语言就会顺畅；做事先有准备，就不会出现困窘；行动先有准备，就不会愧疚；道路预先选定，就不会阻碍不通。身处下位的人得不到身处上位的人的信任，就不可能治理好百姓。得到上司的信任是有规则的，不能取信于朋友，就得不到上司的信任。取信于朋友是有规则的，不孝顺父母，就得不到朋友的信任。孝顺父母是有规则的，反省自己不真诚，就不能真正孝顺父母。使自己真诚是有规则的，不明白什么是善，就不能使自己内心真诚。内心真诚，是上天的最高准则；追求真诚，按照诚的要求去实现诚，是为人处世的原则。如果有诚心，不用勉强就能行为合理，不用思考就能领悟体会，从

圣人之所以体定[11]也；诚之者，择善而固执之者也。”

从容容就能符合中庸之道，这是圣人之所以心性平静的原因；追求真诚的人，就是要选择好善的目标并执着追求的人。”

注释

1 **齐(zhāi)洁盛服**：斋戒静心，服饰庄肃。齐，通“斋”。

2 **爵其能**：给有能力的人加官晋爵。

3 **官盛任使**：官吏很多，听凭差遣。王肃注：“盛其官，委任使之也。”

4 **日省月考**：每天省察，每月考核。

5 **既禀称事**：百工的工钱粮米与工作实绩相称。既(xì)禀，同“饩禀”，日常所需粟米等物。

6 **举废邦**：复兴已经没落的邦国。

7 **跲(jiá)**：绊倒。《礼记·中庸》：“言前定，则不跲。”孔颖达疏：“将欲发言，能豫前思定，然后出口，则言得流行，不有踬蹶也。”

8 **不顺于亲**：不听从父母的教导。

9 **诚之**：按诚去做。

10 **从容中道**：安闲舒缓，不慌不忙，行动合道。

11 **体定**：心性贞静。

原文

公曰：“子之教寡人备矣，敢问行之所始？”孔子曰：“立爱[1]自亲始，教民睦也；立敬自长始，教民顺也。教之慈睦，而民贵有亲；教以敬，而民贵用命。民既孝于亲，又顺以听命，措诸天下无所不可。”

译文

哀公说：“您教给我的方法已经很完备了，请问从什么地方开始做起呢？”孔子说：“树立仁爱从爱父母开始，这是为了教导百姓和睦；树立恭敬从尊敬长辈开始，这是为了教导百姓顺从。教导百姓慈爱和睦，百姓就会认为亲人是最宝贵的；教导百姓恭敬，百姓就会认为服从命令是最重要的。百姓既能孝顺父母，又能听从命令，把这种教化方法扩大开来治理天下，就没有办不到的事情。”

公曰："寡人既得闻此言也，惧不能果行[2]而获罪咎。"

鲁哀公说："我既然已听到了这些教导，很害怕不能果断地推行，从而招致罪过和埋怨。"

注释

1 **立爱**：树立仁爱。

2 **果行**：果断践行。

原文

宰我问于孔子曰："吾闻鬼神之名，而不知所谓，敢问焉。"孔子曰："人生有气有魂。气者，神之盛也。众生必死，死必归土，此谓鬼；魂气归天，此谓神。合鬼与神而享之，教之至也。[1]骨肉弊于下，化为野土，其气扬于上，此神之著也。圣人因物之精，制为之极[2]，明命鬼神，以为民之则，而犹以是为未足也。故筑为宫室，设为宗、祧[3]，春、秋祭祀，以别亲疏，教民反古复始，不敢忘其所由生也。众之服自此，故听且速焉。教以二端[4]，二端既立，报以二礼：建设朝事，燔燎膻

译文

宰我请教孔子说："我听人们讲鬼、神，却不知道到底是什么，想请老师讲一讲。"孔子说："人生来就有气有魂。气，就是人充盈的生命力。人有生必有死，死后就化归于土，这就叫'鬼'。人的魂气归升于天，这就叫'神'。将鬼和神合起来进行祭祀，这是教化的极致。骨肉腐烂埋在地下，化作野外泥土，而气却升扬到天上，这便为神所附着。所以圣人顺应万物的实情，规定它为最高地位，明确命名为'鬼神'，以此作为万民信奉的准则。还感觉不够全面，就又专门建了房屋，设立了宗庙和远祖庙，在春秋两季祭祀，以此区分亲疏关系，教导人们要追祭祖先，不能忘记自己是从哪里来的。大家从此都信服了，非常慎重和迅速地听从。教以气、魄的由来，报之以敬神敬鬼二礼。安排朝会事宜，焚烧牛脂牛膏，发出阵阵香气，用以报'气'；敬献黍稷，敬献肺肝，摆上美酒，

芗[5],所以报气也;荐黍稷,修肺、肝,加以郁鬯[6],所以报魄也。此教民修本、反始、崇爱,上下用情,礼之至也。君子反古复始,不忘其所由生。是以致其敬,发其情,竭力从事,不敢不自尽也,此之谓大教。昔者,文王之祭也,事死如事生,思死而不欲生,忌日则必哀,称讳则如见亲,祀之忠也。思之深,如见亲之所爱。祭欲见亲之颜色者,其唯文王与!《诗》[7]云:'明发不寐,有怀二人。'则文王之谓与!祭之明日,明发不寐,有怀二人,敬而致之,又从而思之。祭之日,乐与哀半,飨之必乐,已至必哀[8],孝子之情也。文王为能得之矣。"

用以报'魄'。这样教导百姓培养根本,回归本原,崇尚仁爱,上下尊卑都重情相亲,这就是礼最好的表现。君子反古复始,不忘产生的由来,所以献敬意,表真情,努力办事,不敢不竭尽心力。这就是大教化呀。以前周文王进行祭祀时,敬事死者如同侍奉生人,思念死者就好像痛不欲生,每逢祖先的忌日一定很悲哀,在祖庙称祖先的名讳,就像见到祖先一样,祭祀时的表现可称得上是忠诚了。祭祀时深切思念祖先,就像看到祖先喜欢的东西在面前。祭祀时能想着先人音容笑貌的,大概只有周文王了吧。《诗经》上说:'直到天亮还睡不着,只是因为思念双亲。'讲的就是周文王的事吧。祭祀的第二天,天亮了还睡不着,一直思念死去的双亲,这是由于对双亲心怀诚敬,祭祀之后又思念不已。祭祀的日子,喜悦和哀伤参半,享祭亡亲自然喜悦,又想到不知亡亲是否享用,祭祀完了亡亲神灵还要离开,就又陷入哀伤,这是孝子的感受。文王就是这样真切感受的。"

注释

1 **"合鬼与神"句**:王肃注:"合神鬼而事之者,孝道之至。孝者,教之所由生也。"

2 **制为之极**:王肃注:"极,中。制为中法。"

3 **宗、祧**(tiāo):王肃注:“宗,宗庙也。祧,远庙也。天子特有二祧,诸侯谓始祖为祧也。”

4 **二端**:王肃注:“二端,气与魄也。”

5 **燔**(fán)**燎膻芗**:古代祭祀时烧牛羊脂散发的气味。孙希旦《礼记集解》:“膻芗,牛羊肠间脂也。羊膏曰膻,牛膏曰芗。”

6 **郁鬯**(chàng):香酒。王肃注:“郁,香草。鬯,樽也。”

7 **《诗》**:指《诗经·小雅·小宛》。

8 **已至必哀**:王肃注:“已至,谓祭事以毕。不知亲飨否,故哀。”

卷第五

在 厄

导读

本篇记载了孔子困厄陈国和蔡国的故事，故以“在厄”名篇。

首章讲到楚昭王打算聘任孔子，陈、蔡两国担心楚国因任用孔子而对自己不利，便派兵围困孔子师徒，致使其“绝粮七日”“从者皆病”。在困境中，“孔子愈慷慨讲诵，弦歌不衰”，然而子路和子贡却对他的道有了微词，只有颜回自视“夫子之道至大”，认为“世不我用，有国者之丑”，“不容然后见君子”。孔子认为，君子拓展理想与时运相关，他指出“为之者，人也；生死者，命也”，“遇不遇者，时也；贤不肖者，才也”。本篇还讲述了孔子的气节观，主张君子当“全其节”。孔子说：“君子修道立德，不为穷困而败节。”而曾子弊衣不受赏赐，颜回居困而能仁廉，均承继并显扬了孔子提倡的君子节操。

原文

楚昭王[1]聘孔子，孔子往拜礼焉，路出于陈、蔡。陈、蔡大夫相与谋曰：“孔子圣贤，其所刺讥，皆中诸侯之病。若用于楚，则陈、蔡危矣。”遂使徒兵距[2]孔子。

译文

楚昭王聘请孔子到楚国做官，孔子前去拜见楚昭王，途中经过陈国和蔡国。陈国、蔡国的大夫一起谋划说：“孔子是一代圣贤，他所批评指责的都切中诸侯的弊病。如果他被楚国聘用，那我们陈国、蔡国就危险了。”于是派出步兵前往阻拦孔子。

孔子不得行，绝粮七日，外无所通，藜羹[3]不充，从者皆病。孔子愈慷慨讲诵，弦歌不衰。乃召子路而问焉，曰："《诗》云：'匪兕匪虎，率彼旷野。'[4]吾道非乎，奚为至于此？"

子路愠，作色而对曰："君子无所困。意者[5]夫子未仁与，人之弗吾信也？意者夫子未智与，人之弗吾行也？且由也，昔者闻诸夫子：'为善者，天报之以福；为不善者，天报之以祸。'今夫子积德怀义，行之久矣，奚居之穷也？"

孔子一行被围困，不能前行，断粮七天，也无法和外边取得联系，连粗劣的食物也吃不上，跟随他的人都病倒了。这时孔子更加慷慨激昂地讲授学问，用琴瑟伴奏不停地唱歌。还找来子路问道："《诗经》说：'不是犀牛不是虎，沿着荒野自出入。'我的理论学说难道有什么不对吗？为什么会落到这个地步啊？"

子路一脸的怨气，不高兴地回答说："君子是不会被什么东西困扰的。难道是老师您的仁德还不够，人们因而还不信任我们？难道是老师您的智慧还不够，人们因而不愿推行我们的主张？而且我从前就听老师讲过：'做善事的人上天会降福于他，做坏事的人上天会降祸于他。'如今老师您积累德行，心怀仁义，推行您的主张已经很长时间了，怎么处境还是如此困穷呢？"

注释

1 **楚昭王**：楚平王之子，芈姓，熊氏，名壬，谥昭。楚国的一位中兴之主。

2 **徒兵**：步兵。距：通"拒"，阻拦。

3 **藜羹**：用嫩藜草做成的菜汤，比喻食物粗劣。

4 **《诗》**：指《诗经·小雅·何草不黄》。匪：不是。兕(sì)：一说雌的犀牛。率：沿着。王肃注："率，循也。言非兕虎而循旷野也。"

5 **意者**：想来。

原文

子曰："由未之识也，吾语汝！汝以仁者为必信也，则伯夷、叔齐不饿死首阳；汝以智者为必用也，则王子比干不见剖心；汝以忠者为必报也，则关龙逄[1]不见刑；汝以谏者为必听也，则伍子胥[2]不见杀。夫遇不遇者，时也；贤不肖者，才也。君子博学深谋而不遇时者，众矣，何独丘哉？且芝兰生于深林，不以无人而不芳；君子修道立德，不为穷困而改节。为之者，人也；生死者，命也。是以晋重耳之有霸心，生于曹卫[3]；越王勾践之有霸心，生于会稽。故居下而无忧者，则思不远；处身而常逸者，则志不广。庸知其终始乎[4]？"

译文

孔子说："仲由啊，你还不懂得啊！我来告诉你原因。你以为仁德的人就一定被人相信？那么伯夷、叔齐就不会饿死在首阳山上。你以为有智慧的人一定会被任用？那么王子比干就不会被剖心。你以为忠心的人必定会有好报？那么关龙逄就不会被杀。你以为忠言劝谏一定会被采纳？那么伍子胥就不会被迫自杀。能不能遇到贤明的君主，是时运的事；贤能还是不肖，则是个人才能的事。君子学识渊博、深谋远虑而时运不济的多了，何止我孔丘一人呢！况且，芝兰生长在深山老林之中，并不因为无人欣赏而不吐露芳香；君子修习道艺、涵养仁德，并不因为穷困而改变节操。做或者不做，在于自身；是生是死，在于命运。所以说，晋国重耳的称霸雄心，萌生于逃亡曹、卫之时；越王勾践的称霸雄心，萌生于受困会稽之时。因此，居于下位而无所忧虑的人，就会思虑不远；处身长期安逸的人，就会志向不大。怎能知道他的全部经历呢？"

注释

1 **关龙逄**：逄，一本作"逄"。夏桀为长夜饮，关龙逄屡加劝谏，被杀害。

2 **伍子胥**：春秋时楚国人，名员。因父兄被楚平王杀害，逃到吴国为大夫，与孙武共佐吴王阖闾伐楚。后因劝吴王夫差拒越求和并停止伐齐，加之被太宰伯嚭所谗,被迫自杀。

3 **晋重耳之有霸心,生于曹卫**:重耳,即春秋五霸的晋文公。生于曹卫,指困于曹卫而后萌生。王肃注:"重耳,晋文公也。为公子时,出奔,困于曹卫。"

4 **庸知其终始乎**:王肃注:"庸,用也。汝何用知其终始,或者晋文公、越王之时也。"

原文

子路出。召子贡,告如子路。子贡曰:"夫子之道至大,故天下莫能容夫子,夫子盍少贬焉?"子曰:"赐,良农能稼,不必能穑[1];良工能巧,不能为顺;君子能修其道,纲而纪之[2],不必其能容。今不修其道而求其容,赐,尔志不广矣,思不远矣。"

子贡出,颜回入,问亦如之。颜回曰:"夫子之道至大,天下莫能容。虽然,夫子推而行之。世不我用,有国者之丑也,夫子何病焉?不容,然后见君子。"

孔子欣然叹曰:"有是哉?颜氏之子,使尔多财,吾为尔宰[3]。"

译文

子路出去了。孔子叫来子贡,又问了同样的问题。子贡说:"老师您的理论学说实在博大精深,因此天下容不下您,您何不把您的主张降低一下标准呢?"孔子说:"端木赐啊!好的农夫会种庄稼,不一定会有收获;好的工匠能做精巧的东西,不一定每一次都能顺遂他人的意愿;君子能涵养他的道德学问,抓住关键确立政治主张,别人不一定能采纳。现在不研修涵养自己的道德学问,却只求别人能采纳,端木赐啊,这说明你的志向不广阔,理想不高远啊!"

子贡出去以后,颜回进来了,孔子又问了同样的问题。颜回说:"老师您的思想学说太博大精深了,因而天下人不能接受它。虽然如此,您还是竭力推行。世人不用,那是当权者的耻辱,您何必为此忧虑呢?虽然不被采纳,但这才可看出您的君子本色。"

孔子高兴地感叹说:"你说得真对呀!颜家的儿子,假如你有很多钱财,那我就来给你当管家。"

注释

1 **良农能稼，不必能穑**：王肃注："种之为稼，敛之为穑。言良农能善种之，未必能敛获之也。"

2 **纲而纪之**：抓住关键来治理。

3 **吾为尔宰**：王肃注："宰，主财者。为汝主财，意志同也。"

原文

子路问于孔子曰："君子亦有忧乎？"子曰："无也。君子之修行也，其未得之，则乐其意；既得之，又乐其治[1]。是以有终身之乐，无一日之忧。小人则不然，其未得也，患弗得之；既得之，又恐失之。是以有终身之忧，无一日之乐也。"

译文

子路请教孔子说："君子也有忧愁吗？"孔子说："没有啊。君子的修养德行啊，在做事未能取得成功时，他欣喜于自己所秉持的大道的美意；在做事取得成功之后啊，他便欣喜于践行大道的作为。所以君子终生都能喜悦快乐，而没有一天的忧愁。小人就不这样，在没有取得想要的东西时，害怕做不到；等到取得之后呢，又害怕会失掉它。所以，小人只有终生的忧虑愁苦，没有一天是快乐的啊。"

注释

1 **治**：作为。

原文

曾子弊衣而耕于鲁，鲁君闻之而致邑[1]焉。曾子固辞不受。或曰："非子之求，君自致之，奚固辞也？"曾子曰："吾闻受人施者常畏

译文

曾子穿着很破旧的衣服在家乡鲁国耕田，鲁国的国君听到后要送给他一片封地。曾子坚决推托而不接受。有人就说："这又不是您向人索求的，是国君自己乐意赠送给您的，您为什么坚决推辞不接受呢？"曾子说："我听说，接受别人馈赠的人常常会害怕

人，与人者常骄人。纵君有赐，不我骄也。吾岂能勿畏乎？”孔子闻之，曰：“参之言，足以全其节也。”

得罪馈赠者；给了人家东西的人，常会对接受人显露骄色。纵然国君赏赐了我土地，也不对我显露一点骄色，可是我哪能不心怀畏惧？”孔子知道了这件事后，赞叹说：“曾参的话，是足可以保全他的节操的了。”

注释

1 **致邑**：馈赠食邑。

原文

孔子厄[1]于陈、蔡，从者七日不食。子贡以所赍[2]货，窃犯围[3]而出，告籴[4]于野人[5]，得米一石焉。颜回、仲由炊之于坏屋之下，有埃墨[6]堕饭中，颜回取而食之。

子贡自井望见之，不悦，以为窃食也。入问孔子曰：“仁人廉士，穷改节乎？”孔子曰：“改节即何称于仁廉哉？”子贡曰：“若回也，其不改节乎？”子曰：“然。”子贡以所饭告孔子。子曰：“吾信回之为仁久矣，虽汝有云，弗以疑也，其或者必有故乎？汝止，吾将问之。”

译文

孔子受困于陈、蔡之地，跟随的人七天都没吃上饭。子贡拿着携带的货物，偷偷冲出包围，请求村民给他换些米，终于得到一石米。颜回、仲由在一间破屋下煮饭，有块熏黑的灰土掉到饭中，颜回就把弄脏的那部分饭取出来吃了。

子贡在井边望见了，很不高兴，以为颜回在偷吃。他进屋问孔子：“仁人廉士在困穷时也会改变节操吗？”孔子说：“改变节操还称得上仁人廉士吗？”子贡问：“像颜回这样的人，他不会改变节操吧？”孔子说：“是的。”子贡于是把看到颜回吃饭的事告诉了孔子。孔子说：“我相信颜回是仁德之人已经很久了，虽然你这样说，我还是不怀疑他的为人，或许他那样做其中定有缘故吧？你且停停，我来问问他。”

注释

1 **厄**:受困。

2 **赍**(jī):携带。

3 **犯围**:冲出包围。

4 **籴**(dí):买米。

5 **野人**:乡野之人,村民。

6 **埃墨**:烟熏的黑尘。

原文

召颜回曰:“畴昔[1]予梦见先人,岂或启佑[2]我哉?子炊而进饭,吾将进焉。”对曰:“向有埃墨堕饭中,欲置之,则不洁;欲弃之,则可惜。回即食之,不可祭也。”孔子曰:“然乎,吾亦食之。”

颜回出,孔子顾谓二三子曰:“吾之信回也,非待今日也。”二三子由此乃服之。

译文

孔子把颜回叫进来说:“前几天我梦见了祖先,这难道是祖先在启发我们保佑我们吗?你做好饭赶快端上来,我要进献给祖先。”颜回说:“刚才有熏黑的灰尘掉入饭中,如果留在饭中则不干净;假如扔掉,又很可惜。我就把它吃了,这饭不能用来祭祖了。”孔子说:“这样的话,我也会吃掉脏饭的。”

颜回出去后,孔子回头看着其他弟子说:“我相信颜回,并不是从今天才开始的啊!”弟子们从此更佩服颜回了。

注释

1 **畴昔**:往日。

2 **启佑**:开导保佑。

入官

导读

本篇记载了孔子对子张如何做官问题的回答，因开篇即有"子张问入官于孔子"，故以"入官"名篇。

本篇谈到孔子主张的"身安誉至而政从"之道，为官要注意做到以身作则，选贤任能，重民爱民，取信于民，务必除去"忿数""距谏""慢易""怠惰""奢侈""专独"六弊。孔子指出，"德者，政之始也"，为政应当"修身反道"，"以身先之"并"取信于庶民"，使"民咸自治"，"明君必宽裕以容其民，慈爱优柔之"，"知民之性而达诸民之情"，力行"善政"而使"民自得"。

原文

子张问入官[1]于孔子。孔子曰："安身取誉为难。"

子张曰："为之如何？"孔子曰："己有善，勿专；教不能，勿怠；已过，勿发[2]；失言，勿掎[3]；不善，勿遂；[4]行事，勿留。君子入官，有此六者，则身安誉至而政从矣。且夫忿数[5]者，官狱所由生也；距谏者，虑之所以塞也；慢易[6]者，礼之所以

译文

子张向孔子询问做官的事。孔子说："做到官位稳固又能有好的名声很难。"

子张说："那该怎么办呢？"孔子说："自己有长处不要独自拥有，教别人学习不要懈怠，已出现的过错不要再次发生，说错了话不要为之辩护，不好的事不要继续做下去，正在做的事不要拖延。君子做官能做到这六点，就可以使地位稳固声誉好，从而政事也会顺利。况且，怨恨多了，牢狱之灾就会发生；拒绝劝谏，思虑就会受到阻塞；行为不庄重谨慎，就

失也；怠惰者，时之所以后也；奢侈者，财之所以不足也；专独者，事之所以不成也。君子入官，除此六者，则身安誉至而政从矣。

会失礼；做事松懈懒惰，就会丧失时机；办事奢侈，财物就不充足；专断独权，事情就办不成。君子做官，去掉这六种毛病，就可以使地位稳固声誉好，从而政事也会顺利。

注释

1 **入官**：入仕，做官。王肃注："入官，谓当官治民之职也。"王聘珍《大戴礼记解诂·目录》："问入官者，问为仕之道，圣人告以南面临民，恢之弥广，君国子民，不外是也。"

2 **发**：再次发生。

3 **掎**(jǐ)：曲意回护。

4 **不善，勿遂**：遂，行，继续做下去。王肃注："己有不善，不可遂行。"

5 **忿数**：怨恨数落。

6 **慢易**：轻慢，不庄重。

原文

"故君子南面临官，大域之中而公治之，精智而略行之，合是忠信，考是大伦[1]，存[2]是美恶，进是利而除是害，无求其报焉，而民之情可得也。夫临之无抗[3]民之恶，胜之无犯民之言，量之无佼[4]民之辞，养之无扰于其时，爱之无宽于刑法。若此，则身安

译文

"因此君子一旦做了官，治理广大的区域，就要以公心来治理，精心地思考而简要地推行，再加上以上所讲的六点忠信品德，考虑哪些是伦理道德的最高准则，把好事和坏事合并考察，推广有利的，除去有害的，不追求别人的报答，这样就可以得到民情了。治理百姓没有逆天虐民的恶行，自己有理也不说冒犯百姓的话，处理政事没有欺骗百姓的狡诈之辞，为了百姓安居乐业劳役不要违背农时，爱护百姓不能比刑法更宽。如果能做到这些，就可以使地位稳固声誉好，从而

誉至而民得也。

“君子以临官，所见则迩[5]，故明不可蔽也。所求于迩，故不劳而得也。所以治者约，故不用众而誉立。凡法象在内，故法不远而源泉不竭，是以天下积而本不寡。短长得其量，人志治而不乱政。德贯乎心，藏乎志，形乎色，发乎声。若此，而身安誉至民咸自治矣。

政事也会顺利。

“君子做官，身边的事看得清楚，就会心明眼亮不受蒙蔽。先从近处寻找自己需要的东西，这样不用费很大力气就可以得到。治理国家抓住了主要问题，不用兴师动众就可以获得好名声。凡内心存在准则、榜样，那么准则、榜样离自己不远，就如同源泉不会枯竭一样，因此天下人才汇聚而不会缺乏。根据才能的不同，人才都得到任用，都有志于国家的得到治理而不扰乱政治。良好的德行贯穿于内心，藏在心志之中，显露在表情上，发表于言谈上。这样，官位就会稳固，好名声随之而至，百姓自然就会得到治理。

注释

1 **大伦**：伦常大道。

2 **存**：考察。

3 **抗**：逆天虐民。

4 **佼**：狡诈。

5 **所见则迩**：迩，近。王肃注：“所见迩，谓察于微也。”

原文

“是故临官不治则乱，乱生则争之者至。争之至，又于乱。明君必宽裕以容其民，慈爱优柔[1]之，而民自得矣。行者，政之始也；说者，

译文

“由此看来，身居官位不善于治理就会发生混乱，混乱发生竞争的人就会出现。竞争的局面发生，政治会更加混乱。英明的君主必须宽容地对待百姓，用慈爱之心去安抚他们，自然就会得到百姓的拥护。身体力行，是执好政的前提；让百姓高兴，他们的情

情之导也。善政行易而民不怨，言调说和则民不变。法在身则民象之[2]，明在己则民显之。若乃供己而不节，则财利之生者微矣；贪以不得，则善政必简矣。苟以乱之，则善言必不听也；详以纳之，则规谏日至。言之善者，在所日闻；行之善者，在所能为。故君上者，民之仪也；有司执政者，民之表也；迩臣[3]便僻[4]者，群仆之伦[5]也。故仪不正则民失，表不端则百姓乱，迩臣便僻则群臣污矣。是以人主不可不敬乎三伦。

绪就可以得到疏导。良好的政治措施易于执行而百姓也不会有怨言，言论说法符合民心，百姓就不会有二心。自己以身作则遵守法律，百姓就会以你为榜样；自己正大光明，百姓则会颂扬你。如果自己贪图享受而不节俭，那么生产财富的人就不会努力生产了；贪图财物又胡乱花费，那么好的政治措施也简约不用了。假如政治出现了混乱，那么好的意见必然听不进去；如果仔细审慎地采纳别人的建议，那么天天都会有人进谏。能说出美好的语言，在于每天能听取别人的意见；能有美好的行为，在于能亲身去做。所以说统治百姓的君王，是百姓的榜样；各级政府的官员，是百姓的表率；君王身边的侍御大臣，是臣仆们的样板。所以说榜样不正，百姓就失去了方向；表率不正，百姓就会混乱；侍御大臣不正，群臣就会变坏。因此治国的君主不可不谨慎地遵守各种伦理道德。

注释

1 **优柔**：宽舒，从容。

2 **法在身则民象之**：自身遵守法度，那么百姓就会效法他。王肃注："言法度常在身，则民法之。"

3 **迩臣**：近臣，身边的大臣。

4 **便僻**：当作"便辟"，逢迎谄媚的人。此指君王身边受宠幸的臣子。王肃注："僻，宜为'辟'。便辟，执事在君之左右者。"

5 **伦**：王肃注："伦，纪也，为众之纪。"

原文

"君子修身反道，察理言而服之，则身安誉至，终始在焉。故夫女子必自择丝麻，良工必自择貌材[1]，贤君必自择左右。劳于取人，佚于治事。君子欲誉，则必谨其左右。为上者，譬如缘木焉，务高而畏下滋甚。六马之乖离[2]，必于四达之交衢；万民之叛道，必于君上之失政。上者尊严而危，民者卑贱而神。爱之则存，恶之则亡。长民者必明此之要。故南面临官，贵而不骄，富而能供[3]，有本而能图末，修事而能建业，久居而不滞，情近而畅乎远，察一物而贯乎多。治一物而万物不能乱者，以身为本者也。

译文

"君子遵循道来修身，仔细辨别哪些是正确的道理来行事，地位就可巩固，名望也随之而至，终生受用无穷。所以女子织布一定要亲自挑选丝麻，优秀的工匠一定要亲自挑选材料，贤明的君主一定要亲自挑选身边的大臣。选拔人才辛苦一些，治理政事时就轻松一些。君子想得到美誉，也要谨慎选择交往的人。在上位的人，就好像爬树一样，爬得越高越害怕掉下来。拉车的六匹马分散乱跑，一定是在四通八达的交叉路口；百姓造反，必定是因为君王政治措施的错误。在上者虽然尊贵威严却是有危险的，百姓虽然卑贱却是有神力的。百姓热爱你，你就能存在；百姓厌恶你，你就要灭亡。治理百姓的人必须明了这个道理的重要性。因此在上为官，地位虽然高贵也不要骄横，富有了也要谨慎恭敬，有了根本还要考虑细枝末节，做好了事还要建功立业，有了长时间的安定局面仍然要不停地努力，近处的感情沟通了还要畅达到远方，观察一件事物要能联想多种事物。治理一件事而万事都能不乱，是因为能够以身作则的缘故。

注释

1 **貌材**：良好的材料。

2 **乖离**：离散，不合。

3 **供**：恭敬。

原文

“君子莅民，不可以不知民之性而达诸民之情。既知其性，又习其情，然后民乃从命矣。故世举[1]则民亲之，政均[2]则民无怨。故君子莅民，不临以高，不导以远，不责民之所不为，不强民之所不能。廓[3]之以明王之功，不因其情，则民严而不迎。笃[4]之以累年之业，不因其力，则民引而不从。若责民所不为，强民所不能，则民疾，疾则僻矣。

“古者圣主冕而前旒[5]，所以蔽明也；纩纨[6]充耳，所以掩聪也。水至清则无鱼，人至察则无徒。枉而直之[7]，使自得之；优而柔之，使自求之；揆而度之，使自索之[8]。民有小罪，必求其善以赦其过；民有大罪，必原其故以仁辅化；如有死罪，其使之生，则

译文

“君子统治百姓，不可不了解百姓的性情，进而了解百姓的感情。既已知道了民性，而又熟悉了民情，然后百姓才能服从你的管理。因此国家安定百姓就会爱戴君王，政策公平合理百姓就无怨言。所以君子治国，不能只是高高在上，不能做远不可及的事，不责备百姓做不愿做的事，不强求百姓做不能完成的事。为了扩大贤明君王那样的功业，不顾民情，那么百姓就会表面恭敬实际却不愿迎合。为了增加已有的功业，不顾民力，那么百姓就会逃避而不服从。如果强迫百姓做他们不愿做的事，强迫他们做不能完成的事，百姓就会痛恨，痛恨就会做出一些不当的事。

“古代的圣明君主戴着前面悬垂着玉的帽子，是用来遮蔽亮光的；垂于冠冕两边系瑱的带子挡住耳朵，是用来遮蔽听觉的。水太清就没有鱼了，人极其明察就没有追随者了。百姓做错了事需要改正，要使百姓自己有所认识；宽厚柔和地对待百姓，让他们自己去发现错误；度量百姓的情况来教育他们，让他们自己明白对错。百姓犯了小罪，一定要找出他们的长处，赦免他们的过错；百姓犯了大罪，一定要找出犯罪的原因，用仁爱的思想教育他们，使他们改过从善；如果犯了死罪，惩治后使他们得到新生，那就

善也。是以上下亲而不离,道化流而不蕴。故德者,政之始也。

更好了。这样君臣百姓上下亲和而不离心离德,治理国家的措施就能够推行而不阻塞。所以说执政者的道德,是政治好坏的前提。

注释

1 **世举**:国家安定,不废礼乐。

2 **政均**:政策公正合理。

3 **廓**:开拓。

4 **笃**:深厚,厚实。

5 **旒**:古时帝王王冠上前后悬垂的玉饰。

6 **纮紞**(hóng dǎn):纮,系于颔下的帽带;紞,冠冕上用来系瑱的带子。瑱,垂在冠冕两侧的装饰物,用玉、石、贝等制成。

7 **枉而直之**:使弯曲的东西变直。

8 **揆而度之,使自索之**:遇事要估量揣度,让自己思索得出结论。王肃注:"揆度其法以开示之,使自索得之也。"

原文

"政不和,则民不从其教矣;不从教,则民不习;不习,则不可得而使也。君子欲言之见信也,莫善乎先虚其内;欲政之速行也,莫善乎以身先之;欲民之速服也,莫善乎以道御之。不以道御之,故虽服必强。自非忠信,则无可以取亲于百姓者矣。内外不相应,则无已取信

译文

"政令不切合实际,百姓就不会服从教导;不服从教导,百姓就不习惯遵守法令法规;不习惯遵守法令法规,就不能很好地役使和统治他们了。君子要想使自己的话被别人相信,最好的办法是虚心听取意见;要想政治措施迅速推行,最好的办法是身体力行;要想使百姓迅速服从,最好的办法是以正确之道来治理国家。不以正确之道治理,百姓即使服从也是勉强的。不依靠忠信,就不可能取得百姓的亲近和信任。朝廷和民间不能相互了解沟通,就不能取

于庶民者矣。此治民之至道矣，入官之大统[1]矣。”

子张既闻孔子斯言，遂退而记之。

信于平民百姓。这是治理百姓的最重要的原则，也是入仕做官者最重要的纲领。”

子张听了孔子这番话，就回去记录了下来。

注释

1 **大统**：最重要的纲领、原则。

困　誓

导读

本篇篇首即有子贡“倦于学，困于道”之惑，对于子贡想停止求道问学而从事于“事君”、“事亲”、处家、交友、耕田等人间道德伦理实践的想法，孔子认为这些都是很难的事，人只有死后才能得到休息。因此，本篇讲求道处困时的自誓之道，正文有“君不困不成王，烈士不困行不彰”之语，处困而能“激愤厉志”，处下之道也应当“多其功而不意，弘其志而无不容”，故以“困誓”名篇。有学者疑“誓”读如“哲”，（杨朝明、宋立林主编：《孔子家语通解》，齐鲁书社，2013年，第261页。）亦可通。

本篇所言君子处困的自誓之道，也可以看出孔子的知行观，正因为知难行亦难，所以生命不息也应当求道不止。本篇还具体描述了孔子尊贤重才的思想，孔子谴责赵简子杀害贤人，指出“君子违（讳）伤其类”。孔子主张砥砺德行，“行修而名自立”，交贤而名自彰。

原文

子贡问于孔子曰："赐倦于学，困于道矣，愿息而事君，可乎？"孔子曰："《诗》[1]云：'温恭朝夕，执事有恪。'[2]事君之难也，焉可息哉！"

曰："然则赐愿息而事亲。"孔子曰："《诗》[3]云：'孝子不匮，永锡尔类。'[4]事亲之难也，焉可以息哉！"

曰："然则赐请息于妻子。"孔子曰："《诗》[5]云：'刑于寡妻，至于兄弟，以御于家邦。'[6]妻子之难也，焉可以息哉！"

译文

子贡向孔子问道："我对学习已经厌倦了，对于道又感到困惑不解，想去侍奉君主以得到休息，可以吗？"孔子说："《诗经》里说：'侍奉君王从早到晚都要温文恭敬，做事要恭谨小心。'侍奉君主是很难的事情，怎么可能得到休息呢？"

子贡说："那么我希望去侍奉父母以得到休息。"孔子说："《诗经》里讲：'孝子的孝心永不竭，孝的法则要永远传递。'侍奉父母也是很难的事，怎么可能得到休息呢？"

子贡说："我希望在妻子儿女那里得到休息。"孔子说："《诗经》里说：'要给妻子做出典范，进而至于兄弟，推而治理宗族国家。'与妻子儿女相处也是很难的事，哪能够得到休息呢？"

注释

1 **《诗》**：此指《诗经·商颂·那》。

2 **温恭朝夕**：成天都要温和恭敬。执事有恪：行事要恭敬谨慎。

3 **《诗》**：此指《诗经·大雅·既醉》。

4 **孝子不匮**：孝子的孝心永不竭。永锡尔类：孝的法则永远传递。王肃注："匮，竭也。类，善也。孝子之道不匮竭者，能以类相传，长锡尔以善道也。"

5 **《诗》**：此指《诗经·大雅·思齐》。

6 **"刑于寡妻"句**：刑于寡妻，指给妻子做出典范。刑，典范。寡妻，指嫡妻。御，治理。家邦，指国家。王肃注："刑，法也。寡，適（嫡）也。御，正也。文王以正法接其寡妻，至于同姓兄弟，以正治天下之国家者矣。"

原文

曰："然则赐愿息于朋友。"孔子曰："《诗》[1]云：'朋友攸摄，摄以威仪。'[2]朋友之难也，焉可以息哉！"

曰："然则赐愿息于耕矣。"孔子曰："《诗》[3]云：'昼尔于茅，宵尔索绹，亟其乘屋，其始播百谷。'[4]耕之难也，焉可以息哉！"

曰："然则赐将无所息者也？"孔子曰："有焉。自望其广[5]，则睪如[6]也；视其高，则填如也[7]；察其从，则隔如也[8]。此其所以息也矣。"

子贡曰："大哉乎死也！君子息焉，小人休焉。大哉乎死也！"

译文

子贡说："我希望在朋友那里得到休息。"孔子说："《诗经》里说：'朋友之间互相帮助，使彼此举止符合威仪。'和朋友相处也是很难的，哪能够得到休息呢？"

子贡说："我希望去种庄稼来得到休息。"孔子说："《诗经》里说：'白天割茅草，晚上把绳搓，赶快修屋子，又要开始去播谷。'种庄稼也是很难的事，哪能够得到休息呢？"

子贡说："那我就没有可休息的地方了吗？"孔子说："有的。你从这里看那个坟墓，样子高高的；看它高高的样子，又填得实实的；从侧面看，又是一个个隔开的。这就是休息的地方了。"

子贡说："死的事是这样重大啊！君子在这里休息，小人也在这里休息。死的事是这样重大啊！"

注释

1 **《诗》**：此指《诗经·大雅·既醉》。

2 **朋友攸摄**：朋友要互相帮助。攸，语助词。摄，佐助。摄以威仪：使礼仪合度。

3 **《诗》**：此指《诗经·豳风·七月》。

4 **昼尔于茅**：白天去割茅草。尔，语助词。于，取，引申为割。宵尔索绹(táo)：晚上搓绳。亟其乘屋：急急忙忙盖屋顶。

5 **广**：通"圹"，坟墓。

6 **罛(gāo)如**:高高的样子。罛,通“皋”。

7 **视其高,则填如也**:填,《荀子·大略》作“嵮”,山巅。王肃注:“填,塞实貌也。冢虽高而塞实也。”

8 **察其从,则隔如也**:隔,《荀子·大略》作“鬲”,像鼎一类的三足中空的烹饪器。王肃注:“言其隔而不得复相从也。”

原文

孔子自卫将入晋,至河,闻赵简子杀窦犨鸣犊及舜华[1],乃临河而叹曰:“美哉水,洋洋乎!丘之不济,此命也夫!”

子贡趋而进曰:“敢问何谓也?”孔子曰:“窦犨鸣犊、舜华,晋之贤大夫也。赵简子未得志之时,须此二人而后从政。及其已得志也,而杀之。丘闻之刳[2]胎杀夭,则麒麟不至其郊;竭泽而渔,则蛟龙不处其渊;覆巢破卵,则凰凰不翔其邑。何则?君子违[3]伤其类者也。鸟兽之于不义,尚知避之,况于人乎?”

遂还,息于邹,作《槃操》以哀之。

译文

孔子将要从卫国进入晋国,来到黄河边,听到晋国的赵简子杀了窦犨鸣犊和舜华的消息,就面对黄河叹息着说:“黄河的水这样的美啊,浩浩荡荡地流淌!我不能渡过这条河,是命中注定的吧!”

子贡快步走向前问道:“请问老师您这话是什么意思啊?”孔子说:“窦犨鸣犊、舜华都是晋国的贤大夫啊,赵简子未得志的时候,依仗他们二人才得以从政。到他得志以后,却把他们杀了。我听说,如果对牲畜有剖腹取胎的残忍行为,那么麒麟就不会来到这个国家的郊外;如果有竭泽而渔的行为,蛟龙就不会在这个国家的水中居住;如果有捅破鸟巢打破鸟卵的行为,凤凰就不会在这个国家的上空飞翔。为什么呢?这是因为君子也害怕受到同样的伤害啊!鸟兽对于不仁义的事尚且知道躲避,何况是人呢?”

于是返了回来,到邹地休息,作了《槃操》一曲来哀悼他们。

注释

1 **赵简子**：即赵鞅，晋定公时为卿，卒谥"简"。窦犨(chōu)：字鸣犊，晋国贤大夫。舜华：亦晋国贤大夫。

2 **刳**(kū)：剖开。

3 **违**：王肃注："违，去也。违，或为讳也。"

原文

子路问于孔子曰："有人于此，夙[1]兴夜寐，耕芸树艺[2]，手足胼胝[3]，以养其亲。然而名不称孝，何也？"孔子曰："意者身不敬与？辞不顺与？色不悦与？古之人有言曰：'人与己与不汝欺。'今尽力养亲，而无三者之阙，何谓无孝之名乎？"

孔子曰："由，汝志之，吾语汝：虽有国士之力，而不能自举其身，非力之少，势不可矣。夫内行不修，身之罪也；行修而名不彰，友之罪也。行修而名自立。故君子入则笃行，出则交贤，何谓无孝名乎？"

译文

子路问孔子说："这里有一个人，早起晚睡，耕种庄稼，手掌和脚底都磨出了趼子，以此来养活父母。然而却没有得到孝子的名声，这是为什么呢？"孔子说："想来自身有不敬的行为吧？说话的言辞不够恭顺吧？脸色不温和吧？古人有句话说：'别人的心与你自己的心是一样的，是不会欺骗你的。'现在这个人尽力养亲，如果没有上面讲的三种过错，怎么能没有孝子的名声呢？"

孔子又说："仲由啊，你记住，我告诉你：一个人即使有全国著名勇士那么大的力量，也不能把自己举起来，这不是力量不够，而是情势上做不到。一个人不很好地修养自身的道德，这是他自己的错误；自身道德修养好了而名声没有彰显，这就是朋友的过错了。品行修养好了自然会有名声。所以君子在家行为要淳厚朴实，出外要结交贤能的人。这样怎会没有孝子的名声呢？"

注释

1 **夙**(sù):早晨。

2 **耕芸树艺**:耕地锄草种庄稼。芸,通"耘",锄草。树,栽植。艺,播种。

3 **胼胝**(pián zhī):俗称"老茧",指手掌或脚掌上因辛勤劳动而生成的硬皮。

原文

孔子遭厄于陈、蔡之间,绝粮七日,弟子馁[1]病,孔子弦歌。子路入见曰:"夫子之歌,礼乎?"孔子弗应,曲终而曰:"由来!吾语汝。君子好乐,为无骄也;小人好乐,为无慑也。其谁之,子不我知而从我者乎?"

子路悦,援戚[2]而舞,三终而出。明日,免于厄,子贡执辔,曰:"二三子从夫子而遭此难也,其弗忘矣!"孔子曰:"善,恶何也?[3]夫陈、蔡之间,丘之幸也。二三子从丘者,皆幸也。吾闻之,君不困不成王,烈士[4]不困行不彰。庸知其非激愤厉志之始于是乎在[5]?"

译文

孔子一行在陈、蔡边境遭到围困,断粮七天了,弟子们都饿得病了,孔夫子却弹琴唱歌。子路看见孔夫子在这样的情况下还唱歌,就进见而问:"夫子唱的歌,是礼吗?"孔夫子不理睬他,直到唱完了,才说:"仲由,你过来,我告诉你。君子爱好音乐,是要防止骄傲;小人爱好音乐,是要消除恐惧。你是谁家的孩子,不了解我,却跟着我?"

子路一听,笑了,于是拿起一把戚,随着孔夫子的歌声跳起舞来,三段曲子结束了才出门。第二天,脱困了,子贡牵着马缰绳说:"我们跟着夫子遭到这样的劫难,千万不要忘了。"孔夫子说:"不错,是什么不要忘掉呢?这陈、蔡边境,是我的幸运。你们跟着我,也是你们的幸运。我听说,国君不遭困乏,就成不了王;烈士不遭困乏,就不能彰显他的品行。谁能知道那激励发愤磨练意志的开始,是否就在这儿呢?"

注释

1 馁:饥饿困顿。

2 戚:古代像斧一样的兵器。

3 善,恶何也:王肃注:"善子贡言也。恶何,犹言是何也。"

4 烈士:刚烈之士。

5 在:同"哉"。

原文

孔子之宋,匡[1]人简子以甲士围之。子路怒,奋戟将与战。孔子止之,曰:"恶有修仁义而不免俗者乎?夫《诗》《书》之不讲,礼乐之不习,是丘之过也。若以述先王好古法而为咎者,则非丘之罪也。命夫!歌!予和汝。"子路弹琴而歌,孔子和之,曲三终,匡人解甲而罢。

译文

孔子前往宋国,匡地人简子率领披铠甲的士兵将孔子一行人团团围住。子路发怒,要拿起兵器与他们对战。孔子制止子路说:"哪有修行仁义之人,改变不了世俗的凶暴呢?不讲授诗书,不学习礼乐,那是我的过错啊。如果以阐述先王之道,喜欢古代典章制度作为过失,那就不是我的过错了。这是命运安排的啊!唱支歌吧!我来和你。"子路边弹琴边唱起来,孔子也唱和起来,几曲过后,匡人解除武装,离开了。

注释

1 匡:春秋地名,在今河南睢县西。

原文

孔子曰:"不观高崖,何以知巅坠之患;不临深泉,何以知没溺之患;不观巨海,何以知风波

译文

孔子说:"不去亲临悬崖观察,怎么能真正感知那种从崖顶坠落的危险性?不去亲临深泉,怎么能真正感觉那种淹溺的危险性?不去亲临大海考察,怎么能知道

之患。失之者其不在此乎？士慎此三者，则无累于身矣。”

大风浪的危险性？造成过错的原因，不就在这些方面吗？士人要谨慎地对待以上三种情况，就不会给自身带来什么危险了。”

子贡问于孔子曰：“赐既为人下矣，而未知为人下之道，敢问之。”子曰：“为人下者，其犹土乎。汩[1]之深则出泉，树其壤则百谷滋焉，草木植焉，禽兽育焉。生则出焉，死则入焉。多其功而不意，恢[2]其志而无不容。为人下者以此也。”

子贡请教孔子说：“我端木赐已经做到为人谦下了，但不知为人谦下的道理，想请教老师。”孔子说：“为人谦下的人，就像土一样吧！深深挖掘就可以得到甘泉，在那土壤上面种植，就会百谷滋长，草木在它上面生长，禽兽在它上面繁育。草木禽兽和人都在它上面生长，死后又埋在它的下面。土地功劳多却不在意，胸怀宽广无所不容。为人谦下者，就应该像土那样。”

注释

1 **汩**：通“扣”，挖掘。

2 **恢**：一木作“弘”，恢弘。

原文

孔子适郑，与弟子相失，独立东郭门外。或人谓子贡曰：“东门外有一人焉，其长九尺有六寸，河目隆颡[1]，其头似尧，其颈似皋繇，其肩似子产，然自腰以下，不及禹者三寸，累然如丧家之狗[2]。”子贡以告。孔子欣然而叹曰：“形状，末

译文

孔子前往郑国，和弟子们失散了，孔子独自站在外城的东门边。有个当地人对子贡说：“东门外有个人，身高九尺六寸，眼像长河，额头高隆，他的头像唐尧，脖子像皋陶，肩像我国的执政子产大夫，然而从腰以下比夏禹短了三寸，不得志的样子好似丧家之狗。”子贡把这些话告诉了孔子。孔子高兴地感叹道：“容貌形体，那是判断人的末节；但说我的精

也；如丧家之狗，然乎哉！然乎哉！”

神状态像丧家之狗，还真是这样的！还真是这样的！”

注释

1 **颡**(sǎng)：额。

2 **累然如丧家之狗**：王肃注：“丧家狗，主人哀荒，不见饭食，故累然不得意。孔子生于乱世，道不得行，故累然，是不得意之貌也。”

原文

孔子适卫，路出于蒲[1]，会公叔氏[2]以蒲叛卫，而止之。孔子弟子有公良孺[3]者，为人贤长，有勇力，以私车五乘，从夫子行，喟然曰：“昔吾从夫子，遇难于匡，又伐树于宋[4]。今遇困于此，命也夫！与其见夫子仍遇于难，宁我斗死。”挺剑而合众，将与之战。

蒲人惧曰：“苟无适卫，吾则出子。”以盟孔子，而出之东门。孔子遂适卫。子贡曰：“盟可负乎？”孔子曰：“要[5]我以盟，非义也。”

译文

孔子一行到卫国去，从卫国的蒲地经过，恰好遇到公叔氏以蒲地反叛卫国，不让他们通过。孔子的学生中有一个叫公良孺的，为人贤能，身材高大，有勇有力，带着五辆自己的车跟随孔子周游列国，他长叹了一声说：“往日我跟着老师在匡地受到围攻，又在宋国遭遇伐树之难。如今又受困于此，这就是命啊！与其见老师再遭厄难，还不如我和他们拼斗而死。”说完拔出剑来，召集众人，就要与蒲人血战。

蒲人胆怯了，说：“如果你们不到卫国去，就放你们出去。”于是和孔子订下盟誓，让孔子一行从蒲城东门出去。孔子还是前往了卫国。子贡说：“盟誓可以违背吗？”孔子说：“要挟我立的盟誓，是不道义的！”

注释

1 **蒲**：春秋时卫国地名，在今河南长垣。

2 **公叔氏**:卫国大夫公孙戍,富而骄,为卫君逐。

3 **公良孺**:孔子弟子,陈国人。一本作"公良儒"。

4 **又伐树于宋**:王肃注:"孔子与弟子行礼于大树之下,桓魋欲害之,故先伐其树焉。"

5 **要**(yāo):要挟。

原文

卫侯闻孔子之来,喜而于郊迎之。问伐蒲,对曰:"可哉!"公曰:"吾大夫以为蒲者,卫之所以恃晋楚也,伐之无乃不可乎?"孔子曰:"其男子有死之志,吾之所伐者,不过四五人矣。"公曰:"善。"卒不果伐。

他日,灵公又与夫子语,见飞雁过,而仰视之,色不悦。孔子乃逝[1]。

译文

卫灵公听说孔子来到卫国,高兴地出城到郊外迎接。卫灵公询问孔子要讨伐蒲地的事,孔子说:"可以啊!"卫灵公说:"我国的大夫们认为蒲地对卫国非常重要,卫国因为蒲地才不害怕晋楚等大国,现在讨伐蒲地,这样做恐怕不可以吧?"孔子说:"蒲地的男子都有宁死也不随从叛乱的心志,我们真正要讨伐的,只不过是带头叛乱的那四五个人而已。"卫灵公说:"好!"但最终也没有出兵讨伐。

有一天,卫灵公又和孔子见面交谈,看见大雁飞过,卫灵公仰头去看,脸上表现出不高兴的样子。过后,孔子就离开了卫国。

注释

1 **逝**:行,离开。

原文

卫蘧伯玉贤,而灵公不用;弥子瑕[1]不肖,反任之。史鱼[2]骤[3]谏

译文

卫国蘧伯玉贤能,但卫灵公却不肯重用他;弥子瑕不贤能,卫灵公反而委以重任。卫国大夫史鱼屡次进谏,卫灵公始终不采

而不从。史鱼病将卒，命其子曰："吾在卫朝，不能进蘧伯玉、退弥子瑕，是吾为臣不能正君也。生而不能正君，则死无以成礼。我死，汝置尸牖下[4]，于我毕矣。"其子从之。

纳。后来，史鱼得了重病，快要死了，叫儿子过来嘱咐他说："我在卫国朝廷做官，却不能够进荐蘧伯玉而斥退弥子瑕，这是我身为臣子却没有能够匡正君主的过失啊！生前无法匡正君主，那么死了也就不值得举办丧礼。我死后，你将我的尸体放在窗下，这样对我就算完成丧礼了。"史鱼的儿子听从了父命。

注释

1 **弥子瑕**：卫灵公的宠幸大夫。

2 **史鱼**：卫国大夫史鳝，字子鱼。

3 **骤**：屡次。

4 **汝置尸牖下**：王肃注："礼，饭含于牖下，小敛于户内，大敛于阼，殡于客位也。"

原文

灵公吊焉，怪而问焉。其子以其父言告公。公愕然失容，曰："是寡人之过也。"于是命之殡于客位。进蘧伯玉而用之，退弥子瑕而远之。

孔子闻之，曰："古之列[1]谏之者，死则已矣，未有若史鱼死而尸谏，忠感其君者也。可不谓直乎？"

译文

卫灵公前来吊丧时，见此情景，感到奇怪，就责问史鱼的儿子。史鱼的儿子便将史鱼生前的遗命告诉了卫灵公。卫灵公听后很惊愕，脸色都变了，说道："这是我的过失啊！"于是马上令人把史鱼的尸体按礼仪安放妥当。回去后，便重用了蘧伯玉，辞退了弥子瑕并疏远了他。

孔夫子听到此事后，赞叹道："古来有许多敢于直言相谏的人，死了劝谏也就停止了，还没有像史鱼这样，死了以后却还要用自己的尸体来劝谏，以一片忠诚感化了君主的。难道他还称不上是正直的人吗？"

注释

1 **列**:通“烈”,强烈,极力。

卷第六

执 辔

导读

本篇开篇为孔子回答闵子骞问政的一段对话，孔子把治国理政比喻为驾驭马，把“德法”比喻为马的衔勒。因其中有“夫人君之政，执其辔策而已”之言，故以“执辔”名篇。

本篇第一部分讲述了孔子用“德法”而“慎刑辟”的德治思想，孔子拿御民之具与御马之具相比，认为“善御民者，壹其德法，正其百官，以均齐民力，和安民心”，与“善御马者，正衔勒，齐辔策，均马力，和马心”的道理相同。如果治民“无德法而用刑，民必流，国必亡”，正如御马“无衔勒而用棰策，马必伤，车必败”。孔子主张“以六官总治”，而六官犹如马缰绳，天子要控制好六官，“与三公为执六官，均五教，齐五法”，对官吏要“考德正法，以观治乱”，并视之为“治国之要”。另外，孔子对子夏所谈论的《易》理，认为与老聃对自己所言相同，不过孔子更重视“治世之待”，对其中“微则微矣”的“原其本”的智慧表示了保留意见。

原文

闵子骞[1]为费[2]宰，问政于孔子。子曰：“以德以法。夫德法者，御民之具，犹御马之有衔勒[3]也。君者，人也；吏者，辔[4]也；刑者，策也。夫人君

译文

闵子骞出任费地长官时，问孔子治理百姓的方法。孔子说：“用德政和法制。德政和法制是治理百姓的工具，就好像驾驭马用嚼子和笼头一样。君王好比驾马的人，官吏好比嚼子和笼头，刑罚好比马鞭。君王执政，只不过类似运用缰绳和马鞭罢

之政，执其辔策而已。”

子骞曰：“敢问古之为政？”孔子曰：“古者天子以内史为左右手[5]，以德法为衔勒，以百官为辔，以刑罚为策，以万民为马，故御天下数百年而不失。善御马者，正衔勒，齐辔策，均马力，和马心。故口无声而马应辔，策不举而极千里。善御民者，壹[6]其德法，正其百官，以均齐民力，和安民心。故令不再而民顺从，刑不用而天下治。是以天地德之，而兆民[7]怀之。夫天地之所德，兆民之所怀，其政美，其民而众称之。今人言五帝三王者，其盛无偶，威察若存，其故何也？其法盛，其德厚，故思其德，必称其人，朝夕祝之。升闻[8]于天，上帝俱歆，用永厥世，而丰其年。

了。”

闵子骞说：“冒昧向老师请教一下古人执政的情形。”孔子说：“古代的天子把内史作为帮助自己执政的左右手，把德政和法制当作马嚼子和马笼头，把百官当作缰绳，把刑罚当作马鞭，把万民当作马，所以统治天下数百年而没有失误。善于驾驭马的人，会安正马嚼子和马笼头，合理兼用缰绳和马鞭，均衡使用马力，让马内心和顺。这样，不用吆喝，马就应和缰绳的松紧前进；不用扬鞭，马就能驯服地跑到千里之外。善于统治百姓的人，会统一德政和法制，端正百官，均衡地使用民力，使民心安定和谐。所以，法令不用重复申告，百姓就会服从；刑罚还没施行，天下就会得到治理。因此天地也认为他有德，万民也乐于服从。天地之所以认为他有德，万民之所以乐于服从，是因为各种政令美好，他治下的百姓就会交口称赞。现在人们说起五帝、三王，他们的盛德无人能比，他们的威严和明察好像至今还存在，这是什么缘故呢？他们的礼法完备，他们的德政深厚，所以一想起他们的德政，必然会称赞他们个人，朝夕为他们祝祷。祝祷声传到了天上，天帝听了都很高兴，因此让他们国运长久，年成丰收。

注释

1 **闵子骞**:孔子的弟子闵损,字子骞,鲁国人,以德行著称。

2 **费**:春秋鲁邑,在今山东费县。

3 **衔**:横在马口中的铜制或铁制的勒口。勒:套在马头上带嚼子的笼头。

4 **辔**:缰绳。

5 **天子以内史为左右手**:内史,官名,协助天子管理爵禄废置等政务。王肃注:"内史,掌政八柄及叙事之法,受纳以诏王听治命,孤卿大夫则策命,以四方之事书而读之。王制禄则书之策,赏则亦如之。故王以为左右手。"

6 **壹**:统一,使一致。

7 **兆民**:众百姓。

8 **升闻**:上闻。

原文

"不能御民者,弃其德法,专用刑辟,譬犹御马,弃其衔勒,而专用棰[1]策,其不制也,可必矣。夫无衔勒而用棰策,马必伤,车必败。无德法而用刑,民必流,国必亡。治国而无德法,则民无修;民无修,则迷惑失道。如此,上帝必以其为乱天道也。苟乱天道,则刑罚暴,上下相谀,莫知念忠,俱无道故也。今人言恶者,必比之于桀、纣,其故

译文

"不善于治理百姓的人,他们丢弃了德政和法制,专用刑罚,这就好比驾驭马,丢弃了嚼子和笼头,而专用马鞭,事情掌握不了是必然的。驾驭马不用嚼子和笼头,而只用马鞭打,马必然会受伤,马车必然会毁坏。没有德政和法制而用刑罚,百姓必然会流失,国家必然会灭亡。治理国家而没有德政和法制,百姓就没有修持;百姓没有修持,就会迷惑而不走正道。这样,天帝必然认为这是扰乱了天道。如果天道混乱,就会刑罚残暴,上下相互奉承讨好,没人再考虑忠诚信义,这都是没有遵循道的缘故。现在人们说到恶人,必定会把他比作夏桀、商纣,这是为什么呢?因为他们制定的法令不能治理

何也？其法不听，其德不厚。故民恶其残虐，莫不吁嗟，朝夕祝之。升闻于天，上帝不蠲[2]，降之以祸罚，灾害并生，用殄厥世。故曰德法者，御民之本。

国家，他们的德政还不深厚，所以百姓憎恶他们的残暴，没有不叹息的，朝夕诅咒他们。诅咒声传到天上，天帝听到后不会免除他们的罪过，因此降下灾祸来惩罚他们，灾难祸害一起发生，灭绝了他们的朝代。所以说德政和法制是治理百姓的根本方法。

注释

1 棰(chuí)：鞭子。

2 蠲（juān）：除去，免除。

原文

"古之御天下者，以六官[1]总治焉：冢宰[2]之官以成道，司徒之官以成德，宗伯之官以成仁，司马之官以成圣，司寇之官以成义，司空之官以成礼。六官在手以为辔，司会[3]均仁以为纳。故曰御四马者执六辔，御天下者正六官。是故善御马者，正身以总辔，均马力，齐马心，回旋曲折，唯其所之。故可以取长道，可赴急疾。此圣人所以御天地与人事之法则也。天子以内史为左右手，以六官为辔，已而与三公为执六官，

译文

"古代统治天下的帝王，选用六官来治理国家：设置冢宰以成就道术，设置司徒以成就德教，设置宗伯以成就仁爱，设置司马以成就圣明，设置司寇以成就道义，设置司空以成就礼仪。六官控制在手就如同手执缰绳，司会实行仁义就如同手握总缆。所以说：驾驭马车的人要控制好六条缰绳，治理天下的人要端正六官。因此，善于驾驭马的人，端正身体揽好缰绳，使马均匀用力，与马齐心一致，即使行驶在盘旋曲折之途，也可随心所欲地驱使马车。所以可以长途奔走，可以急速行驶。这是圣人用来统治天下和治理百姓的法则。天子把内史作为左右手，把六官作为缰绳，然后和三公一起来执掌六官，使五教均齐，使五法齐备。

均五教[4]，齐五法[5]。故亦唯其所引，无不如志。以之道则国治[6]，以之德则国安[7]，以之仁则国和，以之圣则国平[8]，以之礼则国定[9]，以之义则国义[10]，此御政之术。

只要君主有所指引，没有不如愿的。遵从道术，国家就能治理；遵从德教，国家就能安定；遵从仁爱，国家就能和平；遵从圣明，国家就能平安；遵从礼仪，国家就能长治久安；遵从道义，国家就会有信义。这就是驾驭政治的方法。

注释

1 **六官**：冢宰、司徒、宗伯、司马、司寇、司空。

2 **冢宰**：西周设置的官职名，六卿之首，亦即太宰，位次三公。大司马、大司徒、大司空为三公。

3 **司会**(kuài)：冢宰之副，主管财政、经济、百官考绩等。

4 **五教**：父义、母慈、兄友、弟恭、子孝。

5 **五法**：仁、义、礼、智、信。

6 **以之道则国治**：王肃注："冢宰治官。"

7 **以之德则国安**：王肃注："德教成，以之仁则国和；礼之用和为贵，则国安。"

8 **以之圣则国平**：王肃注："通治远近，则国平也。"

9 **以之礼则国定**：王肃注："事物以礼则国定也。"

10 **以之义则国义**：王肃注："义，平也。刑罚当罪则国平。"

原文

"过失，人之情，莫不有焉。过而改之，是为不过。故官属不理，分职不明，法政不一，百事失纪，曰乱。乱则饬冢宰。地而不殖，财物不蕃，万民饥寒，教训不行，风俗淫僻，人民

译文

"过错和失误，是人之常情，人不可能没有过失。有了过错而能改正，就不为过。因此，官属不理清，职责不分明，法令政教不统一，百事失去纲纪，这叫作混乱。出现混乱就应该整饬冢宰。田地得不到耕种，财物得不到增加，万民饥寒，教化、训令得不到推行，风俗放纵而

流散，曰危。危则饬司徒。父子不亲，长幼失序，君臣上下，乖离异志，曰不和。不和则饬宗伯。贤能而失官爵，功劳而失赏禄，士卒疾怨，兵弱不用，曰不平。不平则饬司马。刑罚暴乱，奸邪不胜[1]，曰不义。不义则饬司寇。度量不审，举事失理，都鄙[2]不修，财物失所，曰贫。贫则饬司空。故御者，同是车马，或以取千里，或不及数百里，其所谓进退缓急异也。夫治者，同是官法，或以致平，或以致乱者，亦其所以为进退缓急异也。

又邪恶，百姓流离失散，这叫作危险。出现危险就应该整饬司徒。父子不亲，长幼失序，君臣上下离心离德，各有其志，这叫作不和。如果不和就得整饬宗伯。贤能的人失去官职和爵位，有了功劳却得不到奖赏和利禄，士卒心怀怨恨，兵力虚弱不堪使用，这叫作不平。出现不平就得整饬司马。刑罚暴乱，奸邪不能被制伏，这叫作不义。出现不义就应该整饬司寇。度量不详审，举事失去条理章法，城邑不修，财物流散，这叫作穷困。如果穷困就应该整饬司空。所以驾车人驾驭着同样的车马，有的可以行千里，有的走不到数百里，这就是所谓进退缓急不同啊。各级官员执行的是同样的官法，有的人治理得很好，有的人却导致了混乱，这也是因为进退缓急不同造成的。

注释

1 **胜**：制伏。

2 **都鄙**：都城，采邑。

原文

“古者天子常以季冬考德正法，以观治乱。德盛者治也，德薄者乱也。故天子考德，则天下之治乱，可坐庙堂之上而知之。

译文

“古时候天子常在冬季的最后一个月考察德行，调整法令，用来察知天下的治理是太平还是混乱。德政深厚，世道就安定；德政浅薄，世道就混乱。所以天子只要考察德政，那么天下是太平还是混

夫德盛则法修，德不盛则饬，法与政咸德而不衰。故曰王者又以孟春论之德及功能，能德法者为有德，能行德法者为有行，能成德法者为有功，能治德法者为有智。故天子论吏而德法行，事治而功成。夫季冬正法，孟春论吏，治国之要。”

子夏问于孔子曰：“商闻易之生人及万物、鸟兽、昆虫，各有奇耦[1]，气分不同[2]，而凡人莫知其情，唯达德者能原其本焉。天一，地二，人三，三三如九。九九八十一，一主日，日数十，故人十月而生。八九七十二，偶以从奇，奇主辰，辰为月，月主马，故马十二月而生。七九六十三，三主斗，斗主狗，故狗三月而生。六九五十四，四主时，时主豕，故豕四月而生。五九四十五，五为音，音主猿，故猿五月而生。四九三十六，六为

乱，坐在朝堂之上就可以知道了。德政深厚，法令就会得到修治，德政不深厚就要整饬，法令和政教都合乎德就不会衰败。所以天子又在春季的第一个月评论官吏的德行及功劳才能。能够遵守德政和法治的为有德行，能够施行德政和法治的为有才干，施行德政和法治有成效的为有功劳，能运用德政和法治来管理政事的为有智谋。因此天子评定官吏，而德政和法治得到推行，政事得到治理而大功告成。冬末调整法令，初春评定官吏，这是治国的关键。”

子夏请教孔子说：“卜商我听说，《易》之中，能够产生人类及万物、鸟兽、昆虫，他们各有单数和双数，所禀受的元气的分限也不齐同。不过，一般人并不了解其中的实情，只有德识通达的人才能够探究其中的本原。天为一，地为二，人为三，三三得九。九九八十一，一主象天干，天干数是十，所以人怀胎十个月后出生。八九七十二，偶数承应奇数，奇数主象地支，地支为月份，月份主象马，所以马怀胎十二个月后出生。七九六十三，三主象北斗，北斗主象狗，所以狗怀胎三个月后出生。六九五十四，四主象四时，四时主象猪，所以猪怀胎四个月后出生。五九四十五，五主象五音，五音主象猿，所以猿怀胎五个月后出生。四九三十六，六

律，律主鹿，故鹿六月而生。三九二十七，七主星，星主虎，故虎七月而生。二九一十八，八主风，风为虫，故虫八月而生。

主象六律，六律主象鹿，所以鹿怀胎六个月后出生。三九二十七，七主象七星，七星主象虎，所以虎怀胎七个月后出生。二九一十八，八主象八风，八风主象虫，所以虫经过八个月衍化生成。

注释

1 **奇耦**：即“奇偶”，单数和双数。

2 **气分不同**：王肃注：“易主天地，以生万物。言受气各有分，数不齐同。”

原文

“其余各从其类矣。鸟、鱼生阴，而属于阳，故皆卵生。鱼游于水，鸟游于云，故立冬则燕雀入海化为蛤[1]。蚕食而不饮，蝉饮而不食，蜉蝣[2]不饮不食，万物之所以不同。介鳞夏食而冬蛰，龁吞者八窍而卵生，龃嚼[3]者九窍而胎生，四足者无羽翼，戴角者无上齿，无角无前齿者膏，有角无后齿者脂，昼生者类父，夜生者似母，是以至阴主牝，至阳主牡。敢问其然乎？”

孔子曰：“然。吾昔闻诸老聃亦如汝之言。”

译文

“其余的动物，也都根据自己的种类生成。鸟、鱼出生在阴处，却因飞游于阳处，所以都是卵生。鱼在水中游，鸟在云中飞，立冬时燕雀飞到海中，化而为蚌蛤。蚕光吃不喝，蝉光喝不吃，蜉蝣不吃不喝，这是万物之所以不同的表现。长有鳞甲的动物夏天进食而冬天蛰伏，直接吞食的动物长有八个器官而卵生，细嚼食物的动物长有九个器官而胎生，生四只脚的动物没有羽毛和翅膀，头上长角的动物无上齿，长角且无前齿的动物长得肥，长角且无后齿的动物身上多油脂。白天出生的动物像父亲，晚上出生的像母亲，由此则极阴的地方主象牝，极阳的地方主象牡。请问是这样的吗？”

孔子说：“对。我以前听老聃讲的正同你说的一样。”

注释

1 **蛤**(gé):浅海中有介壳的软体动物。《夏小正》《国语·晋语九》中有“雀入于海为蛤”之说。

2 **蜉蝣**(fú yóu):生命期短暂的水生虫类。

3 **龃龉**(jǔ jué):即咀嚼。

原文

子夏曰:“商闻《山书》[1]曰:‘地东西为纬,南北为经;山为积德,川为积刑;高者为生,下者为死[2];丘陵为牡,溪谷为牝;蚌蛤龟珠,与日月而盛虚[3]。’是故坚土之人刚,弱土[4]之人柔,墟土[5]之人大,沙土之人细,息土[6]之人美,耗土[7]之人丑。食水者善游而耐寒,食土者无心而不息,食木者多力而不治,食草者善走而愚,食桑者有绪而蛾,食肉者勇毅而捍[8],食气者神明而寿,食谷者智惠而巧,不食者不死而神。

译文

子夏说:“我听说《山书》上记载道:‘大地东西方向为纬,南北方向为经;山是德行积累的表象,河是刑罚积累的表象;居高象征着生,处下象征着死;丘陵代表着牡,溪谷代表着牝;蚌蛤龟珠,随着日月变化而盈虚更移。’因此,坚硬土地上生长的人刚强,柔软之土上生长的人柔弱,丘陵之地上生长的人高大,沙质土地上生长的人瘦小,肥沃土地上生长的人美,粗疏土地上生长的人丑。以水为食的动物擅长游泳而又能耐寒冷,以泥土为食的动物没有心脏也不用呼吸,以树木为食的动物力气大却难以驯服,以草为食的动物善于奔跑却本性愚笨,以桑叶为食的动物能够吐丝又能变成飞蛾,以肉为食的动物勇猛刚毅而凶悍,以元气为食的动物神明而长寿,以五谷为食的动物充满智慧而又灵巧,不吃东西的动物长生不死而神灵。

注释

1《**山书**》:古代地理书,已佚。

2 **山为积德，川为积刑；高者为生，下者为死**：《大戴礼记·易本命》卢辩注："山积阳，川积阴。阳为德，阴为刑。"王聘珍《解诂》："高积阳，阳气发生；下积阴，阴气肃杀。"

3 **丘陵为牡，溪谷为牝；蚌蛤龟珠，与日月而盛虚**：王肃注："月盛则蚌蛤之属满，月亏则虚。"《淮南子·地形》："至阴生牝，至阳生牡。"《吕氏春秋·季秋纪·精通》："月也者，群阴之本也。月望则蚌蛤实，群阴盈；月晦则蚌蛤虚，群阴亏。"《大戴礼记·易本命》卢辩注："月者，太阴之精，故龟蛤之属因之以盛虚。"

4 **弱土**：柔软之土。

5 **墟土**：丘陵之地。

6 **息土**：沃土。《大戴礼记·易本命》："息土之人美，耗土之人丑。"卢辩注："息土，谓衍沃之田。"

7 **耗土**：盐碱地，粗疏之地。

8 **捍**：通"悍"，强悍。

原文

"故曰：羽虫三百有六十，而凤为之长；毛虫三百有六十，而麟为之长；甲虫三百有六十，而龟为之长；鳞虫三百有六十，而龙为之长；倮虫[1]三百有六十，而人为之长。此乾坤之美也，殊形异类之数。王者动必以道，静必顺理，以奉天地之性，而不害其所主，谓之仁圣焉。"

子夏言终而出，子贡进

译文

"所以说，长有羽翼的动物三百六十种，而凤凰居其首；长有皮毛的动物三百六十种，而麒麟居其首；长有甲壳的动物三百六十种，而乌龟居其首；长有鳞片的动物三百六十种，而龙居其首；不长羽毛鳞甲的动物三百六十种，而人居其首。这是天地的精妙所在，也是产生不同形貌、不同类别事物的数理所在。君王行动时必须顺应天道，处静时必须顺应天理，从而遵循天地之性，而不害其所主象的事物，这就叫仁圣。"

曰："商之论也何如？"孔子曰："汝谓何也？"对曰："微则微矣，然则非治世之待也。"孔子曰："然，各其所能。"

子夏说完就出去了，子贡上前问："卜商说得怎么样？"孔子问："你觉得如何？"子贡回答："精妙倒是精妙，但却不是治理社会所需要的。"孔子说："对，不过还是各自发挥自己的才能吧。"

注释

1 **倮**：同"裸"。倮虫，指身无羽毛鳞甲的动物，亦常用以指人。《大戴礼记·易本命》："倮之虫三百六十，而圣人为之长。"王充《论衡·遭虎》："夫虎，毛虫；人，倮虫。毛虫饥，食倮虫，何变之有？"龚自珍《释风》："且吾与子何物？固曰：倮虫。"

本命解

导读

本篇中，针对鲁哀公之问，孔子论述性和命、生和死的关系，对于"命"的本原作了解读，故以"本命解"名篇。

孔子的天命观，以天道为形上根据。他说："分于道，谓之命；形于一，谓之性。"他的"命者，性之始也"的思想，可与新出楚简《性自命出》所载之"性自命出，命自天降"相互印证。孔子由天道阴阳之道论及男女婚礼之数，在视男子德行为"任天道而长万物"，而女子则为"无专制之义，而有三从之道"的同时，还提出了"五不取""七出""三不去"的婚姻道德法则。其中虽有男女不平等的因素，却也蕴藏着保护弱者的礼法观念，似宜平情论之。另外，孔子将礼与"五行""四时"相联系，在服丧礼时要遵从"恩""义""节""权"等规则，主张以礼彰显"敬"，突出"贵贵尊尊"之"义"，守礼有"节"有"权"，"毁不灭性"，其中显示了孔子礼教思想的中道观念。

原文

鲁哀公问于孔子曰："人之命与性何谓也？"孔子对曰："分于道[1]，谓之命；形于一[2]，谓之性。化于阴阳，象形而发，谓之生；化穷数尽，谓之死。故命者，性之始也；死者，生之终也。有始，则必有终矣。

"人始生而有不具者五焉：目无见，不能食，不能行，不能言，不能化。及生三月而微煦[3]，然后有见；八月生齿，然后能食；三年腮合，然后能言；十有六而精通，然后能化。阴穷反阳，故阴以阳变；阳穷反阴，故阳以阴化。是以男子八月生齿，八岁而龀4；女子七月生齿，七岁而龀，十有四而化。一阳一阴，奇偶相配，然后道合化成。性命之端，形于此也。"

译文

鲁哀公问孔子："人的命和性是怎么回事呢？"孔子回答说："根据天地自然之道而化生出来的就是命，人禀受阴阳之气而形成不同的个性就是性。由阴阳变化而来，有一定形体发出来，叫作生；阴阳变化穷尽之后，叫作死。所以说，命就是性的开始，死就是生的终结。有始则必有终。

"人刚出生时有五种能力不具备：目不能见，嘴不能食，腿不能行，口不能言，不能生育。出生三个月以后眼珠能微微转动，然后才能看见；八个月长牙，然后能吃东西；三年囟门闭合，然后才能说话；十六岁精气畅通，然后才能生育。阴达到极点就要返阳，故阴是从阳变化的；阳达到极点就要返阴，故阳得阴才能变化。所以男子八个月长牙，八岁换牙；女子七个月长牙，七岁换牙，十四岁能够生育。一阳一阴，奇偶相配，然后阴阳化合才能生育。性命的开始，就是从这里形成的。"

注释

1 **分于道**：分，制也，决定。王肃注："分于道，谓始得为人。"

2 **形于一**：形，形成；一，万物之始。王肃注："人各受阴阳以刚柔之性，故曰形于一也。"

3 **微煦**：眼珠微微转动。

4 **龀**(chèn):儿童换乳牙。

原文

公曰:“男子十六精通,女子十四而化,是则可以生民矣。而礼,男子三十而有室,女子二十而有夫也,岂不晚哉?”

孔子曰:“夫礼言其极,不是过也。男子二十而冠,有为人父之端。女子十五许嫁,有适人之道。于此而往,则自婚矣。群生闭藏乎阴,而为化育之始。故圣人因时以合偶男女,穷天数也。霜降而妇功成,嫁娶者行焉。冰泮[1]而农桑起,婚礼而杀[2]于此。

译文

鲁哀公说:“男子十六岁精气通畅,女子十四岁能生育,这时就可以生小孩了。而根据礼法的规定,男子三十岁娶妻,女子二十岁嫁人,难道不是太晚了吗?”

孔子说:“礼说的是最迟限度,不要超过这个限度就可以了。男子二十岁举行加冠之礼,就可以开始做父亲了。女子十五岁允许出嫁,就表明可以嫁人了。在此年龄之上,就可以自主确定结婚年龄了。各种生物冬天潜藏,这是化育生命的开始。因此圣人依据时令让男女成婚,是为了不超过天数的极限。霜降时妇女该做的家务事都完成了,男婚女嫁的事就开始操办了。冰雪融化后农耕养蚕的事就开始了,举行婚礼的事到此就结束了。

注释

1 **泮**:散,溶化。

2 **杀**:结束。

原文

“男子者,任天道而长万物者也。知可为,知不可为;知可言,知不可言;知可行,知不可行者。是故审其

译文

“男子,是担当天下大任而让万物生长的人。知道什么可做,什么不可做;知道什么可说,什么不可说;知道什么可行,什么不可行。因此体察人伦、详辨事

伦而明其别，谓之知，所以效匹夫之德也。女子者，顺男子之教而长其理者也，是故无专制之义，而有三从之道：幼从父兄，既嫁从夫，夫死从子。言无再醮之端[1]。教令不出于闺门，事在供酒食而已。无阃外之非仪也，不越境而奔丧。事无擅为，行无独成，参知而后动，可验而后言，昼不游庭，夜行以火，所以效匹妇之德也。”

理，叫作知，这就是一般男人的品德。女子，是顺从男子的教导而经常按此道理去做的人，因此没有自做主张的道理，只有三从的责任：年幼时服从父兄，出嫁后服从丈夫，丈夫死后服从儿子，没有改嫁的理由。家内的命令不由妇女发出，她们的事只是供应饮食酒菜而已。在家门外不要不符合礼仪，不能到超过规定的地方去奔丧。事情不能擅自做主，有事不能独自出行，三思后再行动，验证后再说话。白天不在庭院中游逛，夜里走路要举着灯火。这就是一般妇女的品德。”

注释

1 **言无再醮之端**：再醮，改嫁。王肃注：“始嫁言醮。礼无再醮之端，统言不改事人也。”

原文

孔子遂言曰：“女有五不取：逆家子者，乱家子者[1]，世有刑人子者，有恶疾子者，丧父长子者。妇有七出、三不去。七出者：不顺父母者，无子者，淫僻者，嫉妒者，恶疾者，多口舌者，窃盗者。三不去者：谓有所取无所归，与共更三年之丧，先

译文

孔子又接着说：“有五种女子不能娶：叛逆造反家庭的女子，淫秽乱伦家庭的女子，受过刑罚家庭的女子，有不治之病家庭的女子，早年丧父家庭的长女。妇人有七种情况可以被休弃，三种情况不可以被休弃。七种休弃情况是：不孝顺父母的，没有儿子的，有淫乱邪僻行为的，爱嫉妒的，身患难治之病的，多口多舌的，有偷盗行为的。三种不忍休弃的情况是：娶时有家休弃后无家可归的，为公婆服过三年丧

贫贱后富贵。凡此，圣人所以顺男女之际，重婚姻之始也。”

的，夫家先贫贱后富贵的。所有这些，都是圣人为了和顺男女之间的关系，重视婚姻乃人伦之始而制定的。”

注释

1 **乱家子者**：乱伦者。

原文

孔子曰：“礼之所以象五行也，其义四时也。故丧礼有举焉，有恩有义，有节有权。其恩厚者其服重，故为父母斩衰[1]三年，以恩制者也。门内之治，恩掩[2]义；门外之治，义掩恩。资于事父以事君，而敬同。尊尊贵贵[3]，义之大也。君亦服衰三年，以义制者也。三日而食，三月而沐，期而练[4]，毁不灭性，不以死伤生；丧不过三年，齐衰[5]不补，坟不修，除服之日鼓素琴，示民有终也。凡此以节制者也。资于事父以

译文

孔子说：“礼节的制定之所以遵循五行，是为了与四季时令相配。因此，举行丧礼时，要做到有恩有义，有节有权。如果感情深，丧服就重，所以父母亲去世要服斩衰，守丧三年，这就是根据情感原则制定的。在家族内部，服丧礼的标准是恩德超过仁义；在家族之外，服丧礼的标准是仁义超过恩德。以侍奉父亲的原则来侍奉君王，而敬爱二者之心是相同的。尊崇位尊者，尊重高贵者，这是道义中的头等大事。所以，为君王也服斩衰，守丧三年，是根据这一道义原则制定的。父母之丧，三天以后可以喝粥，三个月以后可以洗头，周年以后可以改戴练冠穿练服，虽然心情悲伤、身体羸弱，但也不至于危及性命，不因死者而伤害生者的生命；丧期最长不超过三年，齐衰丧服破了也不再补，坟头不再添土，到了除掉丧服的那天就可以弹奏素琴，以此向百姓显示三年之丧的结束。这些都是按照丧礼节限的要求来做的。以侍奉父亲的礼节来侍奉母亲，对二者的敬爱程度是相同的。但是因为天无二日，国无二君，

事母，而爱同。天无二日，国无二君，家无二尊，以治之。故父在为母齐衰期者，见无二尊也。百官备，百物具，不言而事行者，扶而起；言而后事行者，杖而起；身自执事行者，面垢而已。此以权制者也。亲始死，三日不怠，三月不懈，期悲号，三年忧，哀之杀也。圣人因杀以制节也。”

家无二主，由一个人来做最高领导。所以父亲健在时母亲去世，那就只能降服齐衰，丧期一年，以体现家无二主的道理。办理丧事的百官齐备，所需要的各种物品俱全，丧主不用发话就把事情办了，这样的丧主能哭尽其哀以致由别人搀扶而起；事事都要等待丧主发话才能办理，这样的丧主哀痛到自己拄着丧杖才能站起；事事都要丧主亲自动手才能办理，这样的丧主只要悲伤以至于蓬头垢面就可以了。这是根据变通来制定的。亲人刚死，头三天哭泣不止，不吃不喝，头三个月仍时时哭奠，周年之内则痛哭哀号，三年中心内常怀忧戚，随着时间的流逝，丧亲的哀痛也跟着递减。圣人就根据这哀痛的逐渐递减来制定礼节。”

注释

1 **斩衰**(cuī)：古代居丧，丧服分五个等级，是为“五服”。斩衰（同“缞”），“五服”中最重的丧服，服期三年。下“为君”之“服衰”亦为服斩衰。

2 **掩**：超过。

3 **尊尊贵贵**：一本作“贵尊贵尊”。也可作“贵贵尊尊”，即“以尊为尊”“以贵为贵”。

4 **期而练**：父母去世十一个月后，可穿煮过的白色练服。

5 **齐衰**(zī cuī)：亦作“齐缞”，“五服”中列位二等，仅次斩衰。

论　礼

导读

本篇开篇记载了孔子平居时与子张、子贡、言游“论及于礼”，故以“论礼”名篇。

本篇所载孔子和弟子们对礼的内容、作用、本质、持循及“五至三无”等命题的讨论，又见于《礼记·仲尼燕居》《礼记·孔子闲居》等文本。庞朴先生据“上博简”（二）《民之父母》篇之研究，认定《孔子家语》“确系孟子以前遗物，绝非后人伪造所成”，从而“轰然打破”了原来“三无”思想实即道家思想而“绝非儒家者言”、《家语》为王肃伪作的“成见”。（庞朴：《话说“五至三无”》，《文史哲》2004 年第 1 期。）本篇中孔子提出的“礼者，即事之治也”，“夫礼者，理也；乐者，节也。无礼不动，无节不作”，“《诗》礼相成，哀乐相生”等思想主张，均是研究儒家礼乐教化思想的重要资源。

原文

孔子闲居，子张、子贡、言游侍，论及于礼。孔子曰：“居，汝三人者！吾语汝，以礼周流，无不遍也。”

子贡越席而对曰：“敢问如何？”子曰：“敬而不中礼，谓之野；恭而不中

译文

孔子在家闲居，弟子子张、子贡、子游陪侍，说话时说到了礼。孔子说：“坐下吧！你们三个，我给你们讲讲礼。礼周详地运用到各处，无所不遍。”

子贡站起来离席回话说：“请问礼应该是什么样子？”孔子说：“虔敬而不合乎礼，叫作土气；谦恭而不合乎礼，叫作

礼，谓之给[1]；勇而不中礼，谓之逆。”子曰：“给夺慈仁[2]。”

子贡曰：“敢问将何以为此中礼者？”子曰：“礼乎？夫礼，所以制中也。”

子贡退，言游进曰：“敢问礼也，领[3]恶而全好者与？”子曰：“然。”

巴结；逞勇而不合乎礼，叫作乖逆。”孔子又说：“花言巧语、伪装恭顺的人混淆了慈悲和仁爱。”

子贡说：“请问怎么做才能合乎礼呢？”孔子说：“礼吗？礼，就是用来节制行为使之适中的。”

子贡退下来，子游上前说：“请问礼是不是为了治理恶劣习性而保全良好品行呢？”孔子说：“是的。”

注释

1 **给**：言语便捷。此指言语不得体。

2 **给夺慈仁**：王肃注：“巧言、足恭、捷给之人似仁非仁，故言给夺慈仁。”

3 **领**：治理。

原文

子贡问：“何也？”子曰：“郊社[1]之礼，所以仁鬼神也；禘尝[2]之礼，所以仁昭穆也；馈奠之礼，所以仁死丧也；射飨[3]之礼，所以仁乡党也；食飨之礼，所以仁宾客也。明乎郊社之义，禘尝之礼，治国其如指诸掌而已。是故，居家有礼，故长幼辨；以之闺门有礼，故三族[4]和；以之朝廷有礼，故官爵序；以之田猎

译文

子贡问：“那是为什么呢？”孔子说：“祭天祭地之礼，是为了致仁爱于鬼神的；秋尝夏禘之礼，是为了致仁爱于祖先的；馈食祭奠之礼，是为了致仁爱于死者的；举行乡射礼、乡饮酒礼，是为了致仁爱于乡亲邻里的；宴会饮酒的礼仪，是为了致仁爱于宾客的。明白了祭天祭地的礼仪，秋尝夏禘的礼仪，那么治理国家就像指着自己的手掌给别人看那样容易。因此，居家有礼，长幼就分辨清楚了；内室有礼，一家三代就和睦了；朝廷上有礼，官职爵位就井然有序了；田猎时有礼，战事就熟

有礼，故戎事闲；以之军旅有礼，故武功成。是以宫室得其度，鼎俎得其象，物得其时，乐得其节，车得其轼，鬼神得其享，丧纪得其哀，辩说得其党，百官得其体，政事得其施。加于身而措于前，凡众之动，得其宜也。”

练了；军队里有礼，就能建立战功了。因为有了礼，宫室规模合乎一定的制度，礼器样式符合一定的形制，万物能适时生长，音乐能符合节拍，车辆有了定式，鬼神得到了该有的祭享，丧葬中能表达适度的悲哀，辩说能得到拥护的人，百官尽职得体，政事得以顺利施行。把礼施加在每个人身上，一切以礼为先，人们的种种行为举动都能够适宜得当。”

注释

1 **郊社**：祭天地之礼。周代，冬至祭天于南郊称“郊”，夏至祭地于北郊称“社”。

2 **禘(dì)尝**：统指天子诸侯岁时祭祖的大典。周礼，夏祭曰禘，秋祭曰尝。

3 **射飨**：乡射礼、乡饮酒礼。

4 **三族**：父、子、孙三代。

原文

言游退，子张进曰：“敢问礼何谓也？”子曰：“礼者，即事之治也。君子有其事，必有其治。治国而无礼，譬犹瞽之无相[1]，伥伥乎何所之？譬犹终夜有求于幽室之中，非烛何以见？故无礼则手足无所措，耳目无所加，进退揖让无所制。是故，

译文

子游退下去，子张上前问道：“请问什么是礼呢？”孔子说：“所谓礼，就是对事情的处理方法。君子做事，必有相应的治理手段。治理国家假如没有礼，就好像盲人没有扶助的人，茫然不知该往哪走。就像整夜在暗室中找东西，没有烛光怎么能看得见呢？所以说没有礼就会手足无措，耳目也不知该听什么该看什么，进退、作揖、谦让都失去了尺度。这样一来，居家处事就会长幼无别，家族之内祖孙三辈就

以其居处，长幼失其别，闺门三族失其和，朝廷官爵失其序，田猎戎事失其策，军旅武功失其势，宫室失其度，鼎俎失其象，物失其时，乐失其节，车失其轼，鬼神失其享，丧纪失其哀，辩说失其党，百官失其体，政事失其施。加于身而措于前，凡众之动失其宜。如此，则无以祖洽四海[2]。”

失去了和睦，朝廷上的官职爵位就失去了秩序，田猎和战事就失去了策略，军队攻守就失去了控制，宫室建造就失去了制度，礼器就不符合制式，万物生长就失去了合适的时节，音乐就不合乎节拍，车辆就不符合相应规格，鬼神就得不到祭享，丧事就失去了合度的哀伤，辩说就失去了支持的人，百官就会失职，政事就不能施行。不把礼加在每个人身上且凡事以礼为先，人们的种种行为举动都会失其所宜。这样，就无法使百姓和睦相处了。”

注释

1 **瞽**(gǔ)：盲人。相：搀扶，帮助。

2 **无以祖洽四海**：祖洽，倡导和谐。王肃注：“祖，法也；洽，合。无礼则无以为众法，无以合聚众。”

原文

子曰：“慎听之，汝三人者！吾语汝，礼犹有九焉，大飨有四焉。苟知此矣，虽在畎亩之中，事之，圣人矣。两君相见，揖让而入，入门而悬兴[1]。揖让而升堂，升堂而乐阕。下管《象》舞，

译文

孔子说：“仔细听着，你们三人！我告诉你们，礼还有九件事，其中四件是大飨礼所特有的。如果知道了这些，哪怕是个种田人，只要依礼而行，他也是圣人了。两位君王相见，互相作揖谦让后进入大门，入门后钟鼓等乐器齐奏，两人又互相作揖谦让后登上大堂，登上大堂之后乐声就停止了。这时在堂下又用管乐奏起《象》的乐曲，接着执籥的

《夏》籥序兴。[2]陈其荐俎[3]，序其礼乐，备其百官。如此而后，君子知仁焉。行中规，旋中矩，銮和中《采荠》。客出以《雍》[4]，彻以《振羽》。是故君子无物而不在于礼焉：入门而金作，示情也；升歌《清庙》[5]，示德也；下管《象》舞，示事也。是故，古之君子，不必亲相与言也，以礼乐相示而已。夫礼者，理也；乐者，节也。无礼不动，无节不作。不能《诗》，于礼谬；不能乐，于礼素；于薄德，于礼虚。"

人又跳起《大夏》之舞和各种舞蹈。摆设笾豆与牲俎，按序安排礼乐，备齐各种执事人员。这样，来访的君王就感受到了主人的盛情厚意。在这里，人们来往走动都符合规定，周旋时步子都合乎规矩，车子的铃声也合着《采荠》乐曲的节拍。客人出去时，堂下奏起《雍》的乐章；撤去席上餐具时，奏起《振羽》的乐章。所以，君子的行动没有一件事不在礼节之中：客人进门时钟声响起，是表示欢迎之情；登堂时演奏《清庙》诗章，表示赞美其功德；堂下吹奏《象》的舞曲，表示崇敬祖先的功业。所以，古代的大人君子相见，不必互相说话，只凭礼乐就可以传达情意了。礼，就是理；乐，就是节。没有道理的事不做，没有节制的事不为。不懂得赋《诗》言志，礼节上就会出差错；不能用音乐来配合，礼节就显得单调枯燥；道德浅薄，礼就会显得虚假。"

注释

1 **悬兴**：奏乐。兴，作。

2 **"下管《象》舞"句**：《夏》籥，指《大夏》之舞，执籥以舞。序兴，指文武之舞依次而舞。王肃注："下管，堂下吹管。《象》，武舞也。《夏》，文舞也。执籥，籥如笛，序以更作。三也。"

3 **荐俎**：进献祭品。

4 **《雍》**：乐曲名，见于《诗经·周颂》。

5 **《清庙》**：《诗经·周颂》篇名，原为祭祀文王而奏。泛指帝王祭祀祖先的乐章。

原文

子贡作而问曰："然则夔其穷与？"子曰："古之人与？上古之人也！达于礼而不达于乐，谓之素；达于乐而不达于礼，谓之偏。夫夔达于乐而不达于礼，是以传于此名也。古之人也，凡制度在礼，文为在礼，行之其在人乎？"

三子者，既得闻此论于夫子也，焕若发蒙焉。

子夏侍坐于孔子，曰："敢问《诗》云：'恺悌君子，民之父母。'何如斯可谓民之父母？"孔子曰："夫民之父母，必达于礼乐之源，以致五至而行三无，以横于天下。四方有败[1]，必先知之。此之谓民之父母。"

子夏曰："敢问何谓五至？"孔子曰："志之所至，《诗》亦至焉；《诗》之所至，礼亦至焉；礼之所至，乐亦至焉；乐之所至，哀亦至焉。《诗》、礼相成，哀乐相生。是以正明目而视之，不可得

译文

子贡站起来问道："按这么说，夔对礼精通吗？"孔子说："夔不是古代的人吗？他是上古时代的人啊！精通礼而不精通乐，叫作质朴；精通乐而不精通礼，叫作偏颇。夔大概只精通乐而不精通礼，所以传下精通音乐的名声。不过古代的人，各项制度都存在于礼中，行为也靠礼来修饰，实行起来大概还是靠人自己吧。"

三个弟子听了孔子这番话，眼前豁然一亮，好像盲人复明一样。

子夏陪孔子坐着，便请教说："请问《诗经》上所说的'平易近人的君王，就好比百姓的父母亲'，怎样做才可以被叫作'百姓的父母'呢？"孔子说："说到'百姓的父母'，他必须通晓礼乐的本源，达到'五至'，做到'三无'，并用来普及于天下。任何地方出现了灾祸，他一定能够最早知道。做到了这些，才算是百姓的父母。"

子夏说："请问什么叫作'五至'？"孔子说："有爱民之心，才会有爱民的诗歌来反映；诗歌要表达的，礼也会有所体现；礼要表达的，乐也会有所表现；乐所表现的，哀也会随之体现。诗与礼相辅相成，哀与乐交相生成。这些道理，瞪大眼睛来看，你无法看得到；竖起耳朵来

而见；倾耳而听之，不可得而闻。志气塞于天地，行之充于四海。此之谓五至矣。”

听，你无法听得到。但君王的这种思想却充塞于天地之间，实行起来能遍及天下。这就叫作‘五至’。”

注释

1 **败**：灾祸。

原文

子夏曰：“敢问何谓三无？”孔子曰：“无声之乐，无体之礼，无服之丧，此之谓三无。”

子夏曰：“敢问三无，何诗近之？”孔子曰：“‘夙夜基命宥密’[1]，无声之乐也；‘威仪逮逮，不可选也’[2]，无体之礼也；‘凡民有丧，扶伏救之’[3]，无服之丧也。”

子夏曰：“言则美矣、大矣！言尽于此而已乎？”孔子曰：“何谓其然？吾语汝，其义犹有五起焉。”

译文

子夏说：“请问什么叫作‘三无’？”孔子说：“没有声音的音乐，没有形式的礼仪，没有丧服的服丧，这就叫作‘三无’。”

子夏说：“再请问什么诗句最接近‘三无’的含义？”孔子说：“‘朝夕谋政宽又静’，这句诗最近乎没有声音的音乐；‘仪态安详无挑剔’，这句诗最近乎没有形式的礼仪；‘看到他人有丧亡，急切设法去帮忙’，这句诗最近乎没有丧服的服丧。”

子夏说：“您这番话太美妙了，太伟大了！是不是话说到这里就算到头了呢？”孔子说：“怎么会呢？我告诉你，君子在实行‘三无’的时候，还有‘五起’呢。”

注释

1 **夙夜基命宥密**：语出《诗经·周颂·昊天有成命》。王肃注：“夙夜，恭也。基，始也。命，信也。宥，宽也。密，宁也。言以行与民信。五教在宽，民以安宁，故谓之无声之乐也。”

2 **“威仪逮逮”句**：语出《诗经·邶风·柏舟》。逮逮，《毛诗》作“棣棣”。郑玄注：“棣棣，富而闲习也。”孙希旦《礼记集解》：“‘逮逮’，《诗》作‘棣棣’，闲习之意。”

3 **“凡民有丧”句**：语出《诗经·邶风·谷风》。扶伏，《毛诗》作“匍匐”，爬行，形容急切。

原文

子夏曰：“何如？”孔子曰：“无声之乐，气至[1]不违；无体之礼，威仪迟迟；无服之丧，内恕孔哀[2]；无声之乐，所愿必从；无体之礼，上下和同；无服之丧，施及万邦。既然，而又奉之以三无私而劳天下，此之谓五起。”

子夏曰：“何谓三无私？”孔子曰：“天无私覆，地无私载，日月无私照。其在《诗》曰：‘帝命不违，至于汤齐。汤降不迟，圣敬日跻。昭假迟迟，上帝是祗，帝命式于九围。’[3]是汤之德也。”

子夏蹶然而起，负墙而立，曰：“弟子敢不志之！”

译文

子夏说：“‘五起’怎么讲？”孔子说：“没有声音的音乐，百姓不违背国君的心愿；没有形式的礼仪，国君的态度从容不迫；没有丧服的服丧，设身处地地同样悲伤。没有声音的音乐，心愿已经满足；没有形式的礼仪，上下和睦齐同；没有丧服的服丧，爱心延及四方各国。如此，再遵照三无私的精神来治理天下，这就叫作‘五起’。”

子夏接着问道：“什么叫作‘三无私’呢？”孔子说：“就是像天那样无私地覆盖万物，像地那样无私地承载万物，像日月那样无私地照耀万物。这个意思在《诗经》里也有所反映：‘奉行天命不敢违，至于成汤兴王业。承继天命应时运，聪明谨慎日向上。明德临民持之恒，只把天帝来敬畏，帝命天下效法汤。’这就是商汤的德行。”

子夏听到这里，一跃而起，倚墙而立，说：“弟子怎敢不牢记老师的这番教诲呢！”

注释

1 **至**:一本作“志”。

2 **哀**:一本作“悲”。陈澔《礼记集说》:“内恕孔悲者,言其以仁存心也。”

3 **“帝命不违”等句**:语出《诗经·商颂·长发》。王肃注:“至汤与天心齐。”“至汤与天心齐。”“不迟,言疾。跻,升也。汤疾行下人之道,其圣敬之德日升闻也。”“汤之威德,昭明遍至,化行宽舒,迟迟然,故上帝敬其德。”“九围,九州也。天命用于九州,谓以为天下王。”

卷第七

五刑解

导读

本篇记载了孔子与弟子冉有讨论礼法规范问题，因开头先谈及古代五种刑罚，故以“五刑解”名篇。

关于设礼缘由，孔子认为是“设防”使百姓“不犯”，“上有制度，则民知所止，民知所止则不犯”，遵礼是“豫塞其源”。古代圣王制定五刑，以防止不知足、不仁、不义、相陵、男女无别、嗜欲不节之举带来的社会问题。如果“礼度既陈，五教毕修，而民犹或未化”，那就需要“明其法典，以申固之”，体现了儒家的礼法合治、德主刑辅的仁政思想。

另外，本篇就“刑不上于大夫，礼不下于庶人”的问题也做了辨析。孔子对于冉有之解释为“大夫犯罪，不可以加刑；庶人之行事，不可以治于礼”的看法，进行了断然否定。孔子认为，管理君子，“以礼御其心”而兴起“廉耻之节”，产生“愧耻”之心。因此，所谓“刑不上大夫”，就是通过礼乐教化使大夫“不失其罪”；所谓“礼不下庶人”，就是知道普通人忙于劳作而不能“充礼”，所以也就“不责之以备礼”。儒家尊崇的圣王之治，是这样的一种“至治”，它“制五刑而不用”，立礼仪法度，而兴廉耻之节。

原文

冉有问于孔子曰：“古者三皇、五帝不用五刑[1]，信乎？”孔子曰：“圣人之设防，贵其不犯也；制五刑而

译文

冉有向孔子请问道：“古代的三皇五帝都不曾用五刑，这是真的吗？”孔子说：“圣人设置防卫措施，贵在让人不触犯；制定五刑而不用，是为了达到天

不用，所以为至治也。

"凡民之为奸邪、窃盗、靡法[2]、妄行者，生于不足。不足生于无度。无度，则小者偷惰，大者侈靡，各不知节。是以上有制度，则民知所止，民知所止则不犯。故虽有奸邪、贼盗、靡法、妄行之狱，而无陷刑之民。

下大治。

"凡是奸邪、盗窃、违法、胡作非为的行为，都是由于贪心不足造成的。贪心不足又产生于没有限度。没有限度，轻者就会偷盗，重则奢侈浪费，都是不知节制。因此，上有制度，百姓就知道了什么不能做，知道了什么不能做就不会犯法。所以，虽然制定了奸邪抢劫盗窃违法妄行的罪状，却没有陷入刑罚的百姓。

注释

1 **五刑**：夏代开始确立的五种肉刑，分别指额上刺字的墨刑、割鼻的劓刑、砍脚的剕刑、毁坏生殖器的宫刑、砍头的大辟刑。汉代以后，五刑演变为笞、杖、徒、流、死。

2 **靡法**：心中无法。

原文

"不孝者，生于不仁。不仁者，生于丧祭之礼也。明丧祭之礼，所以教仁爱也。能致仁爱，则服丧思慕。祭祀不解[1]，人子馈养之道。丧祭之礼明，则民孝矣。故虽有不孝之狱，而无陷刑之民。

"杀上者，生于不义。义，所以别贵贱、明尊卑也。贵贱有别，尊卑有序，则民

译文

"不孝的行为产生于不仁，不仁又产生于没有丧祭之礼。所以，明确规定丧祭之礼，是为了使人知道仁爱。能教人懂得仁爱，为父母服丧就会思念爱慕他们，举行祭礼表示人子还在不懈地赡养父母。丧祭之礼明确了，百姓就会遵守孝道了。所以，虽然制定了不孝的罪状，却没有陷入刑罚的百姓。

"以下杀上的行为产生于不义，义是用来区别贵贱、表明尊卑的。贵贱有别，尊卑有序，那么百姓没有不尊敬上级

莫不尊上而敬长。朝聘之礼者，所以明义也。义必明，则民不犯。故虽有杀上之狱，而无陷刑之民。

和长辈的。诸侯定期朝见天子的朝聘之礼，是用来显明义的。义显明了，那么百姓就不会犯上。所以，虽然制定了弑上的罪状，却没有陷入刑罚的百姓。

注释

1 **不解**(xiè)：不怠慢。解，通"懈"。

原文

"斗变[1]者，生于相陵[2]。相陵者，生于长幼无序而遗敬让。乡饮酒之礼者，所以明长幼之序，而崇敬让也。长幼必序，民怀敬让。故虽有变斗之狱，而无陷刑之民。

"淫乱者，生于男女无别。男女无别，则夫妇失义。婚姻聘享[3]者，所以别男女、明夫妇之义也。男女既别，夫妇既明，故虽有淫乱之狱，而无陷刑之民。

译文

"争斗变乱的行为产生于相互欺压，欺压的行为产生于长幼无序而忘记了尊敬和谦让。乡饮酒之礼，就是用来显明长幼之序和尊崇敬让的。长幼有序，百姓就会怀着敬让之心。所以，虽然制定了争斗变乱的罪状，却没有陷入刑罚的百姓。

"淫乱的行为产生于男女无别，男女无别夫妇间就失去了情义。婚礼和聘礼享礼，就是用来区别男女和显明夫妇情义的。男女既已有别，夫妇情义就会彰明。所以，虽然制定了有关淫乱的罪状，却没有陷入刑罚的百姓。

注释

1 **斗变**：私斗。

2 **陵**：侵辱。

3 **聘享**：订婚时男方给女方的定礼和聘礼。

原文

“此五者，刑罚之所从生，各有源焉。不豫塞其源，而辄绳之以刑，是谓为民设阱而陷之也。刑罚之源，生于嗜欲不节。夫礼度者，所以御民之嗜欲，而明好恶，顺天道。礼度既陈，五教毕修，而民犹或未化，尚必明其法典，以申固之。其犯奸邪、靡法、妄行之狱者，则饬制量之度；有犯不孝之狱者，则饬丧祭之礼；有犯杀上之狱者，则饬朝觐之礼；有犯斗变之狱者，则饬乡饮酒之礼；有犯淫乱之狱者，则饬婚聘之礼。三皇、五帝之所化民者如此，虽有五刑之用，不亦可乎？”

孔子曰：“大罪有五，而杀人为下。逆天地者罪及五世，诬文武者罪及四世，逆人伦者罪及三世，谋鬼神者罪及二世，手杀人者罪止其身。故曰：大罪有五，而杀人为下矣。”

冉有问于孔子曰：“先

译文

“这五种情况，是刑罚产生的原因，是各有根源的。不预先堵住其根源，而动辄使用刑罚，这叫作给民设下陷阱来陷害他们。刑罚产生的根源，在于人们的嗜好和欲望无所节制。礼仪法度即是用来节制百姓的嗜好和欲望的，使其能区分好坏，顺应天道。已经宣告了礼仪法度，推行了五种教化，如果还有百姓顽固不化，那就一定要再次重申，以彰明法典，强化顺承。如犯奸邪、非法、妄行等罪，则告诫其制度标准方面的规定；如犯不孝之罪，则告诫其丧葬祭祀的礼仪；如犯不忠于长上之罪的，则告诫其朝拜觐见的礼仪；如犯斗殴之罪，则告诫其乡饮酒的礼仪；如犯淫乱之罪，则告诫其婚聘宴享的礼仪。三皇五帝如此教化百姓，即使偶用五刑，不也是可以的吗？”

孔子说：“重大的罪行有五种，而杀人是最轻的。违背天地之道的罪行牵连五代，诬蔑周文王、武王的罪行牵连四代，违背人伦之道的罪行牵连三代，图谋鬼神的罪行牵连两代，而亲手杀人的罪行只牵涉其自身。所以说，重大的罪行有五种，而杀人是最轻的。”

冉有请教孔子说：“古时候那些贤明君王制定法律，有‘使刑不上于大夫，王制法，使刑不上于大夫，礼不下于庶人。然则大夫犯罪，不可以加刑；庶人之行事，不可以治于礼乎？”

孔子曰：“不然。凡治君子，以礼御其心，所以属[1]之以廉耻之节也。故古之大夫，其有坐[2]不廉污秽而退放[3]之者，不谓之不廉污秽而退放，则曰‘簠簋不饬’[4]；有坐淫乱、男女无别者，不谓之淫乱、男女无别，则曰‘帷幕不修’[5]也。有坐罔上不忠者，不谓之罔上不忠，则曰‘臣节未著’；有坐罢[6]软不胜任者，不谓之罢软不胜任，则曰‘下官不职’；有坐干国之纪者，不谓之干国之纪，则曰‘行事不请’。此五者，大夫既自定有罪名矣，而犹不忍斥然正以呼之也，既而为之讳，所以愧耻之。

礼不下于庶人’的说法，难道士大夫们犯了罪就不可以用刑惩罚，普通大众做事情就可以不遵照礼的要求吗？”

孔子说：“不是你想的那样的。君王管理官员是用礼来掌握他们的思想的，要让他们都拥有知廉耻这一大节。所以以前的大夫，那些由于不廉洁贪赃要被黜退放逐的，不说是因为他们不廉洁贪赃要被黜退放逐，而说他们簠簋不饬；那些由于淫乱及男女无别获罪的，不说他们淫乱及男女无别，而说他们帷幕不修；那些由于蒙蔽君上，对国家不忠诚获罪的，不说他们蒙蔽君上，对国家不忠诚，而说他们臣节未著；那些由于疲沓软弱不能完成官员工作获罪的，不说他们疲软不称职，而说他们下官不职；那些由于触犯了国家的大法获罪的，不说他们触犯了国家的大法，而说他们行事不请。像这样五种，对那些大夫，君王已经确定他们获罪了，还是不忍心呵斥，仍然按平常的称呼，是对他们的顾忌和避讳，要让他们自己惭愧和有羞耻感。

注释

1 **属**：通“嘱”，托付。

2 **坐**：定罪。

3 **退放**:黜退放逐。

4 **簠簋不饬**:簠、簋,古代食器,或放祭品的祭器;不饬,不整饬。指没有祭品祭祀祖先,引为贪污之意。

5 **帷幕不修**:家门淫乱的讳语,亦作"帷薄不修"。修,整饬。

6 **罢**(pí):通"疲"。

原文

"是故大夫之罪,其在五刑之域者,闻而谴发[1],则白冠厘缨[2],盘水加剑[3],造乎阙而自请罪,君不使有司执缚牵掣而加之也。其有大罪者,闻命则北面再拜,跪而自裁,君不使人捽引[4]而刑杀之也,曰:'子大夫自取之耳,吾遇子有礼矣。'以刑不上大夫,而大夫亦不失其罪者,教使然也。凡所谓礼不下庶人者,以庶人遽其事而不能充礼,故不责之以备礼也。"

冉求跪然免席,曰:"言则美矣!求未之闻。"退而记之。

译文

"所以呀,大夫们犯罪了,如果在五刑范围内的,君王听到后先是谴责揭发,让他们戴用兽尾做缨的白帽表示自己有罪,让他们本人手托一盘,盘内有水,盘上放剑,请天子公平裁决,让他们到宫阙来陈说自己的罪过,君王也不让执法官员对他们捆绑牵拉。如果是犯了大罪的,让他们听到相关宣布后面朝北磕头,跪着自裁,君王也不会让执法官员揪着他们的头发执行刑杀。君王会说:'这个大夫呀,是你自己犯了罪的,我还是对你尽了礼、尽了心呀。'这样做,看来好像刑罚没有制裁大夫,但是犯了罪的大夫一样少不了他应该接受的惩罚,这也是教化的一种。关于'礼不下庶人者'的意思是这样的,因为普通百姓忙于生计,无法全部掌握有关的礼仪,所以是不能责怪他们没有完整的礼仪的。"

冉有跪着离开座位说:"老师讲得太好了,我冉求真是第一次听到这样的道理。"回去后就把这些记了下来。

注释

1 **谴发**:谴责揭发。

2 **白冠厘缨**:古代大夫触犯五刑,则戴用兽尾做缨的白帽,表示自己有罪。

3 **盘水加剑**:遭遇天子谴责、质问的士大夫,手托一盘,盘内放水和剑,请天子公平裁决。

4 **捽(zuó)引**:揪拉。

刑　政

导读

本篇记载了孔子与弟子仲弓讨论“至刑”与“用政”的关系问题,故以“刑政”名篇。

在孔子看来,圣人治理与教化思想,一定是“刑政相参”的,最高境界是德礼共济,其次是政刑合治。德礼共济后,若百姓还是“化之弗变,导之弗从,伤义以败俗,于是乎用刑矣”,用刑是不得已之举。在审理案件时,必须尊重事实,根据情节的轻重、罪行的深浅来量刑。审理官必须仁智双彰,尽其聪明才智,以其忠爱之心来审理。定罪要慎重,“狱必三讯”,疑狱则要广泛听取各方面意见,甚至有“王三宥之”之礼节。但对“巧言破律,遁名改作,执左道与乱政者,杀。作淫声,造异服,设伎奇器,以荡上心者,杀。行伪而坚,言诈而辩,学非而博,顺非而泽,以惑众者,杀。假于鬼神、时日、卜筮,以疑众者,杀”等四种大罪,则杀无赦,不必经过三次审讯。另外,如果违犯了十四条禁令,也是不能赦免的。

原文

仲弓[1]问于孔子曰："雍闻至刑[2]无所用政，至政[3]无所用刑。至刑无所用政，桀、纣之世是也；至政无所用刑，成、康之世[4]是也。信乎？"孔子曰："圣人之治化[5]也，必刑政相参焉。太上[6]以德教民，而以礼齐之；其次以政言导民，以刑禁之，刑不刑也。化之弗变，导之弗从，伤义以败俗，于是乎用刑矣。颛[7]五刑必即天伦[8]，行刑罚则轻无赦。刑，侀[9]也；侀，成也。壹成而不可更，故君子尽心焉。"

译文

仲弓问孔子说："我听说有严酷的刑罚就不需要用政令了，有完善的政令就不需要用刑罚了。有严酷的刑罚不用政令，夏桀、商汤的时代就是这样；有完善的政令不用刑罚，周朝成王、康王的时代就是这样。这是真的吗？"孔子说："圣人治理教化百姓，必须是刑罚和政令相互配合使用。最好的办法是用道德来教化百姓，并用礼来统一思想。其次是用政令来教导百姓，用刑罚来禁止他们，目的是为了不用刑罚。对经过教化还不改变，经过教导还不听从，损害义理又败坏风俗的人，只好用刑罚来惩处。专用五刑来治理百姓也必须符合天道，执行刑罚对罪行轻的也不能赦免。刑，就是侀；侀，就是已成事实不可改变。一旦定刑就不可改变，所以官员要尽心地审理案件。"

注释

1 **仲弓**：孔子弟子冉雍，字仲弓。

2 **至刑**：最严酷的刑罚。

3 **至政**：即"至治"，最完美的政治教化。

4 **成、康之世**：周成王、周康王当政的时代，据说当时"天下安宁，刑措四十余年不用"。

5 **治化**：政治教化。

6 **太上**：最高等。

7 **颛**(zhuān)：通"专"。

8 **即天伦**:合乎天意。王肃注:“即,就也。就天伦,谓合天意。”

9 **侀**:同“型”,定型。

原文

仲弓曰:“古之听讼[1],尤罚丽[2]于事,不以其心,可得闻乎?”孔子曰:“凡听五刑之讼,必原父子之情,立君臣之义,以权之。意论轻重之序,慎测浅深之量,以别之。悉其聪明,正其忠爱,以尽之。大司寇正刑明辟[3]以察狱,狱必三讯焉。有指无简[4],则不听也。附从轻,赦从重。疑狱则泛与众共之,疑则赦之。皆以小大之比成也。是故爵人必于朝,与众共之也;刑人必于市,与众弃之也。古者公家不畜刑人,大夫弗养[5]也;士遇之涂[6],以弗与之言;屏诸四方,唯其所之,不及与政,弗欲生之也。”

译文

仲弓说:“古代审理案件,对过错的处罚是根据事实,而不依据内心动机,对这点可以讲给我听听吗?”孔子说:“凡是审理五种罪行的案子,必须推究其父子之情,按照君臣之义来衡量,目的是论证犯罪情节的轻重,谨慎地衡量罪过的深浅,以便分别对待。尽量运用自己的聪明才智,极力发挥自己的忠爱之心来探明案情。大司寇的职责是正定刑法辨明法令来审理案件,审案时必须听取群臣、群吏和万民的意见。有指证而核实不了犯罪事实的,就不治罪。量刑可重可轻的就从轻,赦免时,原判重了的则先赦。疑案则要广泛地向大众征求意见共同解决,如果还有疑问而无法裁决,就赦免他。一切案件一定要根据罪行大小比照法律条文来定案。所以赐予爵位一定要在朝廷上,让众人共同见证;行刑一定要在闹市上,让众人共同唾弃他。古时诸侯不收容犯罪的人,大夫也不供养犯罪的人。读书人在路上遇到犯罪的人,不和他交谈。把罪犯放逐到四境,任凭他到什么地方,也不让他参与政事。表示不想让他活在世上。”

注释

1 **听讼**:审理案件。

2 **丽**:附丽,附着。

3 **明辟**:辨明法令。

4 **有指无简**:有人指证却不能确定犯罪事实。王肃注:"简,诚也。有意无其诚者,不论以为罪也。"

5 **大夫弗养**:大夫不供养被判刑的人。

6 **涂**:通"途"。

原文

仲弓曰:"听狱,狱之成,成何官?"孔子曰:"成狱成于吏,吏以狱成告于正。正既听之,乃告大司寇。大司寇听之,乃奉于王。王命三公[1]卿士参听棘木之下[2],然后乃以狱之成告于王。王三宥之,以听命而制刑焉,所以重之也。"

仲弓曰:"其禁何禁?"孔子曰:"巧言破律,遁名[3]改作,执左道[4]与乱政者,杀。作淫声,造异服,设伎奇器,以荡上心者,杀。行伪而坚[5],言诈而辩,学非而博,顺非而泽[6],以惑众者,杀。假于

译文

仲弓问:"审理案件时,定案的事,是由什么官来完成的?"孔子说:"案件首先由狱官来审定,然后狱官把审理情况报告给狱官之长。狱官之长审理之后,再报告给大司寇。大司寇审理之后,再报告给君王。君王又命三公和卿士在种有酸枣树的审理处会审,然后把审理结果呈给君王。君王根据三种可以宽宥的情况决定是否减免刑罚,最后根据审判结果来定刑。审定的程序是很慎重的。"

仲弓又问:"在法律禁令的规定中都有哪些条款呢?"孔子说:"凡是用巧言曲解法律,变乱名义擅改法度,利用邪道扰乱国政者,杀。凡是制作淫声浪调,制作奇装异服,设计奇巧怪异器物来扰乱君心的,杀。凡行为诡诈又顽固,言辞虚伪又能诡辩,学非正学又广博德知,顺从坏事又曲加粉饰,用以蛊惑百姓者,杀。凡利用鬼

鬼神、时日、卜筮,以疑众者,杀。此四诛者不以听。”

神、时日、卜筮,用以惑乱百姓者,杀。犯此四类该杀罪行的都不需详加审理。”

注释

1 **三公**:辅助君王的最高官员,周朝为太师、太傅、太保。

2 **棘木之下**:指古代判案的处所。棘木,酸枣树。王肃注:“外朝法,左九棘,孤卿大夫位焉。右九棘,公侯伯子男位焉。面三槐,三公位。”

3 **遁名**:假冒名义。

4 **左道**:旁门左道,多指非正统的巫蛊、方术等。

5 **行伪而坚**:行为诈伪而顽固。王肃注:“行诈伪而守之坚也。”

6 **顺非而泽**:顺从错误言行且加以润饰。

原文

仲弓曰:“其禁尽于此而已?”孔子曰:“此其急者。其余禁者十有四焉:命服命车[1]不粥[2]于市,圭璋璧琮不粥于市,宗庙之器不粥于市,兵车旍旗不粥于市,牺牲秬鬯[3]不粥于市,戎器兵甲不粥于市,用器不中度不粥于市,布帛精粗不中数、广狭不中量不粥于市,奸色乱正色不粥于市,文锦珠玉之器雕饰靡丽不粥于市,衣服饮食不粥于市[4],果实不时不粥于市,五木[5]不中伐

译文

仲弓又问:“法令禁止的就到此为止了吗?”孔子说:“这是其中最紧要的。其余应禁的还有十四项:天子赐予的命服、命车不准在集市上出卖,圭、璋、璧、琮等礼玉不准在集市上出卖,宗庙祭祀用的礼器不准在集市上出卖,兵车旍旗不准在集市上出卖,祭祀用的牲畜和酒不准在集市上出卖,作战用的兵器铠甲不准在集市上出卖,家用器具不合规矩不准在集市上出卖,麻布丝绸精粗不合标准、宽窄不合规定的不准在集市上出卖,杂色混淆正色的东西不准在集市上出卖,锦缎珠玉等器物雕刻巧饰特别华丽的不准在集市上出卖,衣服饮食不准在集市上出卖,果实还未成熟不准在集市上出卖,应天时取火的五木

不粥于市，鸟兽鱼鳖不中杀不粥于市。凡执此禁以齐众者，不赦过也。”

不成材不准在集市上出卖，幼小的鸟、兽、鱼、鳖不准在集市上出卖。凡执行这些禁令都是为了治理百姓，犯禁者不赦。”

注释

1 **命服命车**：命服，官员的礼服。命车，天子所赐的车。

2 **粥**(yù)：同“鬻”，卖。

3 **秬鬯**(jù chàng)：古代以黑黍和郁金草酿造的酒，用于祭祀降神及赏赐有功的诸侯。

4 **衣服饮食不粥于市**：王肃注：“卖成衣服，非侈必伪，故禁之。禁卖熟食，所以厉耻也。”

5 **五木**：春天的榆、柳，夏天的枣、杏，季夏的桑、柘，秋天的柞、楢，冬天的槐、檀，以上五类木材可用来应天时以取火。

礼运

导读

本篇由孔子参礼蜡祭而讲到“礼之所兴”，礼的作用及各种礼节，故以“礼运”名篇。

关于礼的起源，孔子认为，“礼之所兴，与天地并”，那是先王“承天之道，以治人之情”，“圣王修义之柄、礼之序，以治人情”。关于礼的作用，孔子认为是圣人用礼教化、治理百姓，“则天下国家可得以礼正矣”。在孔子心目中，最理想的社会是三代的“大同”世界，那是个大道行于世、天下皆为公的美好时代，人们推选贤能的人治理国家，讲究信用，和睦相处，老有所终，壮有所用，奸谋不兴，盗窃乱贼不作。然而，三代之后，“大道既隐”，

“周道”损伤，“常法”更易，礼制衰微，“非礼”乱象丛现。本篇中，孔子并未指出尚有“小康”社会，且“大同”社会也并未系之于三皇五帝，这显示了《孔子家语》一书较之《礼记》成书的质朴性和可靠性。孔子还讲到了“治人七情，修十义，讲信修睦，尚辞让，去争夺”的礼治主张。

原文

孔子为鲁司寇，与于蜡。既宾[1]事毕，乃出游于观[2]之上，喟然而叹。言偃侍，曰：“夫子何叹也？”孔子曰：“昔大道之行，与三代之英，吾未之逮[3]也，而有记焉。大道之行，天下为公，选贤与能，讲信修睦[4]。故人不独亲其亲，不独子其子。老有所终[5]，壮有所用，矜寡孤疾，皆有所养。货恶其弃于地，不必藏于己；力恶其不出于身[6]，不必为人[7]。是以奸谋闭而不兴，盗窃乱贼不作，故外户而不闭。谓之大同。

译文

孔子担任鲁国司寇时，曾参与蜡祭。宾客走了以后，他出来到楼台上观览，感慨地叹了口气。言偃跟随在孔子身边，问道：“老师为什么叹气呢？”孔子说：“从前大道通行时，及夏商周三代精英当政时，我都没有赶上，而有些文字记载还可以看到。大道通行的时代，天下为大家所公有，选举贤能的人，讲求诚信，致力于友爱。所以人们不只敬奉自己的双亲，不只疼爱自己的子女。社会上的老人都能安度晚年，壮年人都能发挥自己的才能，鳏夫、寡妇、孤儿和残疾人都能得到供养。人们厌恶把财物浪费不用，但不必收藏到自己家里；人们担心自己的智力体力不能得到发挥，但不是为了个人的利益。因此奸诈阴谋的事不会发生，盗窃财物扰乱社会的事情不会出现，所以家里的大门不必紧锁。这就叫作大同世界。

注释

1 **宾**：陪祭者。

2 **观**：宫门外阙。王肃注：“观，宫外门阙，《周礼》所谓象魏也。”

3 **逮**:赶上。

4 **讲信修睦**:讲求信用,致力于友爱。

5 **终**:安享天年。

6 **力恶其不出于身**:恶,唯恐,恐怕。王肃注:"言力恶其不出于身,不以为德惠也。"

7 **为人**:《礼记 · 礼运》作"为己"。

原文

"今大道既隐[1],天下为家,各亲其亲,各子其子。货则为己,力则为人。大人世及[2]以为常,城郭沟池以为固。禹、汤、文、武、成王、周公,由此而选,未有不谨于礼。礼之所兴,与天地并。如有不由礼而在位者,则以为殃。"

译文

"如今大道已经衰微,天下为一个家族所私有,人们只敬爱自己的双亲,只疼爱自己的子女。财物想据为己有,出力也是为了自己。天子诸侯把财物和权位世代相传已成常事,建筑城郭沟池作为防御工事。夏禹、商汤、文王、武王、成王、周公就是这个时代产生的,他们之中没有一人不依礼行事的。礼制的兴起,与天地并存。如有不遵循礼制而当权在位的,百姓把他视为祸殃。"

注释

1 **隐**:隐没衰微。

2 **世及**:世代相传。

原文

言偃复问曰:"如此乎,礼之急[1]也?"孔子曰:"夫礼,先王所以承天之道,以治人之情。列其鬼神[2],达于丧、祭、

译文

言偃又问:"这样的话,礼就是很紧迫的了?"孔子说:"礼是先代圣王用以顺承自然之道来治理人情的。它参验于鬼神,贯彻在丧、祭、乡射、

乡射、冠、婚、朝聘。故圣人以礼示之，则天下国家可得以礼正矣。”

冠、婚、朝聘等礼仪上。因此圣人就用礼来昭示天道人情，这样国家才能治理好。”

注释

1 **急**：急需，紧要。

2 **列其鬼神**：参验于鬼神。

原文

言偃曰：“今之在位，莫知由礼，何也？”孔子曰：“呜呼，哀哉！我观周道，幽、厉[1]伤也。吾舍鲁何适？夫鲁之郊及禘皆非礼，周公其已衰矣。杞之郊也禹[2]，宋之郊也契[3]，是天子之事守[4]也，天子以杞、宋二王之后。周公摄政致太平，而与天子同是礼也。诸侯祭社稷宗庙，上下皆奉其典，而祝嘏[5]莫敢易其常法，是谓大嘉。

译文

言偃又问：“现在在位当权的人，不知道遵循礼制来治理国家，为什么呢？”孔子说：“唉，太可悲了呀！我考察周代的制度，自从幽王、厉王起就败坏了。现在，除了鲁国，我又能到哪里去考察呢？然而鲁国的郊、禘之祭已不合乎周礼，周公定的礼制，现在看来已经衰微了。杞人郊祭是祭禹，宋人郊祭是祭契，这是天子应该享有的祭祀，因为周天子把杞、宋分别看作夏、商的后裔。周公代理执政，实现了天下太平，所以用与天子同样的礼仪。至于诸侯祭祀社稷和祖先，上下的人都奉守同样的典章制度，祝嘏不敢更改原有的礼制，这叫作大嘉。

注释

1 **幽、厉**：周幽王、周厉王。

2 **杞之郊也禹**：杞国郊祭的是禹。禹，夏朝始祖。

3 **契**：商族始祖，帝喾之子，母为简狄，传说为宋的始祖。

4 **事守**：职守，应当遵循的法度。

5 **祝嘏**(gǔ)：祭祀时致祝祷之辞和传达神言的执事人。

原文

“今使祝嘏辞说，徒藏于宗祝巫史，非礼也，是谓幽国；盏斝及尸君，非礼也，是谓僭君；冕弁兵革，藏于私家，非礼也，是谓胁君；大夫具官，祭器不假，声乐皆具，非礼也，是谓乱国。故仕于公曰臣，仕于家曰仆。三年之丧，与新有婚者，期不使也。以衰裳入朝，与家仆杂居齐齿[1]，非礼也，是谓臣与君共国。天子有田以处其子孙，诸侯有国以处其子孙，大夫有采[2]以处其子孙，是谓制度。天子适诸侯，必舍其宗庙，而不以礼籍入，是谓天子坏法乱纪。诸侯非问疾吊丧而入诸臣之家，是谓君臣为谑。故夫礼者，君之柄，所以别嫌明微，傧鬼神，考制度，别仁义，立政教，安君臣上下也。故政

译文

“如今如果让祝祷辞和祈福辞只保存在宗伯太祝和巫官史官之家，这是不合礼制的，这称作阴谋之国。盏斝是天子用以献尸的酒器，而今竟然一般诸侯也用，这是不合礼制的，这叫作僭越君王。冕弁和兵器这些都是国君的服饰和武备，而今却藏于大夫之家，这是不合礼制的，这叫作威胁国君。大夫像国君那样百官具备，祭器不用外借，八音齐备，这是不合礼制的，这叫混乱之国。在国君那里任职叫作臣，在大夫家里任职叫作仆。臣仆如果遇到父母之丧，或者新婚刚过，一年之内不派差事。如果穿着孝服上朝，或是仍和家仆杂居一起，没上没下，这是不合礼制的，这叫作君臣共有国家。天子有土地可以分封其子孙为诸侯，诸侯有国家可以分封其子孙为大夫，大夫有采邑可以养活其子孙，这就叫制度。所以天子到诸侯之国去，一定要下榻在诸侯的祖庙，但如果无视礼簿所载诸侯国的忌讳而入住，那就叫作天子违法乱纪。诸侯如果不是由于探病吊丧而随便进入臣属之家，那就叫君臣互相戏谑。所以说，礼是国君治理国家的根本，可以用来辨别是非，明察幽隐，敬事鬼神，订立制度，施行仁义，确立政教，使君臣上下都得到安宁。所以，国政如果不以礼为准绳，君位就会发生

不正则君位危，君位危则大臣倍、小臣窃。刑肃而俗敝则法无常，法无常则礼无别，礼无别则士不事、民不归，是谓疵国。

动摇，君位动摇就会导致大臣背叛，小臣窃权。这时候尽管用严刑峻罚来挽救，但因风俗败坏，引起法令无常，法令无常自然又引发礼仪乱套，礼仪乱套就让士人无法尽心做事，百姓就也无法心悦诚服地归心了，这就叫有疵病之国。

注释

1 **齐齿**：并列，无分高下。

2 **采**：采邑，卿大夫的封地。

原文

“是故夫政者，君之所以藏身[1]。必本之天，殽以降命。命，降于社之谓殽地，降于祖庙之谓仁义，降于山川之谓兴作，降于五祀之谓制度。此圣人所以藏身固也。圣人参于天地，并于鬼神，以治政也。处其所存，礼之序也。玩其所乐，民之治也。天生时，地生财，人，其父生而师教之。四者君以政用之，所以立于无过之地。

译文

“所以说，礼乐政教实在是国君借以安身立命的法宝，它以天为本，依据天道而颁降礼仪政令。天命，如果颁降于土地神就叫殽地之礼，如果颁降于祖庙就叫仁义之则，如果颁降于山川之神就称为兴作之礼，如果颁降于五行之神就叫作祭祀制度。这些都是圣人安身立命的法宝。圣人上参于天，下验于地，又比照鬼神，以此来治理国家。圣王能设身处地地考虑天地鬼神的存在次第，礼的次序也就有了；能体味百姓的乐好所在，民众的治理也就好办了。天生四时，地生财货，人，那是父母生他，老师教他。以上四个方面，如果国君利用政教加以引导，就能够立于不出过错之地。

注释

1 **藏身**:王肃注:“言所藏于身,不可以假人也。”

原文

“君者,人所则,非则人者也;人所养,非养人者也;人所事,非事人者也。夫君者,明人则有过,养人则不足,事人则失位。故百姓则君以自治,养君以自安,事君以自显。是以礼达而分定,人皆爱其死而患其生。是故用人之智去其诈,用人之勇去其怒,用人之仁去其贪。国有患,君死社稷,谓之义;大夫死宗庙,谓之变[1]。凡圣人能以天下为一家,以中国为一人,非意之,必知其情,从于其义,明于其利,达于其患,然后能为之。

译文

“作为国君,应是人们效法的榜样,而不是效法他人的;应是人们供养的对象,而不是供养他人的;应是人们服侍的对象,而不是服侍他人的。国君效法他人就会出现差错,供养别人就会力有不足,服侍他人就会偏失自己的尊位。所以,百姓效法国君来自我管理,供养国君来自我安定,服侍国君来显扬自己。所以,通达礼制,各人的职分就得到确定,百姓都乐于为国君献出生命,而耻于苟且偷生。国君重用有智之人而谨防其诈伪,重用有勇之人而避免其感情冲动,重用仁人而警惕其贪婪。国家有了危难,国君与国土共存亡,这叫作大义;大夫为保卫国君宗庙而死,这叫作正义。所以圣人能够把整个天下治理得像是一个家庭,把全体国民治理得像是一个人,这并不是圣人自己主观臆想,而是洞悉人情,通晓义理,明白利害所在,熟知祸患,然后才能做到的。

注释

1 **变**:正义。《礼记·礼运》郑玄注:“当为‘辩’,声之误也。辩犹正也。”王肃原注释为“权变”:“大夫有去就之义,未必常死宗庙者。其死宗庙者,权变为也。”

原文

"何谓人情？喜、怒、哀、惧、爱、恶、欲，七者弗学而能。何谓人义？父慈、子孝、兄良、弟悌、夫义、妇听、长惠、幼顺、君仁、臣忠，十者谓之人义。讲信修睦，谓之人利；争夺相杀，谓之人患。圣人之所以治人七情，修十义，讲信修睦，尚辞让，去争夺，舍礼何以治之？饮食男女，人之大欲存焉；死亡贫苦，人之大恶存焉。欲、恶者，人之大端。人藏其心，不可测度，美、恶皆在其心，不见其色，欲以一穷之，舍礼何以哉？

"故人者，天地之德，阴阳之交，鬼神之会，五行之秀。天秉阳，垂日星；地秉阴，载山川。播五行于四时，和四气而后月生。是以三五而盈，三五而缺。五行之动，共相竭也。五行、四气、十二月，还相为本；五声、六律、

译文

"什么叫作人情？喜、怒、哀、惧、爱、恶、欲，这七种不学就会的感情就是人情。什么叫作人义？父亲慈爱，儿子孝敬，兄长友爱，弟弟恭顺，丈夫仁义，妻子听从，长者惠下，幼者顺上，君主仁慈，臣子忠诚，这十种人际关系准则就叫人义。讲究信用，维持和睦，这叫作人利；你争我夺，互相残杀，这叫作人患。圣人要想疏导人的七情，维护十种人际关系准则，讲究信用，维持和睦，崇尚谦让，避免争夺，除了礼以外，还能有什么更好的办法呢？饮食男女，是人的最大欲望所在；死亡贫苦，是人的最大厌恶所在。这最大欲望和最大厌恶，构成了人的本心。每个人都把心思藏在肚子里，深不可测。美好或丑恶的念头都深藏在心底，外表不显现出来，要想彻底搞清楚，除了礼之外还能有什么别的办法呢？

"所以说，人是感于天覆地载之德、阴阳二气交合、形体精灵结合、吸收五行精华而生。天，秉承阳性，使太阳星辰照临人间；地，秉承阴性，负载着山陵河川。分布五行于四季，四季调和，月相有规律出现而有十二月。所以每月的前十五天，月相由月牙变成满月，后十五天，又由满月变成月牙。五行的运动，互为消长，循环轮转。五行、四季、十二月，周而复始；五

十二管，还相为宫；五味、六和、十二食，还相为质；五色[1]、六章、十二衣，还相为主。故人者，天地之心，而五行之端，食味、别声、被色而生者也。

声、六律、十二管，轮替作为确定音高的宫调；五味、六和、十二食，依次为主味；五色、六章、十二衣，交替为主色。所以说，人是天地的核心，是由五行构成的万物的主导，享受美味、辨别五声、着五彩衣而高贵地生活着。

注释

1 **五色**：古代以青、赤、黄、白、黑五种颜色为正色，余色为奸色。

原文

“圣人作则，必以天地为本，以阴阳为端，以四时为柄[1]，以日星为纪，月以为量，鬼神以为徒，五行以为质，礼义以为器，人情以为田，四灵以为畜。以天地为本，故物可举[2]；以阴阳为端，故情可睹[3]；以四时为柄，故事可劝；以日星为纪，故业可别[4]；月以为量，故功有艺[5]；鬼神以为徒，故事有守；五行以为质，故事可复[6]；礼义以为器，故事行有考[7]；人情以为田，故人以为奥[8]；四灵以为畜，故饮食有由[9]。

译文

“圣人制定法则，一定会以天地之德为根本，以阴阳交合为开端，以四时当行的政令为权衡，以日星运行规律为纪时，以月相圆缺为具体分际，以鬼神为徒属，以五行运行为本体，以礼义为工具，以人情为田地，以四灵为家畜。以天地之德为根本，故能包罗万物；以阴阳交合为开端，就可以体察人情；以四时当行的政令为权衡，就可以及时劝勉农事；以日星运行规律为纪时，就可以区分做事的顺序；以月相圆缺为具体分际，就可以处事得当；以鬼神为徒属，就可使人皆守职；以五行运行为本体，就可以使凡事有轮替；以礼义为工具，就可以做事有成效；以人情为田地，就可以察知人情，自做主宰；以四灵为家畜，就能使生活饮食有来源。

注释

1 **柄**:权柄,权衡。

2 **以天地为本,故物可举**:举,养育。王肃注:"天地为本,则万物苞在于其中。"

3 **以阴阳为端,故情可睹**:情,人情。睹,体察。王肃注:"阴阳之为情始。"

4 **以日星为纪,故业可别**:王肃注:"日以纪昼,星以纪夜,故事可得而分别也。"

5 **月以为量,故功有艺**:艺,分际,限度。王肃注:"有度量以成四时,犹功业各有分理也。艺,犹理。"

6 **五行以为质,故事可复**:王肃注:"五行,终则复始,故事可修复也。"

7 **考**:成就。

8 **奥**(yù):主。或通"燠",暖。

9 **故饮食有由**:王肃注:"四灵,鸟兽之长。四灵为畜,则饮食可用。"

原文

"何谓四灵?麟、凤、龟、龙,谓之四灵。故龙以为畜,而鱼鲔[1]不谂[2];凤以为畜,而鸟不獝[3];麟以为畜,而兽不狘;龟以为畜,而人情不失。先王秉蓍龟,列祭祀,瘗缯[4],宣祝嘏辞说,设制度。故国有礼,官有御,事有职,礼有序。

译文

"什么叫作四灵?麟、凤、龟、龙,叫作四灵。所以,如果龙已成为家畜,那么它的鳞族部下也就尾随而来,而不是被吓跑;如果凤已成为家畜,那么它的羽族部下也就纷然而至;如果麟已成为家畜,那么它的毛族部下也就乖乖归顺;如果龟已成为家畜,那就可用以占卜,预先察知人情。所以,先王秉持蓍草和龟甲,安排祭祀,埋帛降神,宣读祝辞和祈辞,设立各种制度。于是国人皆彬彬有礼,百官各司其职,礼制井然有序。

注释

1 **鱼鲔**:鱼类。

2 **谂**:惊骇的样子。

3 **獝**:同文本无此字,今据陈士珂《孔子家语疏证》补出。王肃注认为此字写作“𤞤”,与下“狘”同为“飞走”义。

4 **瘗缯**:将写有祝辞的布帛埋入地下。王肃注:“瘗,谓祭祀之瘗。缯,谓若增封太山。”

原文

“先王患礼之不达于下,故飨帝于郊,所以定天位也;祀社于国,所以列地利也;禘祖庙,所以本仁也;旅山川,所以傧鬼神也;祭五祀,所以本事也。故宗祝在庙,三公在朝[1],三老在学[2],王前巫而后史,卜筮瞽侑,皆在左右,王中心无违也,以守至正。是以礼行于郊,而百神受职;礼行于社,而百货可极;礼行于祖庙,而慈孝服焉;礼行于五祀,而正法则焉。故郊、社、祖庙、山川、五祀,义之修而礼之藏。

译文

“先王担心礼教不能普及于下民,所以在南郊祭上帝,以昭示天至高无上的地位;在国都中祭土神,以列叙大地孕育万物的厚德;祭祖于庙,以敦使亲族相爱;祭祀山川,以礼敬鬼神;祭祀五行之神,以追溯各项事功及制度的来源。所以,在宗庙中,天子有宗祝相助;在朝中,天子有三公辅佐;在太学中,天子有三老进言;在天子身边,前有掌理神事的巫,后有负责记录言行的史,负责占卜、奏乐、规谏的官员陪侍左右,天子居中,无为而治,持守至正的君道。所以,祭天于南郊,天上的众神就会各司其职;祭地于社,地上的各种财货就会用之不竭;祭祖于庙,孝慈之道就会推行天下;举五行之祭,各种法则制度就会得到匡正。由此看来,祭天、祭地、祭祖、祭山川、祭五祀,都修治了道义,而又蕴藏了礼制。

注释

1 **三公在朝**:周代指司马、司徒、司空或太师、太傅、太保掌管朝廷军政。

2 **三老在学**:由上寿、中寿、下寿年高德修者掌管教化。

原文

“夫礼,必本于太一[1],分而为天地,转而为阴阳,变而为四时,列而为鬼神。其降曰命,其官于天也,协于分艺。其居于人也曰养。所以讲信修睦,而固人之肌肤之会、筋骸之束也;所以养生送死,事鬼神之大端;所以达天道,顺人情之大窦。唯圣人为知礼之不可以已也。故破国、丧家、亡人,必先去其礼。

译文

“像那礼制,它必定源出于太一;太一再一分为二,上者为天而下者为地;天转变为阳而地又转变为阴,阳气变为春夏,阴气变为秋冬,便有了四季;万物生灭之际再二分,而有了鬼神之别。太一的气运降临,圣人据此而颁降政令,都是取法于天,协调各种关系。太一的气运由圣人教化落实到人类,那就是教养。礼乐教化下的人们,能讲究信用,维持和睦,使彼此团结得就像肌肤相接、筋骨相连一样;能把养生送死、敬事鬼神作为人生头等大事;能把通达天理、理顺人情作为贯通天人的重要渠道。只有圣人才知道礼是须臾不可或缺的。因此,凡是国亡、家破、身败的人,一定是由于他先抛弃了礼制。

注释

1 **太一**:王肃注:“太一者,元气也。”《礼记·礼运》孔颖达疏:“谓天地未分,混沌之元气也。”

原文

“礼之于人,犹酒之有糵也。君子以厚,小人以薄。圣王修义之柄、

译文

“礼对于人来说,好比是酿酒要用的酒曲。君子尊礼而德厚,小人轻礼而德薄。圣王修持义的根本、礼的秩序,用来陶冶人情。

礼之序，以治人情。人情者，圣王之田也；修礼以耕之，陈义以种之，讲学以耨之，本仁以聚之，播乐以安之。故礼者，义之实也。协诸义而协则礼，虽先王未之有，可以义起焉。义者，艺之分，仁之节。协于艺，讲于仁，得之者强，失之者丧。仁者，义之本，顺之体，得之者尊。故治国不以礼，犹无耜而耕；为礼而不本于义，犹耕而不种；为义而不讲于学，犹种而不耨；讲之以学而不合之以仁，犹耨而不获；合之以仁而不安之以乐，犹获而不食；安之以乐而不达于顺，犹食而不肥。

“四体既正，肤革[1]充盈，人之肥也；父子笃，兄弟睦，夫妇和，家之肥也；大臣法，而小臣廉，官职相序，君臣相正，国之肥也；天子以德

人情好比是圣王的田地，修治礼制好比是耕耘，阐明义理好比是下种，施行教育好比是除草，施行仁爱好比是收获，传播礼乐好比是置酒犒劳。礼，那是义的制度化。符合义并能和谐有效的就是礼，所以有些礼的条文，即使先王并无明文规定，也不妨依据义来创制。义，那是区分是非的标准，是衡量仁道的尺度。与义协调，并讲究仁爱之道，谁做到这两条谁就强大，做不到就衰亡。仁，那是义的基础，又是贯通天理人情的具体表现，谁能做到仁谁就会被人尊敬。所以，治国而不用礼，就好比耕田而不用农具一样；制礼而不依据于义，就好比耕地而不下种；行义而不进行讲解教育，就好比下种而不除草；有了讲解教育而不和仁爱结合，就好比虽然除草而不去收获；和仁爱结合了而不备乐置酒犒劳农夫，就好比虽然收获了却不让食用；备乐置酒犒劳了而没有达到和顺自然的境界，就好比光吃饭却不能强健身体。

“四肢健全，肌肤丰满，这是一个人身体康健的表现。父子情笃，兄弟和睦，夫妇和美，这是一个家庭康健的表现。大臣守法，小臣廉洁，百官各守其职而同心协力，君臣互相勉励匡正，这可以看作是一个国家康健的表现。天子把道德当作车辆，把音乐当作驾车者来治理国家，诸侯礼尚往来，大夫按照法度排列次序，士人根据信用互相考

为车，以乐为御，诸侯以礼相与，大夫以法相序，士以信相考，百姓以睦相守，天下之肥也。是谓大顺。顺者，所以养生送死，事鬼神之常也。故事大积焉而不苑[2]，并行而不谬，细行而不失。深而通，茂而有间，连而不相及，动而不相害，此顺之至也。明于顺，然后乃能守危。

查，百姓根据睦邻的原则维持关系，这可以看作是整个天下康健的表现。每一个人、每一个家庭、每一个国家与整个天下都肌体康健了，就叫作大顺。顺，是用来养生送死、敬事鬼神的永恒法则。所以，到了大顺，即使是日理万机也不会有一事耽搁，诸事并行也不会互相妨碍，微末事体也不至于有什么遗漏。再深奥的事也能通晓，事体繁杂却能处置优裕，诸事互相关连而又不至于彼此牵扯不清，循规运动而不互相妨害，这便是顺的最高境界。由此看来，明白了顺的要义，然后才能时时警惕，守住高位。

注释

1 **肤革**：皮肤。

2 **苑**：积压。王肃注："苑，滞积也。"

原文

"夫礼之不同，不丰、不杀，所以持情而合危也。山者不使居川，渚者不使居原；用水、火、金、木，饮食必时[1]；冬合男女，春颁爵位，必当年、德，皆所谓顺也。用民必顺，故无水旱昆虫之灾，民无凶饥妖孽之疾。天不

译文

"礼的最大特点就是讲究区别，礼数既不能增加，也不能减少，只有这样，才能维系人情，做到居安思危。不使惯于山居者徙居水旁，不使惯于居住河洲者迁居平原；使用水、火、金、木和饮食，都要因时制宜；冬天男婚女嫁，春天颁爵晋级，应当与年龄和德行相称，都要顺应天时和民心。治理百姓顺应天时和民心，所以天下没有水旱蝗螟之灾，百姓不必忍受灾荒、饥饿、妖孽作祟等反常物候造成的痛苦。天不吝惜其养物育民之道，地不吝惜

爱其道，地不爱其宝，人不爱其情，是以天降甘露，地出醴泉，山出器车[2]，河出马图[3]，凤凰麒麟皆在近郊，龟龙在宫沼，其余鸟兽及卵胎，皆可俯而窥也。则是无故，先王能循礼以达义，体信以达顺。此顺之实也。”

其利物益民之宝，人不吝惜其仁爱之情，这样的太平盛世便会天降甘露，地涌甘泉，山中出现器皿和车辆，黄河中有龙马负图而出，凤凰、麒麟栖息在郊外的草泽中，龟和龙都蓄养在宫苑的池沼里，尾随四灵而来的其他鸟兽及其蛋卵和胎儿，也都随处可见。出现这些祥瑞没有别的原因，只是由于先王能够通过制礼把种种天理人情加以制度化，又通过诚信以达到顺应天理人情的缘故。太平盛世就是顺应天理人情的结果呀。”

注释

1 **用水、火、金、木，饮食必时**：王肃注：“用水，渔人以时入泽梁，乃溉灌。用火，季春出火，季秋纳火也。用金，以时采铜铁。用木，斧斤以时入山林。饮食各随四时之宜者也。”

2 **山出器车**：与“天降甘露，地出醴泉”“河出马图，凤凰麒麟皆在近郊，龟龙在宫沼，其余鸟兽及卵胎，皆可俯而窥”，均为盛世祥瑞。王肃注：“出银瓮、丹灶之器及象车也。”《礼记·礼运》孔颖达疏：“按《礼纬·斗威仪》云：‘其政太平，山车垂钩。’注云：‘山车，自然之车；垂钩，不揉治而自圆曲。’”

3 **河出马图**：王肃注：“龙似马，负图出。”马图，亦称龙图、河图。《易·系辞上》载：“河出图，洛出书，圣人则之。”《尚书·顾命》孔安国传：“伏羲王天下，龙马出河，遂则其文以画八卦。”

卷第八

辩乐解

导读

孔子承继“旧六艺”即礼、乐、射、御、书、数，创发“新六艺”即“六经”，自然勤学音乐。本篇即记载了“孔子学琴于师襄子”而不断精进的事，所以能纠正子路音乐学习中的重要错误，能在同宾牟贾论《武》乐时发挥创见，阐发音乐的教化功能。故本篇以“辩乐解”名篇。

在早期儒家政治哲学架构中，礼、乐、刑、政一体不分。孔子的礼乐教化思想，是主礼乐合治、“周道四达，礼乐交通”的。孔子帮助学生辨别“君子之音”与“小人之音”，区分“先王之制”与“北鄙之声”“亡国之声”，主张学习“温柔居中”的“君子之音”，以“养生育之气”而兴“治安之风”。

原文

孔子学琴于师襄子[1]。襄子曰：“吾虽以击磬为官，然能于琴。今子于琴已习，可以益矣。”孔子曰：“丘未得其数[2]也。”

有间[3]，曰：“已习其数，可以益矣。”孔子曰：“丘未得其志也。”

有间，曰：“已习其

译文

孔子向师襄子学习弹琴。师襄子说：“我虽然因磬击得好而被委以官职，但我也擅长弹琴。现在你已经学会弹琴了，可以学新的东西了。”孔子说：“我还没有掌握好弹奏的技巧呢。”

过了一段时间，师襄子说：“你已经掌握好弹奏技巧，可以学新的东西了。”孔子说：“我还没有领悟好琴曲的内涵。”

又过了一段时间，师襄子说：“你已

志，可以益矣。”孔子曰：“丘未得其为人也。”

有间，孔子有所缪然思焉，有所睪然[4]，高望而远眺，曰：“丘迨得其为人矣。黮[5]而黑，颀然长，旷如望羊[6]，奄有四方。非文王其孰能为此？”师襄子避席，叶拱[7]而对曰：“君子，圣人也！其传曰《文王操》。”

经领悟到琴曲的内涵了，可以学新的东西了。”孔子说：“我还没有理解琴曲歌颂的是什么人。”

又过了一段时间，孔子穆然深思，一副志向高远的神态，眺望着高远处，说：“我已经知道琴曲歌颂的是什么人了。他皮肤黝黑，身材修长，襟怀广远，拥有天下四方。不是周文王又有谁能达到这样的境界呢？”师襄子离开坐席，向孔子拱手行礼，说：“您真是圣人啊！这首琴曲就是传世的《文王操》。”

注释

1 **师襄子**：春秋时鲁国乐官，一说是卫国乐官。

2 **数**：技艺，学术，节奏。

3 **有间**：过了一段时间。

4 **睪然**：高远的样子。睪，通“皋”，高。

5 **黮**(dàn)：黑色。

6 **望羊**：仰视，远视。羊，亦作“洋”“佯”“阳”。

7 **叶拱**：两手环拱胸前为礼。王肃注：“叶拱，两手薄其心也。”

原文

子路鼓琴，孔子闻之，谓冉有曰：“甚矣，由之不才也！夫先王之制音也，奏中声以为节，入于南，不归于北。夫南者，生育之乡；北者，杀伐之城。故君子之音，

译文

子路弹琴，孔子听到后，对冉有说：“这个仲由，太不成才了！以前先王制定音乐，以中和之声弹奏为节制，融入温和的南方感觉，不致有阴冷的北方之感。像那南方，正是适合万物生活养育的地方；北方呢，是阴冷萧杀的死地。所以，

温柔居中，以养生育之气。忧愁之感，不加于心也；暴厉之动，不在于体也。夫然者，乃所谓治安之风也。小人之音则不然，亢丽微末[1]，以象杀伐之气。中和之感，不载于心；温和之动，不存于体。夫然者，乃所以为乱之风。

君子弹奏的音乐，温顺和柔，节奏适中，能够滋养生育之气，心中不会产生忧愁的感觉，身体也不会产生粗暴严厉的动作。要是这样，就是所谓的太平安和的风气了。相反，小人弹奏的音乐却不是这样的，它激烈尖细，透露出杀伐之气，让人听到后心中没有中正平和的感觉，身体也不会产生温柔和气的动作。要是这样，就是引起社会动乱不安的风气。

注释

1 **亢丽微末**：激烈尖细。

原文

“昔者，舜弹五弦之琴，造《南风》之诗，其诗曰：‘南风之熏兮，可以解吾民之愠兮；南风之时兮，可以阜吾民之财兮。’唯修此化，故其兴也勃焉，德如泉流，至于今，王公大人述而弗忘。殷纣好为北鄙之声[1]，其废也忽焉，至于今，王公大人举以为诫。夫舜起布衣，积德含和，而终以帝；纣为天子，荒淫暴乱，而终以亡。非各所修之致乎？由，今也匹夫

译文

“当年，舜弹奏五弦琴，创作了《南风》之诗，诗中说：‘暖和南风阵阵吹啊，可以消除我子民的愁苦；南风吹得多及时啊，可以增加我子民的财物。’因为他对百姓实施这样的教化，所以他的事业发展迅速，美好的德政就像泉水一样流淌不尽，到现在王公大人们还不断称赞，难以忘怀。殷纣王喜欢北方粗鄙的音乐，所以他的灭亡就很迅速，直到现在，王公大人们还引以为戒。像舜，本为普通百姓，但他累积功德，顺应天心民意，最终被尊奉为帝；而纣，原来是天子，却荒淫暴乱，最终导致灭亡。这不都是因为他们平时的修养不同造成的吗？这个仲由，如今不过是

之徒，曾无意于先王之制，而习亡国之声，岂能保其六七尺之体哉？”

个平头百姓，不去揣摩先王的礼乐制度的深意，却要去学那些亡国之声，这哪能保全他的性命呢？”

冉有以告子路。子路惧而自悔，静思不食，以至骨立。夫子曰：“过而能改，其进矣乎！”

冉有把孔子讲的话告诉了子路。子路听后，非常恐惧，忏悔不已，静坐反思，饭也不吃，以致瘦成了皮包骨头。孔夫子说：“有了过错能及时改正，也是进步呀！”

注释

1 **北鄙之声**：产生于殷纣时商朝北边鄙野的粗俗音乐，后世称为亡国之音。

原文

周宾牟贾侍坐于孔子。孔子与之言，及乐，曰：“夫《武》之备戒之以久，何也？”对曰：“病不得其众。”

“咏叹之，淫液[1]之，何也？”对曰：“恐不逮事。”

“发扬蹈厉[2]之已蚤，何也？”对曰：“及时事。”

“《武》坐，致右而轩左，何也？”对曰：“非《武》坐。”

“声淫及商，何

译文

中央周天子处来的宾牟贾在孔子身边陪坐，孔子和他谈话。当话题涉及乐时，孔子问道：“《武》表演开始前长时间地击鼓警众，你说象征什么呢？”宾牟贾答道：“象征武王开始伐纣时担心得不到众诸侯的支持。”

孔子又问：“《武》乐的曲调漫长，绵延不绝，这又象征什么呢？”宾牟贾答道：“象征武王担心诸侯率兵迟到，赶不上参加战斗。”

孔子又问：“舞蹈一开始就威武雄壮地举手顿足，这又象征什么呢？”宾牟贾答道：“这象征及时抓住战机，速战速决。”

孔子又问：“《武》舞的跪姿是右膝着地，左膝抬起，这象征什么呢？”宾牟贾答道：“您所说的跪姿不是《武》舞的跪法。”

孔子又问：“有人说《武》乐之歌有贪图商

也？”对曰：“非《武》音也。”

朝政权的意思，这是为什么呢？”宾牟贾答道：“这根本就不是《武》乐之音。”

注释

1 **淫液**：声音绵延不绝。

2 **发扬蹈厉**：蹈厉，又作“蹈励”“踔厉”。发，初也。扬，举袂也。蹈，顿足踏地。厉，颜色勃然如战色也。

原文

孔子曰：“若非《武》音，则何音也？”对曰：“有司失其传也。”

孔子曰：“唯，丘闻诸苌弘[1]，亦若吾子之言是也。若非有司失其传，则武王之志荒矣。”宾牟贾起，免席而请曰：“夫《武》之备戒之以久，则既闻命矣。敢问迟矣而又久立于缀[2]，何也？”

译文

孔子又问：“如果不是《武》乐之音，那又是什么音呢？”宾牟贾答道：“这恐怕是乐官传授有差错。”

孔子说：“是的，我从苌弘那儿听到的，也和你说的一样。如果不是乐官传授有差错，那就是武王一时糊涂了。”宾牟贾站了起来，离开席位，恭恭敬敬地问道：“关于《武》乐表演开始前为什么要长时间击鼓警众等问题，已经领教了。请问《武》中舞者每舞完一节都要亮相好大一会儿，这是象征什么呢？”

注释

1 **苌弘**：亦作“苌宏”，字叔，又称苌叔，周王室大夫。

2 **缀**：表演者所处的位置。

原文

子曰：“居，吾语尔。夫乐者，象成者也。总干[1]而山立，

译文

孔子说：“请坐下，听我慢慢给你讲。首先要明白，乐这种东西，它是象征已经完成了的事。从《武》的细节上讲，舞者手持盾牌，稳立如

武王之事也。发扬蹈厉，太公之志也。《武》乱皆坐，周、邵之治也。且夫《武》，始成而北出，再成而灭商，三成而南反，四成而南国是疆，五成而分陕，周公左、邵公右，六成而复缀，以崇其天子焉。众夹振之而四伐，所以盛威于中国。分夹而进，所以事蚤济。久立于缀，所以待诸侯之至也。

山，这象征武王的威重之容。舞者举手顿足，威武雄壮，这象征太公的必胜决心。《武》舞表演到最后演员都跪了下来，这象征周公、召公的以文治替代武功。再从《武》乐的表演过程来讲，第一节象征武王北出(孟津等待大会诸侯)，第二节象征武王灭商，第三节象征回师向南，第四节象征南国归入版图，第五节舞者分为两列，这象征周公和召公依陕为界分而治之，一左一右地辅佐天子，第六节舞者回到表演开始的位置，这象征诸侯凯旋，尊崇武王为天子。在表演过程中，有时在舞队的两侧各有一人摇动铎铃，而舞者以戈矛四度击刺，这象征军威雄壮，威震中国。有时舞者像将帅部署士卒，又摇动铎铃夹队而进，这象征要早一点渡河伐纣。至于舞者站在舞位上久立不动，这象征武王在等待各路诸侯的到来。

注释

1 **总干**：持盾。

原文

“今汝独未闻牧野[1]之语乎？武王克殷而反商之政。未及下车，则封黄帝之后于蓟，封帝尧之后于祝，封帝舜之后于陈。下车，又封夏后氏之后于杞，殷之后于宋，封王子比干之墓[2]，释箕子

译文

“再说，你难道没有听说过牧野之战的传说吗？武王战胜了殷纣王，攻克殷都，又把当地的统治权还给了商的后人。未等下车，就把黄帝的后代封于蓟，把帝尧的后代封于祝，把帝舜的后代封于陈。下车以后又封夏禹的后代于杞，封商汤的后代于宋，整修了王子比干的墓，把箕子从牢中释放出来，让人去寻访商代的礼乐

之因，使人行商容之旧，以复其位。庶民弛政，庶士倍禄。既济河西，马散之华山之阳，而弗复乘；牛散之桃林之野，而弗复服；车甲则衅之，而藏诸府库，以示弗复用；倒载干戈而包之以虎皮，将率之士使为诸侯，命之鞬櫜[3]。然后天下知武王之不复用兵也。

之官并且官复原位。为民众废除了殷纣王的苛捐杂税，为一般士人成倍地增加了俸禄。然后渡过黄河向西，把驾车的马放牧于华山南面，表示不再用它们拉战车；把牛放牧于桃林的原野，表示不再役使它们；把兵车铠甲归拢好以后收藏到府库里，表示不再使用它们；把干戈等武器倒放，用虎皮包裹起来，把带兵的将帅封为诸侯，这叫作'束干戈于高阁而藏弓箭于箭囊'。这样一来，普天之下都知道武王不再用兵打仗了。

注释

1 **牧野**：殷都朝歌城由内向外，分别称作城、郭、郊、牧、野。《尔雅》："邑外谓之郊，郊外谓之牧，牧外谓之野，野外谓之林。"

2 **封王子比干之墓**：封……墓，增修坟墓，以旌功勋。

3 **鞬櫜**(jiān tuó)：马上盛弓箭的器具。

原文

"散军而修郊射，左射以《狸首》，右射以《驺虞》[1]，而贯革之射息也。裨冕[2]搢笏[3]，而虎贲之士脱剑。郊配后稷，而民知尊父焉。配明堂，而民知孝焉。朝觐，然后诸侯知所以臣。

译文

"武王解散了军队，在郊外的学宫举行射箭比赛。诸侯在东郊习射时，奏《狸首》之曲；天子在西郊习射时，奏《驺虞》之曲。战场上那种穿透铠甲的射箭则停止了。大家都穿上了礼服，戴着礼帽，腰插笏板，而勇士们也不佩剑了。天子于郊外祭祀天地，南郊祭天，北郊祭地，以及周朝始祖后稷，让百姓知道要尊敬天地神灵。在明堂祭祀祖先，而民众也就懂得孝道了。各诸侯定期朝见天子，然后诸侯就懂得耕籍[4]，然后民知所以敬亲。六者，天下之大教也。食三老五更[5]于太学，天子袒而割牲，执酱而馈，执爵而酳[6]，冕而总干，所以教诸侯之弟。如此，则周道四达，礼乐交通。夫《武》之迟久，不亦宜乎？”

如何做臣下了。天子亲自耕种藉田，然后人们就懂得如何奉祠祀之粢盛来敬祖了。这六件事，是对天下进行教化的重大举措。在太学中宴请三老、五更，天子袒开衣襟亲自切割牲肉，捧着酱请他们吃，给他们敬酒，还头戴礼帽，手执盾牌，为他们起舞。这是示范给诸侯怎样敬长养老。像这样，周代的教化就普及四海，礼乐都得到贯彻。而这又非一朝一夕之功，由此看来，舞者每舞完一节都要亮相好大一会儿，不也是理所当然的吗？”

注释

1 **左射以《狸首》，右射以《驺虞》**：《狸首》与《驺虞》皆古代逸诗篇名。王肃注："左东学，右西学。《狸首》《驺虞》所为节也。"《礼记·射义》："其节，天子以《驺虞》为节，诸侯以《狸首》为节。"

2 **裨冕**：着裨衣，戴冕，与衮冕或上一等冕服低一等。

3 **搢笏**：插笏朝见。

4 **耕籍**：每年春耕前，天子、诸侯举行的劝农仪式，即天子、诸侯执耒耜在籍田上三推或一拨的"籍礼"。籍，或作"藉"。

5 **三老五更**：朝廷设三老五更之位，天子以父兄之礼尊养之。三老，致仕三公任之；五更，其他年老致仕官员充任。二者均受朝廷礼遇。

6 **酳**(yìn)：古代宴会或祭祀时一种以酒漱口的礼节。

问 玉

导读

本篇开篇即为子贡请教老师孔子“君子贵玉而贱珉”的问题，便以“问玉”名篇。

古代的玉器，分为礼器之玉和用品之玉。在孔子看来，玉之贵并非由于“物以稀为贵”，而是“君子比德于玉”，正如《诗经》“言念君子，温其如玉”的诗句所示，玉的品质正可与君子的德行相比。君子贵玉，是因为它昭示了仁、智、义、礼、乐、忠、信、天、地、德、道等十一种美德。孔子还论述了《诗》《书》《礼》《乐》《易》《春秋》等“六经”之教，提出了“天地之教，与圣人相参”“礼之所以兴，众之所以治也”的礼治思想。

原文

子贡问于孔子曰：“敢问君子贵玉而贱珉[1]？何也？为玉之寡而珉多欤？”孔子曰：“非为玉之寡故贵之，珉之多故贱之。夫昔者，君子比德于玉：温润而泽，仁也；缜密[2]以栗[3]，智也；廉[4]而不刿[5]，义也；垂之如坠，礼也；叩之，其声清越[6]而长，其终则诎然[7]，乐矣；

译文

子贡问孔子：“请问君子以玉为贵而以珉为贱，这是为什么呢？是因为玉少而珉多吗？”孔子说：“并不是因为玉少就认为它贵重，也不是因为珉多而轻贱它。从前君子将玉的品质与人的美德相比。玉温润而有光泽，像仁；细密而又坚实，像智；有棱角而不伤人，像义；悬垂就下坠，像礼；敲击它，声音清脆而悠长，最后戛然而止，像乐；玉上的瑕疵掩盖不住它的美好，玉的美好也掩盖不

瑕不掩瑜，瑜不掩瑕，忠也；孚尹旁达[8]，信也；气如白虹，天也；精神见于山川，地也；珪璋特达[9]，德也；天下莫不贵者，道也。《诗》[10]云：'言念[11]君子，温其如玉。'故君子贵之也。"

了它的瑕疵，像忠；玉色晶莹发亮，光彩四溢，像信；玉的光气如白色长虹，像天；玉的精气显现于山川之间，像地；朝聘时用玉制的珪璋单独通达情意，像德；天下人没有不珍视玉的，像尊重道。《诗经》说：'每想起那位君子，他温和得如同美玉。'所以君子以玉为贵。"

注释

1 **珉**(mín)：似玉的石头。《说文》："珉，石之美者。"

2 **缜密**：紧密貌。

3 **栗**：坚实。

4 **廉**：棱角。

5 **刿**(guì)：刺伤，划伤。

6 **清越**：清澈激扬。

7 **诎**(qū)**然**：王肃注："诎，断绝貌，似乐之息。"

8 **孚尹旁达**：比喻品德高尚纯洁。孚，通"浮"；尹，通"筠"。孚尹，指玉的晶莹光彩。旁达，发散到四方。

9 **珪璋**(guī zhāng)：玉制的礼器。特达：直接送达。古代聘享之礼，有珪、璋、璧、琮。璧、琮放在束帛上，才可送达；珪、璋不用束帛，故称特达。束帛，捆成一束的五匹帛。

10 **《诗》**：指《诗经·秦风·小戎》。

11 **言念**：想念。言，发语词。

原文

孔子曰："入其国，其教可知也。其为人也，温柔敦厚，《诗》教也；疏通知远，《书》教

译文

孔子说："进入一个国家，就可以知道它的教化程度了。那里人民的为人，如果辞气温柔，性情敦厚，那是《诗》教化的结果；如果通达政事，远知古事，那是《书》教化的结

也；广博易良，《乐》教也；洁静精微，《易》教也；恭俭庄敬，《礼》教也；属辞比事[1]，《春秋》教也。故《诗》之失，愚[2]；《书》之失，诬[3]；《乐》之失，奢；《易》之失，贼[4]；《礼》之失，烦；《春秋》之失，乱[5]。其为人也，温柔敦厚而不愚，则深于《诗》者矣；疏通知远而不诬，则深于《书》者矣；广博易良[6]而不奢，则深于《乐》者矣；洁静精微[7]而不贼，则深于《易》者矣；恭俭庄敬而不烦，则深于《礼》者矣；属辞比事而不乱，则深于《春秋》者矣。

果；如果心胸宽广，和易善良，那是《乐》教化的结果；如果安详沉静，推测精微，那是《易》教化的结果；如果谦恭节俭，庄重诚敬，那是《礼》教化的结果；如果善于连缀文辞，排比史事，那是《春秋》教化的结果。所以《诗》教的不足在于愚暗不明，《书》教的不足在于夸张不实，《乐》教的不足在于奢侈铺张，《易》教的不足在于过于精微细密，《礼》教的不足在于烦苛琐细，《春秋》教的不足在于乱加褒贬。如果为人能做到温柔敦厚又不愚暗不明，那就是深于《诗》教的人了；如果能做到通达知远又不言过其实，那就是深于《书》教的人了；如果能做到宽广博大平易善良又不奢侈铺张，那就是深于《乐》教的人了；如果能做到沉静精微又不过于微妙细密，那就是深于《易》教的人了；如果能做到恭俭庄敬又不烦琐苛细，那就是深于《礼》教的人了；如果能做到善于属辞比事又不乱加褒贬，那就是深于《春秋》教的人了。

注释

1 **属辞比事**：连缀文辞，排比事实，以作文纪事。

2 **愚**：愚昧不明，憨直，过于提倡敦厚。王肃注："敦厚之失。"

3 **诬**：言过其实。王肃注："知远之失。"

4 **贼**：王肃注："精微之失。"

5 **乱**：乱加褒贬。王肃注："属辞比事之失。"

6 **易良**：平易良善。

7 **洁静精微**：从善去邪，精深微妙。《礼记·经解》孔颖达疏："易之于人，正则获吉，邪则获凶，不为淫滥，是洁静。”

原文

“天有四时，春夏秋冬，风雨霜露，无非教也。地载神气，吐纳雷霆，流形庶物[1]，无非教也。清明在躬[2]，气志如神，有物将至，其兆必先。是故天地之教，与圣人相参。其在《诗》[3]曰：‘嵩高惟岳，峻极于天。惟岳降神，生甫及申[4]。惟申及甫，惟周之翰。四国于蕃，四方于宣。’此文武之德也。‘矢其文德，协此四国。’[5]此太王之德也。凡三代之王，必先其令问。《诗》云：‘明明天子，令问不已。’三代之德也。”

译文

“天有四季，春生夏长，秋收冬藏，既有刮风下雨，也有下露降霜，这些都是天所显示的教化。大地承载着神妙之气，风雷鼓荡，万物萌芽生长，这些都是地所显示的教化。圣人自身的德行极其清明，他的气志微妙如神，如果天下有事将至一定先有兆应。所以说天地的教化是与圣人的出现相互参证的。有《诗》为证：‘五岳居中是嵩山，巍巍高耸入云天。中岳高山降神灵，生下甫侯和申伯。只有甫侯和申伯，才是周朝栋梁臣。诸侯靠他做屏障，宣扬盛德遍四方。’这就是文王、武王的德行。‘太王施其文德，团结四方各国。’这就是太王的德行。夏、商、周三代称王，在其称王之前就已经有了美好的名声。《诗》上说：‘勤勉不倦的天子，美好名声千古传。’这就是三代圣王的德行。”

注释

1 **流形庶物**：流，具有，生发。流形，具有形质。庶物，众物，万物。

2 **清明在躬**：形容人的心地光明正大，头脑清晰明辨。清明，指人的神志很清醒。躬，指自身。

3 **《诗》**：指《诗经·大雅·嵩高》。

4 **生甫及申**：生下甫侯与申伯。甫，西周贤相仲山甫。申，申伯，申国开国之君。

5 出《诗经·大雅·江汉》。下“明明天子”句亦出自该篇。

原文

子张问圣人之所以教。孔子曰:“师乎! 吾语汝。圣人明于礼乐,举而措之而已。”

子张又问。孔子曰:“师,尔以为必布几筵,揖让升降,酌献[1]、酬酢[2],然后谓之礼乎? 尔以为必行缀兆[3],执羽籥[4],作钟鼓,然后谓之乐乎? 言而可履,礼也;行而可乐,乐也。圣人力此二者,以躬己南面,是故天下太平。万民顺伏,百官承事,上下有礼也。

译文

子张请教圣人是怎样教化百姓的。孔子说:“颛孙师啊,听我来告诉你,圣人精通礼乐,在教化中付诸实行罢了。”

子张似乎没有听懂孔子的意思,就又接着发问。孔子说:“颛孙师,你以为只有铺设几筵,宾主相互揖让、升堂下堂,献酒进馔,举杯酬酢,这样做了才算是礼吗? 你以为只有在缀兆上扭来扭去,挥动羽籥,敲钟击鼓,这样做了才算是乐吗? 其实,说到就能做到,这就是礼;做起来又使人感到快乐,这就是乐。圣人在这两点上狠下功夫,却只庄严端正地坐在王位上,天下就会太太平平的。人们都归顺敬伏,百官无不恪尽职守,是因为上下都遵守礼。

注释

1 **酌献**:酌酒献客。

2 **酬酢**:宾主互相敬酒。酬,向客人敬酒。酢,向主人敬酒。

3 **缀兆**:古代乐舞中舞者的行列位置。

4 **羽籥**(yuè):古代祭祀或宴飨时舞者所持的舞具和乐器。羽,指雉羽。籥,一种编组多管乐器。

原文

"夫礼之所以兴，众之所以治也；礼之所以废，众之所以乱也。目巧之室，则有隩[1]、阼，席则有上下，车则有左右，行则并随，立则有列序，古之义也。室而无隩、阼，则乱于堂室矣；席而无上下，则乱于席次矣；车而无左右，则乱于车上矣；行而无并随，则乱于阶涂矣；列而无次序，则乱于著矣。昔者，明王圣人，辨贵贱长幼，正男女内外，序亲疏远近，莫敢相逾越者，皆由此涂出也。"

译文

"所以呀，礼得到了重视，百姓就得到了治理；礼被扔到了一边，百姓就会混乱。举例来说，屋室有室奥和台阶之分，坐席有上下之分，乘车有左右之分，行路有先后之分，站立要各就其位，自古以来就是如此。如果屋室没有室奥和台阶之分，堂与室就混乱了；如果席位没有上下之分，座位（次第）就混乱了；如果乘车没有左右之分，车上人的位置就混乱了；如果行路不分先后，道路就混乱了；如果站立没有顺序，谁的位置在哪里也就混乱了。从前圣明的帝王和圣人，分别贵贱、长幼，规定男女、内外，确定亲疏、远近，使他们不敢互相逾越，用的都是这个办法啊！"

注释

1 **隩**：通"奥"，室内西南角，为祭祀设神主或尊者居坐之处。

屈节解

导读

本篇开篇为孔子与子路讨论大丈夫处世行己的志节，并对贫贱时屈抑志节的问题作了讨论，故以“屈节解”名篇。

本篇先展开了孔子的志节观，孔子认为，君子“受屈而不毁其节，志达而不犯于义”，“可以屈则屈，可以伸则伸”；君子屈节，是因为有所期待；求伸，是要及时抓住时机。这体现了孔子通权达变的志节观。孔子还赞扬了几个君子“屈节”以全节，屈小节而扬大节的史事。

原文

子路问于孔子曰：“由闻丈夫[1]居世，富贵不能有益于物，处贫贱之地而不能屈节以求伸，则不足以论乎人之域[2]矣。”孔子曰：“君子之行己，期于必达于己。可以屈则屈，可以伸则伸。故屈节者，所以有待[3]；求伸者，所以及时。是以虽受屈而不毁其节，志达而不犯于义。”

译文

子路问孔子说：“我听说大丈夫生活在世间，富贵而不能有利于世间的事物，处于贫贱之地而不能暂时忍受委屈以求得将来的伸展，则不足以达到人们所说的大丈夫的境界。”孔子说：“君子所做的事，期望必须达到自己的目标。需要委屈的时候就委屈，需要伸展的时候就伸展。委屈自己是因为有所期待，求得伸展需要抓住时机。所以虽然受了委屈也不能失掉气节，志向实现了也不能有害于义。”

注释

1 **丈夫**:大丈夫。

2 **域**:境界。

3 **待**:等待他人的了解和任用。

原文

孔子在卫,闻齐国田常将欲为乱,而惮鲍、晏,因欲移其兵以伐鲁。孔子会诸弟子而告之曰:“鲁,父母之国,不可不救,不忍视其受敌。今吾欲屈节于田常以救鲁,二三子谁为使?”于是子路请往焉,孔子弗许。子张请往,又弗许。子石请往,又弗许。

三子退,谓子贡曰:“今夫子欲屈节以救父母之国,吾三人请使而不获往,此则吾子用辩之时也,吾子盍请行焉?”子贡请使,夫子许之。遂如齐,说田常曰:“今子欲收功于鲁,实难。不若移兵于吴,则易。”田常不悦。子贡曰:“夫忧在内者攻强,忧在

译文

孔子一行在卫国的时候,听说齐国的权臣田常想要叛乱,却害怕齐国卿大夫鲍牧、晏圉的势力,所以想转移他们的军队去攻打鲁国。孔子召集门下弟子,对他们说:“鲁国,是祖宗坟墓所在的地方,是我们出生的国家,我们的祖国有了危险,我们不能不去营救,我不忍心看到我们的祖国受到攻击,现在我想要忍受委屈去结交田常来营救鲁国,你们谁能去见田常谈一谈呢?”子路请求前去,孔子没有许可。子张请求前去,孔子又没有许可。子石请求前去,孔子也没有答应。

他们三人下来,对子贡说:“现在老师想要忍受委屈来挽救祖国鲁国,我们三人请求前去谈判没有获得老师批准,这正是要用到你利口巧辞的本事的时候了,你何不去请求前往呢?”子贡于是请求前去齐国见田常,孔子答应了他。就这样子贡到了齐国,游说田常说:“现在您想要以讨伐鲁国来获得某种利益是非常困难的,不如让那些军队去讨伐吴国还容易些。”田常听到后不高兴。子贡说:“是这样,忧患在国内的要攻击强大的

外者攻弱。吾闻子三封而三不成,是则大臣不听令。战胜以骄主,破国以尊臣,而子之功不与焉,则交日疏于主,而与大臣争。如此,则子之位危矣。”田常曰:“善!然兵业已加鲁矣,不可更,如何?”子贡曰:“缓师。吾请于吴,令救鲁而伐齐。子因以兵迎之。”田常许诺。

子贡遂南,说吴王曰:“王者不灭国,霸者无强敌。千钧[1]之重,加铢两而移。今以齐国而私千乘之鲁,与吴争强,甚为王患之。且夫救鲁以显名,以抚泗上[2]诸侯,诛暴齐以服晋,利莫大焉。名存亡鲁,实困强齐,智者不疑。”吴王曰:“善!然吴常困越,越王今苦身养士,有报吴之心。子待我伐越,然后乃可。”

国家,忧患在国外的要攻击弱小的国家。我听说您多次被授予封号而都未能封成,是因为朝中大臣有反对您的呀。现在,您讨伐鲁国若是打胜了,您的国君就会更骄纵,占领了鲁国土地,您国的大臣就会更尊贵,而您的攻劳都不在其中,那么,您和国君的关系会一天天地疏远,会和大臣们相互争夺,这样,那您在齐国的处境就危险了。”田常说:“好,可我的士兵已经奔赴鲁国了,不好改变,怎么办呢?”子贡说:“请您暂时按兵不动。我请求出使吴国,让吴王援救鲁国讨伐齐国,您就趁机带兵迎战。”田常同意了。

于是子贡南下去见吴王,劝吴王说:“以王道治国治天下的人不会让诸侯国灭亡,以霸道治国治天下的人不会让强大的对手出现。万斤重的东西,有可能只用一点点的重量就能使它移动。如今,齐国要独自占领有千辆兵车的鲁国,与吴国争强弱,我很为大王和吴国担心呀。况且援救鲁国是能够显示大王与吴国的好名声的,也是能够安抚泗水北面那好几个国家的,去讨伐残暴的齐国还能使晋国也服气,好处太多了。表面上是保存危亡的鲁国,实际上是围困强大的齐国,聪明人是不会疑惑的。”吴王说:“是很好,可是我国一直在提防越国,现在那个越王苦炼自身,优养名士,有报复我国的打算。你等我攻打了越国后再按你说的去做。”

注释

1 **钧**:三十斤。

2 **泗上**:今山东省中部泗水北岸的地域。

原文

子贡曰:"越之劲不过鲁,吴之强不过齐,而王置齐而伐越,则齐以私鲁矣。王方以存亡继绝之名,弃强齐而伐小越,非勇也。勇者不避难,仁者不穷约[1],智者不失时,义者不绝世。今存越示天下以仁,救鲁伐齐,威加晋国,诸侯必相率而朝,霸业盛矣。且王必恶越,臣请见越君,令出兵以从,此则实害越而名从诸侯以伐齐。"吴王悦,乃遣子贡之越。

译文

子贡说:"越国的实力没有超过鲁国,吴国的强大没有超过齐国,大王放下齐国而去攻打越国,那么齐国早就吞占鲁国了。大王一直有'兴灭国,继绝世'的好名声,可如果放弃齐国去攻打弱小的越国,就不是那么勇敢了。勇敢的人是不避危难的,仁爱的人是不会受到穷困约束的,明智的人是不会坐失良机的,有情义的是人不会让一个国家或者宗族灭绝的。现在大王和吴国如果保存越国来向各个诸侯表示自己的仁义,援救鲁国攻打齐国,给晋国施加威慑,诸侯一定会竞相来朝见吴国,那么大王和吴国称霸天下的大业就成了。大王如果确实厌恶越国,我请求去会见越王,让他出兵追随您,这实际上是使越国受损,但名义上是追随诸侯讨伐齐国。"吴王大喜,就派子贡出使越国。

注释

1 **穷约**:穷困,贫贱。

原文

越王郊迎,而自为子贡御,曰:"此蛮夷之

译文

越王到郊外迎接子贡,亲自为他驾车,说:"我这儿是偏僻落后的地方,先生何必

国，大夫何足俨然辱而临之？”子贡曰：“今者，吾说吴王以救鲁伐齐，其志欲之，而心畏越，曰：‘待我伐越乃可。’此则破越必矣。且无报人之志而令人疑之，拙矣；有报人之意而使人知之，殆矣；事未发而先闻者，危矣。三者，举事之患也。”勾践顿首曰：“孤尝不料力而兴吴难，受困会稽，痛于骨髓，日夜焦唇干舌，徒欲与吴王接踵而死，孤之愿也。今大夫幸告以利害。”

子贡曰：“吴王为人猛暴，群臣不堪，国家疲弊，百姓怨上，大臣内变，申胥以谏死，大宰嚭用事，此则报吴之时也。王诚能发卒佐之，以邀射[1]其志，而重宝以悦其心，卑辞以尊其礼，则其伐齐必矣。此圣人所谓屈节求其达者也。彼战不胜，王之福；若胜，则

郑重其事降低身份光临呢？”子贡说：“现在我已劝说吴王援救鲁国攻打齐国，他的本意想去却又怕越国，说‘等我攻破越国才行’，像这样，攻破越国是肯定的了。是这样，没有报复人的志向，却让人怀疑，是很笨的；有了报复人的志向却让人知道了，是不安全的；事情还没有做，却让大家都提前知道了，就更危险了。这三点都是办大事的祸患呀。”勾践听完叩头拜谢，说：“我以前自不量力，发兵攻打吴国，后来兵败困于会稽，只能听任吴国摆布，我后悔呀，都疼到骨髓里了，现在白天黑夜急得口干舌燥的，只想和吴王同归于尽，报复吴国，这是我最大的愿望。感谢先生现在告诉了我其中的利害关系。”

子贡说：“吴王为人凶猛残暴，大臣们都不能忍受他了，吴国现在其实已经非常贫困衰弱了，百姓都在抱怨国王，大臣们蓄谋变乱，吴子胥因进谏被赐死，佞臣太宰嚭当权，这正是报复吴国的最佳时机呀。大王若果真出兵辅助吴王来迎合他的心意，用贵重的宝物来博得他的欢心，用谦卑的语言以表示对他的尊重，那么他就一定会攻打齐国了。这就是圣人说的忍受委屈以求得通达而完成目标的意思。如果这场战争吴国败了，就是大王的福气了；如果吴国战胜，必然会兵临晋国去示威。我请求北上

必以兵临晋。臣还北请见晋君共攻之,其弱吴必矣。锐兵尽于齐,重甲困于晋,而王制其弊焉。”越王顿首许诺。

去见晋王,约他共同来攻打吴国,这样搞垮吴国是必然的了。那时候,吴国的精锐部队还在齐国,主要的武装力量都困在晋国,大王和越国就该去收拾吴国了。”越王大喜,又叩头拜谢,同意按子贡的计划行动。

注释

1 **邀射**:追求,谋取。

原文

子贡反,五日,越使大夫文种,顿首言于吴王曰:“越悉境内之士三千人以事吴。”吴王告子贡曰:“越王欲身从寡人,可乎?”子贡曰:“悉人之众,又从其君,非义也。”吴王乃受越王卒,谢留勾践。遂自发国内之兵以伐齐,败之。

子贡遂北见晋君,令承其弊。吴、晋遂遇于黄池[1]。越王袭吴之国,吴王归与越战,灭焉。

孔子曰:“夫其乱齐存鲁,吾之始愿。若能强晋以弊吴,使吴亡而

译文

子贡返回吴国五天后,越国派大夫文种出使吴国,文种向吴王叩头说:“我们越国全部的壮士三千人都集合起来了,听从大王差遣。”吴王对子贡说:“越王也想跟从本王去,怎么样?”子贡说:“越国全部的壮士都要跟从您去打仗,再让人家的国君也跟从,不是太合乎道义呀。”吴王就只接受了越国的士兵,让国王勾践留下了。于是吴王就发动差不多全国的士兵讨伐齐国,打败了齐国。

子贡又北上去见晋国国王,让晋国瞅准吴国的各种不利因素,抓住机会打败吴国。这样,吴晋两国的军队就在黄池相遇,开始争霸。这期间,越王趁机带兵攻打吴国,吴王就返回与越国交战,后来被越国给灭了。

孔子说:“搞乱齐国,以挽救鲁国,我一开始只是这么想的。后来,发展成了使晋国强势,而吴国一步步搞坏,以后呀,甚至使吴国国亡而越国称霸,这都是端木赐游说的结

越霸者，赐之说也。美言伤信，慎言哉！”

果呀。好听的话不一定是实话，会伤害信义，说话要谨慎啊！”

注释

1 **黄池**：在今河南封丘城南，据说周穆王曾游于此地。吴王夫差率军于黄池大会诸侯，与晋争做盟主，史传“黄池之会”。

原文

孔子弟子有宓子贱者，仕于鲁，为单父宰。恐鲁君听谗言，使己不得行其政，于是辞行，故请君之近史二人，与之俱至官。宓子戒其邑吏，令二史书。方书，辄掣其肘，书不善，则从而怒之。二史患之，辞请归鲁。宓子曰：“子之书甚不善，子勉而归矣。”

二史归报于君曰：“宓子使臣书而掣臣肘，书恶而又怒臣，邑吏皆笑之，此臣所以去之而来也。”鲁君以问孔子，子曰：“宓不齐，君子也。其才，任霸王之佐，屈节治单父，将以自试也。意者以此为谏乎？”

译文

孔子的弟子中有个叫宓子贱的，在鲁国当官，是单父的地方长官。他担心鲁国的君王会听信谗言，让他没办法治理政务，于是就要告辞离开，所以请了国君身边的两个副官和他一起来记录官员的姓名。宓子贱报出当地官员的名字，让那两个副官书写，他们刚一写就拉他们的胳膊，写不好，就生气而朝他们发怒。两个副官害怕了，请求辞别回到鲁国去。宓子贱说：“你们写得很不好，你们回去后可要努力呀。”

两个副官向君王报告说：“宓子贱让我们书写却拉我们的胳膊，写得不好又向我们发怒，当地的官员都笑话我们，这就是我们为什么去了又回来的原因。”鲁国的君王因此来问孔子。孔子说：“宓不齐是君子啊。他的才能是可以去辅助霸王之业的，让其治理单父是委屈他的，他是想通过治理单父来试自己的才能的。他这么做的意思是想来劝谏您吧？”

鲁国的君王这才醒悟了，长叹了一口

公寤，太息而叹曰："此寡人之不肖，寡人乱宓子之政而责其善者，数矣。微二吏，寡人无以知其过；微夫子，寡人无以自寤。"遽发所爱之使，告宓子曰："自今已往，单父非吾有也，从子之制。有便于民者，子决为之，五年一言其要。"

宓子敬奉诏，遂得行其政，于是单父治焉。躬敦厚，明亲亲，尚笃敬，施至仁，加悫诚，致忠信，百姓化之。

齐人攻鲁，道由单父。单父之老请曰："麦已熟矣，今齐寇至，不及人人自收其麦，请放民出，皆获傅郭之麦，可以益粮，且不资于寇。"三请而宓子不听。俄而齐寇逮于麦。季孙闻之，怒，使人以让宓子曰："民寒耕热芸，曾不得食，岂不哀哉？不知犹可，以告者而子不听，非

气说道："这是我的错误啊，我扰乱了宓子贱的治理，却又去责备他的好，不应该啊。如果没有这两个官员，我也没法知道自己的错误；如果没有夫子您，我也没办法醒悟过来。"于是立即派其亲信去单父告诉宓子贱说："从今以后，单父再不归我国君管理了，这里全权交给你，凡是有益于单父发展的事，你可以自主决断，你每隔五年向鲁君通报一次就行了。"

宓子贱恭敬地接受诏命，得以推行他的施政方针，于是单父得到了治理。他亲自示范和推行诚朴宽厚，明确孝敬双亲和亲爱家人，崇尚忠实和敬上，施行最大的仁德，用最诚恳的心，达到忠实和诚信，使单父的百姓都得到了这样的教化。

一次，齐国攻打鲁国，齐国军队要经过单父。单父的老百姓汇报说："现在麦子已经成熟了，可是齐国人打到了这儿，如果让种麦子的人自己收割是来不及了，应该通知城里的人都出去，都去收割地里的麦子，这样每一个去收割的人都增加了粮食，并且不会给那些侵略者留下粮食上的帮助。"这样多次请求，但是宓子贱都没有答应。过了几天，果然齐国军队开到，抢走了麦子。季孙氏听到这些后非常生气，派人去谴责宓子贱说："单父的老百姓辛辛苦苦寒冷时耕种炎热时除草，却没有麦子吃，真是可悲呀！你不知道怎么办也罢了，有人都告诉你了，你

所以为民也。”宓子蹙然[1]曰：“今兹无麦，明年可树。若使不耕者获，是使民乐有寇。且得单父一岁之麦，于鲁不加强，丧之不加弱。若使民有自取之心，其创必数世不息。”季孙闻之，赧然[2]而愧，曰：“地若可入，吾岂忍见宓子哉！”

还是不听从，你呀，就是不为老百姓着想。”宓子贱很感慨地说：“今年没有收到麦子，明年还可以再种植。如果让那些不耕种麦子的人白白地收获了麦子，就会让人们因为敌人的侵略而得到了利益，从而感到高兴。况且得到了单父一年种植的麦子，对于鲁国不会增加多少，失去了那些麦子，也不会差多少。但是如果让人们有了自取之心，这样的伤害一定是多少年都不会平息的。”季孙氏听到这些话以后，非常惭愧地说：“我不好意思再见宓先生了，真想钻到地下才好！”

注释

1 **蹙(cù)然**：局促不安的样子。

2 **赧(nǎn)然**：难为情的样子，羞愧的样子。

原文

三年，孔子使巫马期[1]往观政焉。巫马期阴免衣，衣弊裘，入单父界。见夜渔者，得鱼辄舍之。巫马期问焉，曰：“凡渔者为得，何以得鱼即舍之？”渔者曰：“鱼之大者名为鲭[2]，吾大夫爱之；其小者名鲰[3]，吾大夫欲长之。是以得二者辄舍之。”

巫马期返，以告孔子

译文

宓子贱治理单父过了三年，孔子派巫马期去单父看看宓子贱的政治教化怎么样。巫马期换了平时穿的衣服，穿着破旧皮袄，到了单父境内。他看到夜里捕鱼的渔夫，得到鱼以后又放回水里。巫马期问道：“捕鱼是为了得到鱼，现在你得到鱼以后又放回水里，这是为什么？”渔夫回答说：“鱼长得很大的就叫鲭，我们的长官喜欢这种大鱼，鱼还很小的叫鲰，我们的长官想让小鱼继续生长。因此我得到了太大的和太小的鱼就放回水里去了。”

曰："宓子之德至，使民暗行若有严刑于旁。敢问宓子何行而得于是？"孔子曰："吾尝与之言曰：'诚于此者刑乎彼。'宓子行此术于单父也。"

巫马期回去后，告诉孔子说："宓子贱的德政好到了极点，他能让在黑夜中行走的人们也好像有严刑在一样。请问宓子贱为什么能做到这个地步？"孔子说："我曾经对他说：'内心真诚，就能在外实行。'宓子一定是在单父实行了这个主张了。"

注释

1 **巫马期**(**前** 521—？)：姓巫马，名施，字子期，春秋末年鲁国人，一说陈国人。

2 **鯈**(chóu)：大鱼。

3 **鱦**(yìng)：小鱼。

原文

孔子之旧曰原壤，其母死，夫子将助之以沐[1]椁。子路曰："由也昔者闻诸夫子：'无友不如己者，过则勿惮改。'夫子惮矣，姑已，若何？"孔子曰："'凡民有丧，匍匐救之。[2]'况故旧乎？非友也，吾其往。"

及为椁，原壤登木，曰："久矣，予之不托于音也。"遂歌曰："狸首之班然，执女手之卷然。"夫子为之隐，佯不闻以过之。

子路曰："夫子屈节而

译文

孔子有一个叫原壤的老朋友，他的母亲去世了，孔子准备帮助他整修棺材。子路说："我以前听老师您说过：'不与自己不同类的人交朋友，有了过错不要害怕改正。'先生倒是害怕了，姑且停下来帮他，如何？"孔子说："'凡是百姓有丧事，尽心竭力去帮忙。'何况是老朋友呢？你说的不是表示友好的做法，我还得前去。"

到了整修棺材的时候，原壤敲着棺木说："我不用歌声来寄托感情已经很长时间了。"于是唱道："狐狸的头啊，花纹斑斓；握着你的手啊，真是柔软。"孔子听了，心有隐痛，装作没有听见就过去了。

子路说："先生屈抑志节到了这种地

极于此，失其与矣，岂未可以已乎？”孔子曰：“吾闻之：亲者不失其为亲也，故者不失其为故也。”

步，失去了朋友交往的情谊，难道还不与他绝交吗？”孔子说：“我听说：亲人总归是亲人，不会失去亲缘关系；老朋友总归是老朋友，也总会有旧交情在。”

注释

1 **沐**：修治，整治。

2 **凡民有丧，匍匐救之**：语出《诗经·邶风·谷风》。郑玄笺：“匍匐，言尽力也。”

卷第九

七十二弟子解

导读

本篇记载了孔门中的著名弟子，计七十六人，与本篇名“七十二弟子解”所言不十分相符。《史记》两处所记孔子著名弟子人数也不一致，《孔子世家》说：“孔子以诗书礼乐教，弟子盖三千焉，身通六艺者七十有二人。”而据《仲尼弟子列传》记载，有“孔子曰‘受业身通者七十有七人’”句。综合《史记》与《家语》，可知孔门知名弟子有八十位。

原文

颜回，鲁人，字子渊。少孔子三十岁。年二十九而发白，三十一早死。孔子曰：“自吾有回，门人日益亲。”回以德行著名，孔子称其仁焉。

闵损，鲁人，字子骞。少孔子五十岁。以德行著名，孔子称其孝焉。

冉耕，鲁人，字伯牛。以德著名。有恶疾[1]，孔子曰：“命也夫！”

译文

颜回，鲁国人，字子渊。比孔子小三十岁。二十九岁时头发就白了，三十一岁就早早死了。孔子说：“自从我有了颜回这个学生，我的弟子们关系日益亲密。”颜回以品德操守高尚闻名，孔子称赞他仁爱。

闵损，鲁国人，字子骞。比孔子小五十岁。以品德操行著名，孔子称赞他有孝行。

冉耕，鲁国人，字伯牛。以品德操行著名。患了棘手的疾病，孔子说：“这可真是命啊！”

冉雍，字仲弓。伯牛之宗族，生于不肖之父。以德行著名。

冉雍，字仲弓。与冉伯牛同一宗族，生养他的父亲没有出息。但他却以品德操行著名。

宰予，字子我，鲁人。有口才，以言语著名。仕齐为临淄[2]大夫，与田常为乱[3]，夷其三族。孔子耻之，曰："不在利病，其在宰予。"

宰予，字子我，鲁国人。有口才，以能言善辩著名。他在齐国做官，为临淄大夫，因与田常一起犯上作乱，被夷灭了三族。孔子以此为耻，说："这样的结果，不在于有什么利弊，而在于宰予参与了这件事。"

注释

1 **恶疾**：难以治愈的病，或传染病。《公羊传·昭公二十年》："何疾尔？恶疾也。"何休注："谓瘖、聋、盲、疠、秃、跛、伛、不逮人伦之属也。"《史记·仲尼弟子列传》："伯牛有恶疾。"裴骃《集解》引包氏曰："牛有恶疾，不欲见人，孔子从牖执其手。"

2 **临淄**：春秋时为齐国都城，在今山东淄博。

3 **与田常为乱**：田常，即陈恒，春秋时齐国人。曾事齐简公，后弑简公而立平公。据《史记》司马贞索隐，《左传》无宰我与田常为乱的记载，而有一名叫阚止的人字子我，被田常所杀。

原文

端木赐，字子贡，卫人。少孔子三十一岁。有口才著名。孔子每诎[1]其辩。家富累千金，常结驷连骑，以造原宪。宪居蒿庐蓬户之中，与之言先王之义。原宪衣敝衣冠，并日[2]

译文

端木赐，字子贡，卫国人。比孔子小三十一岁。以有口才著名。孔子经常阻止他的能言善辩。他的家庭非常富有，常驾着马车或骑着马，去看望原宪。原宪居住在茅草屋中，与子贡谈论古代先王治国的道理。原宪穿着破旧的衣服，两天才能吃一天的饭，但仍然很快乐，有蔬食,衎然[3]有自得之志。

子贡曰:“甚矣,子如何之病也。”原宪曰:“吾闻无财者谓之贫,学道不能行者谓之病。吾贫也,非病也。”

子贡惭,终身耻其言之过。子贡行贩,与时转货。历相鲁、卫,而终齐。

自己的志向。

子贡说:“太过分了,你怎么会病成这样?”原宪说:“我听说没有钱财叫作贫,学道而不能身体力行叫作病。我是贫,不是病。”

子贡听了原宪的话感到很惭愧,终生都为说过这样错误的话而羞愧。子贡贩卖货物,能及时转手获利。曾担任鲁国、卫国的宰相,后来死在齐国。

注释

1 **诎**:贬退。

2 **并日**:两日。

3 **衎然**:快乐的样子。

原文

冉求,字子有,仲弓[1]之宗族。少孔子二十九岁。有才艺,以政事著名。仕为季氏宰[2]。进则理其官职,退则受教圣师。为性多谦退,故子曰:“求也退,故进之。”

仲由,卞人,字子路,一字季路。少孔子九岁。有勇力才艺,以政事著名。为人果烈而刚直,性鄙而不达于变通。仕卫为大夫[3],蒯聩与其子辄争国,子路遂死辄

译文

冉求,字子有,和冉雍是同族。比孔子小二十九岁。有才艺,以会处理政事著名。曾为季孙氏的家臣。做官时就处理政务,不做官时就在孔子门下学习。为人性情多谦逊退让,所以孔子说:“冉求做事退缩,所以我要鼓励他。”

仲由,卞地人,字子路,一字季路。比孔子小九岁。有勇力才艺,以会处理政事著名。为人果烈而刚直,性格粗放而不善于变通。在卫国担任大夫的官职,正赶上蒯聩与他的儿子蒯辄争夺君王之位,子路为保护蒯辄而死。孔子非

难。孔子痛之，曰："自吾有由，而恶言不入于耳。[4]"

常悲痛，说："自从我有了子路，那些恶意中伤的话再也传不到我耳朵里了。"

注释

1 **仲弓**：即冉雍，字仲弓。

2 **为季氏宰**：为季孙氏的家臣。

3 **仕卫为大夫**：子路为卫国大夫孔悝的邑宰。

4 **"自吾有由"句**：王肃注："子路，夫子御侮之友，恶言不入夫子之耳。"

原文

言偃，鲁人，字子游。少孔子三十五岁。时习于《礼》，以文学著名。仕为武城[1]宰。尝从孔子适卫，与将军之子兰相善，使之受学于夫子。

译文

言偃，鲁国人，字子游。比孔子小三十五岁。他向孔子学习《礼》，以文学著名。在武城做了地方长官。曾随侍孔子到卫国去，与将军之子兰相善，就让兰拜孔子为师。

注释

1 **武城**：地名，在今山东平邑。

原文

卜商，卫人，字子夏。少孔子四十四岁。习于《诗》[1]，能通其义，以文学著名。为人性不弘，好论精微，时人无以尚之。尝返卫，见读史志者云："晋师伐秦，三豕渡河。"子夏曰："非也，己亥耳。"读史志曰："问诸晋史，果曰'己亥'。"于是卫以子

译文

卜商，卫国人，字子夏。比孔子小四十四岁。他学习《诗经》，能理解其意，以文学著称。为人胸襟不够宽广，好论证精微的事情，当时没有人能超过他。他曾经返回卫国，见一个读史书的人说："晋师伐秦，三豕渡河。"子夏说："不对，不是三豕，是己亥。"后来读史书的人说："请教了晋国的史官，果然是己亥。"于是卫国的人都把子夏

夏为圣。

孔子卒后，教于西河[2]之上，魏文侯师事之，而谘国政焉。

当作圣人。

孔子去世以后，子夏在魏国西河讲学，魏文侯把他当作老师，向他咨询治理国家的方法。

注释

1 **习于《诗》**：精习通晓《诗经》。王肃注："子夏所叙诗义，今之《毛诗序》是。"

2 **西河**：战国魏地，在今陕西东部黄河西岸地区，一说在河南安阳。

原文

颛孙师，陈人，字子张。少孔子四十八岁。为人有容貌资质，宽冲博接，从容自务，居不务立于仁义之行[1]。孔子门人友之而弗敬。

译文

颛孙师，陈国人，字子张。比孔子小四十八岁。有容貌资质，为人宽厚冲淡，结交广博，从容理事，平时并不致力于仁义之行。孔子门人同他交友，却并不敬重他。

注释

1 **居不务立于仁义之行**：王肃注："子张不侮鳏寡，性凯悌宽冲，故子贡以为未仁。然不务立仁义之行，故子贡激之以为未仁也。"

原文

曾参，南武城人，字子舆。少孔子四十六岁。志存孝道，故孔子因之以作《孝经》。齐尝聘，欲与为卿，而不就，曰："吾父母老，食人之禄，则忧人之事，故吾不忍远亲而为人役。"参后母，

译文

曾参，鲁国南武城人，字子舆。比孔子小四十六岁。以孝道为志向，所以孔子因他而作《孝经》。齐国曾聘请他，想让他为卿，他不去，说："我父母已年老，拿人家的俸禄就要替人家操心，所以我不忍心远离亲人而受别人差遣。"曾参的后母，对他很不好，但他仍供养

遇之无恩，而供养不衰。及其妻以藜烝[1]不熟，因出之。人曰：“非七出也。”参曰：“藜烝，小物耳，吾欲使熟，而不用吾命，况大事乎？”遂出之，终身不取妻。其子元请焉，告其子曰：“高宗以后妻杀孝己[2]，尹吉甫以后妻放伯奇[3]。吾上不及高宗，中不比吉甫，庸知其得免于非乎？”

她孝敬她。他的妻子因藜羹没有蒸熟，曾参为此要休她。有人说：“你妻子没有犯七出的条款啊！”曾参说：“蒸藜羹是小事，我让她蒸熟她却不听我的话，何况是大事呢？”于是就休了妻子，终身不再娶妻。他的儿子曾元劝他再娶，他对儿子说：“殷高宗武丁因为后妻杀死了儿子孝己，尹吉甫因为后妻而放逐了儿子伯奇。我上不及高宗贤能，中不比尹吉甫能干，怎知能避免不做错事呢？”

注释

1 **烝**：同“蒸”。

2 **孝己**：殷高宗武丁之子，因遭后母谗言，被高宗放逐，忧苦而死。

3 **伯奇**：周宣王时贤臣尹吉甫之子，因遭后母谗言，被其父放逐于野。

原文

澹台灭明，武城人，字子羽。少孔子四十九岁。有君子之姿。孔子尝以容貌望其才，其才不充孔子之望。然其为人，公正无私，以取与去就，以诺为名。仕鲁为大夫也。

高柴，齐人，高氏之别族，字子羔。少孔子四十岁。长不过六尺，状貌甚恶。为人笃孝而有法正[1]。少居鲁，

译文

澹台灭明，武城人，字子羽。比孔子小四十九岁。他有君子的姿容。孔子曾因他的容貌而期望他的才能可以和容貌相称，可是他的才能没能达到孔子的期望。然而他的为人公正无私，以获取与给予来选择去就，以重信用知名。在鲁国做官，官为大夫。

高柴，齐国人，属高氏家族的分支，字子羔。比孔子小四十岁。他身高不到六尺，相貌很丑。为人特别注重孝道而又遵守礼仪法度。小的时候居住在鲁国，

见知名于孔子之门。仕为武城宰。

在孔子的弟子中有一定名声。在武城做地方长官。

注释

1 **法正**:礼法规矩。

原文

宓不齐,鲁人,字子贱。少孔子四十九岁。仕为单父宰,有才智,仁爱,百姓不忍欺。孔子大[1]之。

译文

宓不齐,鲁国人,字子贱。比孔子小四十九岁。担任单父的地方长官,有才智,有仁爱,连百姓都不忍欺骗他。孔子很赞美他。

注释

1 **大**:看重。一本作“美”。

原文

樊须,鲁人,字子迟。少孔子四十六岁。弱[1]仕于季氏。

有若,鲁人,字子有。少孔子三十六岁。为人强识,好古道。

公西赤,鲁人,字子华。少孔子四十二岁。束带立于朝,闲宾主之仪。

原宪,宋人,字子思。少孔子三十六岁。清净守节,贫而乐道。孔子为鲁司寇,原宪尝为孔子宰。孔子卒后,

译文

樊须,鲁国人,字子迟。比孔子小四十六岁。弱冠之年就做了季氏的家臣。

有若,鲁国人,字子有。比孔子小三十六岁。为人博闻强识,崇尚古道。

公西赤,鲁国人,字子华。比孔子小四十二岁。他腰束大带立于朝堂之上,熟悉宾主之间的礼仪。

原宪,宋国人,字子思。比孔子小三十六岁。内心清净,遵守节操,安贫乐道。孔子担任鲁国司寇时,原宪曾出任孔子家臣。孔子死后,原宪辞职退隐,居住在卫国。

原宪退隐，居于卫。

公冶长，鲁人，字子长。为人能忍耻。孔子以女妻之。

南宫韬[2]，鲁人，字子容。以智自将[3]，世清不废，世浊不洿[4]。孔子以兄子妻之。

公冶长，鲁国人，字子长。为人能忍受耻辱。孔子将女儿嫁给了他。

南宫韬，鲁国人，字子容。能以自己的聪明才智保全自己，世道清平会有所作为，世道污浊也不会同流合污。孔子把自己哥哥的女儿嫁给了他。

注释

1 **弱**：弱冠。

2 **韬**：一本作“縚”。

3 **自将**：自己保全。

4 **洿**：污染。

原文

公析哀，齐人，字季沉。鄙[1]天下多仕于大夫家者，是故未尝屈节[2]人臣。孔子特叹贵之。

曾点，曾参父，字子皙。疾[3]时礼教不行，欲修之，孔子善焉。《论语》所谓“浴乎沂，风乎舞雩”[4]之下。

译文

公析哀，齐国人，字季沉。鄙视天下很多人到大夫家去做家臣，因此他没有屈节去做别人的家臣。孔子特别赞赏他。

曾点，曾参的父亲，字子皙。他痛心于当时不施行礼教，想改变这种情况。孔子很赞同他的想法，就像赞同他在《论语》中所说的“在沂水中沐浴，在舞雩下乘凉”一样。

注释

1 **鄙**：鄙视。

2 **屈节**：折节，失去节操。

3 **疾**：痛心，痛恨。

4 **浴乎沂**(yí)，**风乎舞雩**(yú)：见《论语·先进》。到沂水中去洗洗澡，到舞雩的树下去吹吹风。舞雩，古代求雨祭天，设坛命女巫为舞，故名舞雩。

原文

颜由，颜回父，字季路。孔子始教学于阙里[1]而受学。少孔子六岁。

商瞿，鲁人，字子木。少孔子二十九岁。特好《易》，孔子传之，志焉。

漆雕开，蔡人，字子若。少孔子十一岁。习《尚书》，不乐仕。孔子曰："子之齿可以仕矣，时将过。"子若报其书曰："吾斯之未能信。"孔子悦焉。

译文

颜由，颜回的父亲，字季路。孔子开始在阙里讲学时便跟从孔子学习。比孔子小六岁。

商瞿，鲁国人，字子木。比孔子小二十九岁。特别喜欢《易经》，孔子传授给他，他都记了下来。

漆雕开，蔡国人，字子若。比孔子小十一岁。研习《尚书》，不喜欢从政。孔子说："你这个年龄可以从政了，不然就错过时机了。"子若给孔子回信说："我对于《尚书》还没能研习透彻。"孔子很高兴。

注释

1 **阙里**：在今山东曲阜内阙里街，因有两石阙而名。

原文

公良孺，陈人，字子正。贤而有勇。孔子周行，常以家车五乘从。

秦商，鲁人，字不慈。少孔子四岁。其父堇父，与孔子父叔梁纥俱以力闻。

颜刻，鲁人，字子骄。少孔子五十岁。孔子适卫，子骄为仆。卫灵公与夫人南子同车出，而令宦者雍渠参乘[1]，

译文

公良孺，陈国人，字子正。贤能而又勇敢。孔子周游列国时，他曾经带着五辆自家车马跟从。

秦商，鲁国人，字不慈。比孔子小四岁。他的父亲堇父，与孔子父亲叔梁纥都以有勇力而闻名。

颜刻，鲁国人，字子骄，比孔子小五十岁。孔子到卫国去，子骄为仆从。卫灵公和夫人南子同车出游，让宦官雍渠陪乘，让孔子乘坐后面的车陪着，

使孔子为次乘[2],游过市。孔子耻之。颜刻曰:"夫子何耻之?"孔子曰:"《诗》[3]云:'觏[4]尔新婚,以慰我心。'"乃叹曰:"吾未见好德如好色者也。"

游览经过闹市。孔子感到很耻辱。颜刻说:"老师为何感到耻辱呢?"孔子说:"《诗经》说:'得遇新婚人,足以慰我心。'"又叹息着说:"我没有见到喜好美好品德如同喜欢美色一样的人啊!"

注释

1 **参乘**:陪乘。

2 **次乘**:后面的车。

3 **《诗》**:即《诗经·小雅·车舝》。舝(xiá),车轴两头的键。

4 **觏**(gòu):遇见。

原文

司马黎耕,宋人,字子牛。牛为人性躁,好言语。见兄桓魋行恶,牛常忧之。

巫马施,陈人,字子期。少孔子三十岁。孔子将近行,命从者皆持盖。已而,果雨。巫马期问曰:"旦无云,既日出,而夫子命持雨具。敢问何以知之?"孔子曰:"昨暮月宿于毕[1]。《诗》[2]不云乎:'月离于毕,俾滂沱矣。'以此知之。"

译文

司马黎耕,宋国人,字子牛。子牛为人性情急躁,好多言多语。见他哥哥桓魋做坏事,子牛常常替哥哥担忧。

巫马施,陈国人,字子期。比孔子小三十岁。孔子要到近处某一个地方去,让跟从的人都带上雨具。不久,果然下起雨来。巫马期就问孔子说:"早上天空无云,太阳已经出来了,但老师您却让我们带上雨具。请问您怎么知道天要下雨呢?"孔子说:"昨天晚上月亮处于毕宿星座。《诗经》上不是说'月近天毕星,大雨下不停'吗?我由此知道天要下雨了。"

注释

1 **毕**:天毕星,二十八星宿之一,主兵、主雨。

2 **《诗》**:指《诗经·小雅·渐渐之石》。

原文

梁鳣,齐人,字叔鱼。少孔子三十九岁。年三十,未有子,欲出其妻。商瞿谓曰:"子未也。昔吾年三十八无子,吾母为吾更取室。夫子使吾之齐,母欲请留吾。夫子曰:'无忧也,瞿过四十,当有五丈夫。'今果然。吾恐子自晚生耳,未必妻之过。"从之,二年而有子。

琴牢,卫人,字子开,一字张。与宗鲁[1]友,闻宗鲁死,欲往吊焉。孔子弗许,曰:"非义也。"

译文

梁鳣,齐国人,字叔鱼。比孔子小三十九岁。到了三十岁还没有儿子,想休了他的妻子。商瞿对他说:"你不要这样做。从前我三十八岁还没有儿子,我母亲为我又娶了一房妻子。老师派我到齐国去,母亲请求让我留下来。老师说:'不要担忧,商瞿过了四十岁,会有五个儿子。'现在果然如此。我恐怕你的子女晚生,未必是你妻子的过错。"梁鳣听从了商瞿的话,过了两年就有了儿子。

琴牢,卫国人,字子开,一字张。和宗鲁是好朋友,听到宗鲁死了,想去悼念他。孔子不让他去,说:"这不合乎义。"

注释

1 **宗鲁**:春秋时卫国人,卫灵公兄公孟絷的参乘。公孟为人不善,但对宗鲁很亲近,后宗鲁为保护公孟而死。

原文

冉儒,鲁人,字子鱼。少孔子五十岁。

颜辛,鲁人,字子柳。少孔

译文

冉儒,鲁国人,字子鱼。比孔子小五十岁。

颜辛,鲁国人,字子柳。比孔子

子四十六岁。

伯虔，字楷。少孔子五十岁。

公孙宠[1]，卫人，字子石。少孔子五十三岁。

曹卹，少孔子五十岁。

陈亢，陈人，字子亢，一字子禽。少孔子四十岁。

小四十六岁。

伯虔，字楷。比孔子小五十岁。

公孙宠，卫国人，字子石。比孔子小五十三岁。

曹卹，比孔子小五十岁。

陈亢，陈国人，字子亢，一字子禽。比孔子小四十岁。

注释

1 **宠**：一本作“龙”。

原文

叔仲会，鲁人，字子期。少孔子五十岁，与孔琁年相比。每孺子之执笔记事于夫子，二人迭侍左右。孟武伯见孔子而问曰：“此二孺子之幼也，于学岂能识于壮哉？”孔子曰：“然！少成则若性也，习惯若自然也。”秦祖，字子南。

奚蒧[1]，字子偕。

公祖兹，字子之。

廉洁，字子曹。

公西与，字子上。

宰父黑，字子黑。

公西减，字子尚。

穰驷赤，字子从。

译文

叔仲会，鲁国人，字子期。比孔子小五十岁，与孔琁年龄大小相仿。每当有学童在孔子身边执笔记事，两人总是轮流在孔子左右服侍。孟武伯见到孔子就问他道：“这两个小孩年龄这么小就来学习了，他们长大后的学识不可低估啊！”孔子回答说：“是这样的！年少时养成的就好像天性，习惯了就好像天生就会的。”秦祖，字子南。

奚蒧，字子偕。

公祖兹，字子之。

廉洁，字子曹。

公西与，字子上。

宰父黑，字子黑。

公西减，字子尚。

穰驷赤，字子从。

冉季,字子产。

薛邦,字子从。

石[2]处,字里之。

悬亶,字子象。

左郢,字子行。

狄黑,字哲之。

商泽,字子秀。

任不齐,字子选。

荣祈,字子祺。

颜哙,字子声。

原伉[3],字子籍。

公宾[4],字子仲。

秦非,字子之。

漆雕从,字子文。

燕伋,字子思。

公夏守,字子乘。

勾井疆,字子疆。

步叔乘,字子车。

石作蜀[5],字子明。

邦巽[6],字子敛。

施之常,字子常。

申缋[7],字子周。

乐欬[8],字子声。

颜之仆,字子叔。

孔弗[9],字子蔑。

漆雕哆[10],字子敛。

悬成,字子横。

冉季,字子产。

薛邦,字子从。

石处,字里之。

悬亶,字子象。

左郢,字子行。

狄黑,字哲之。

商泽,字子秀。

任不齐,字子选。

荣祈,字子祺。

颜哙,字子声。

原伉,字子藉。

公宾,字子仲。

秦非,字子之。

漆雕从,字子文。

燕伋,字子思。

公夏守,字子乘。

勾井疆,字子疆。

步叔乘,字子车。

石作蜀,字子明。

邦巽,字子敛。

施之常,字子常。

申缋,字子周。

乐欬,字子声。

颜之仆,字子叔。

孔弗,字子蔑。

漆雕哆,字子敛。

悬成,字子横。

颜相,字子襄。

颜相,字子襄。

右夫子弟子七十二人,皆升堂入室者。

以上为孔子的七十二名弟子,都是升堂入室的著名弟子。

注释

1 **葴**:一本作"箴"。

2 **石**:一本作"后"。

3 **伉**:一本作"桃",又一本作"抗"。

4 **公宾**:一本作"公肩定",又一本作"公肩"。

5 **石作蜀**:一本作"石子蜀",又一本作"右作蜀"。

6 **邽巽**:一本作"邽选",《史记》作"邦巽"。

7 **申缋**:一本作"申绩",《史记》作"申党"。

8 **欬**:一本作"欣"。

9 **弗**:一本作"忠"。

10 **哆**:一本作"侈"。

本姓解

导读

本篇既有对孔子的身世的追述,又收录了齐国太史对孔子的评价,主题是对孔子家世的考证,故以"本姓解"名篇。

由本篇所述,可知孔子的祖先是宋国的后裔,孔子实为"先圣之嗣"。孔子"祖述尧舜,宪章文武",一生中的"文德著矣",被齐国太史子与高许为"素王"。孔子自道志向,自是"乱而治之,滞而起之",和天没有关系。孔子"垂训后嗣,以为法式"的圣人形象,十分明显地凸显了出来。

原文

孔子之先，宋之后也。微子启，帝乙[1]之元子[2]，纣之庶兄，以圻[3]内诸侯，入为王卿士。微，国名；子，爵。初，武王克殷，封纣之子武庚[4]于朝歌[5]，使奉汤祀。武王崩，而与管、蔡、霍三叔[6]作难。周公相成王，东征之。二年，罪人斯得，乃命微子代殷后，作《微子之命》，由之与国于宋，徙殷之子孙。唯微子先往仕周，故封之贤。其弟曰仲思，名衍，或名泄。嗣微子后，故号微仲。生宋公稽，胄子[7]虽迁爵易位，而班级[8]不及其故者，得以故官为称。故二微虽为宋公，而犹以微之号自终。至于稽乃称公焉。

宋公生丁公申，申生缗公共及襄公熙，熙生弗父何及厉公方祀。方祀以下，世为宋卿。弗父何生宋父周，周生世子胜，胜生正考甫，考甫生孔父嘉。五世亲尽，别为公族[9]，故后以孔为氏焉。一曰孔父者，生时所赐号也，是以子孙遂以氏族。

译文

孔子的祖先，是宋国的后裔。微子启，是帝乙的长子，纣的同父异母哥哥，以都城千里之内诸侯的身份，进入朝廷为国王的卿士。微，是诸侯国名，属于子爵。当初，武王征服了殷国，封纣的儿子武庚于朝歌，让他奉行商汤的祭祀。武王死后，武庚与管叔、蔡叔、霍叔共同谋反。周公辅佐成王东征讨伐他们。第二年擒获了罪人，于是命令微子启代替武庚为殷的后裔，作《微子之命》申告此事。封微子于宋国，迁徙殷人的子孙到此地。唯有微子先到周朝去做官，被周朝封为贤人。微子的弟弟仲思，名衍，或名泄。他继承了微子的爵位，因此又称微仲。仲思生宋公稽，后代虽然爵位变迁，但等级都没有祖辈高，仍然以旧的爵位称呼。所以微子和微仲虽然是宋公，但始终都用微子称号。到了稽即位，才开始称公。

宋公稽生丁公申，申生缗公共和襄公熙，熙生弗父何及厉公方祀。从方祀以下，世代为宋国卿。弗父何生宋父周，宋父周生世子胜，世子胜生正考甫，正考甫生孔父嘉。传到五代以后，分出同族，所以后来有一支以孔作为姓氏的族亲。一说孔父这个名号，是出生时君王所赐的号，所以子孙就以此作为姓氏。

注释

1 **帝乙**:商代帝王,纣王的父亲。

2 **元子**:长子。

3 **圻**:皇帝都城千里之内的地方。

4 **武庚**:商纣王之子禄父。周武王灭纣,被封于朝歌以续殷祀,后因与管叔、蔡叔一起作乱,为周公所杀。

5 **朝歌**:殷朝都城,在今河南淇县。

6 **管、蔡、霍三叔**:管叔、蔡叔、霍叔,皆为周武王、周公兄弟。周灭商,分别封于朝歌附近的管、蔡、霍。

7 **胄子**:古帝王与贵族的长子。

8 **班级**:爵位等级。

9 **公族**:同祖的一族。

原文

孔父生子木金父,金父生睪夷,睪夷生防叔,避华氏之祸而奔鲁。防叔生伯夏,伯夏生叔梁纥。纥虽有九女而无子。其妾生孟皮,孟皮一字伯尼,有足病。于是乃求婚于颜氏。颜氏有三女,其小曰澂在。颜父问三女曰:"陬[1]大夫虽父祖为士,然其先圣王之裔。今其人身长十尺,武力绝伦,吾甚贪[2]之。虽年长性严,不足为疑。三子孰能为之妻?"二女莫对。澂在进曰:

译文

孔父生子木金父,金父生睪夷,睪夷生防叔,防叔为了躲避华氏之祸逃亡到鲁国。防叔生伯夏,伯夏生叔梁纥。叔梁纥有九个女儿而无儿子。叔梁纥的妾生孟皮,孟皮字伯尼,脚有毛病。于是叔梁纥向颜氏求婚。颜氏有三个女儿,小女儿叫徵在。颜父问他的三个女儿:"陬邑孔氏的父辈和祖辈虽是士,但他们的祖先是圣王的后裔。现在求婚的叔梁纥身高十尺,武力绝伦,我很看中他。虽然年龄大了些性子又急,但不必担心。你们三人谁愿意做他的妻子?"大女儿二女儿都不说话。徵在走上前说:"听从父亲的安排,还有什么可问的呢?"父亲

“从父所制，将何问焉？”父曰：“即尔能矣。”遂以妻之。

说：“就是你能做他的妻子。”就把徵在许给叔梁纥做妻子。

注释

1 **陬**(zōu)：孔子出生地，在今山东曲阜东南。

2 **贪**：舍不得。

原文

徵在既往，庙见。以夫之年大，惧不时[1]有男，而私祷尼丘之山以祈焉。生孔子，故名丘，字仲尼。孔子三岁而叔梁纥卒，葬于防。至十九，娶于宋之亓官氏[2]，一岁而生伯鱼。鱼之生也，鲁昭公以鲤鱼赐孔子。荣君之贶[3]，故因以名曰鲤，而字伯鱼。鱼年五十，先孔子卒。

译文

徵在去叔梁纥家时，先在宗庙见面。因为丈夫的年龄大，担心不能及时生儿子，便私下到尼丘山去祈祷。后来生下孔子，所以名丘字仲尼。孔子三岁时叔梁纥去世，葬在防山。孔子十九岁，娶了宋国亓官氏的女儿为妻，一年后生下伯鱼。伯鱼出生时，鲁昭公送给孔子一条鲤鱼。孔子得到君王的赏赐感到很荣耀，所以给儿子取名鲤，字伯鱼。伯鱼活到五十岁，比孔子先去世。

注释

1 **不时**：不及时。

2 **亓官氏**：一本作“上官氏”，又一本作“并官氏”。

3 **贶**(kuàng)：赐予，加惠。

原文

齐太史子与适鲁，见孔子。孔子与之言道，子与悦，曰：“吾鄙人也，闻子之名，不睹子之形久矣，而求知宝

译文

齐国的太史子与来到鲁国，见到孔子。孔子和他谈论道，子与很高兴，说：“我是浅陋无知的人，久闻您的大名，而没能和您见面，但求知的机会是很宝贵

贵也。乃今而后知泰山之为高，渊海之为大。惜乎，夫子之不逢明王，道德不加于民，而将垂宝以贻后世。”

遂退而谓南宫敬叔[1]曰：“今孔子先圣之嗣，自弗父何以来，世有德让，天所祚也。成汤以武德王天下，其配在文。殷宗以下，未始有也。孔子生于衰周，先王典籍，错乱无纪，而乃论百家之遗记，考正其义，祖述[2]尧舜，宪章[3]文武，删《诗》述《书》，定《礼》理《乐》，制作《春秋》，赞明《易》道，垂训后嗣，以为法式，其文德著矣！然凡所教诲，束脩[4]已上三千余人，或者天将欲与素王[5]之乎？夫何其盛也！”

敬叔曰：“殆如吾子之言，夫物莫能两大，吾闻圣人之后，而非继世之统，其必有兴者焉。今夫子之道至矣，乃将施之无穷，虽欲辞天之祚，故未得耳。”

子贡闻之，以二子之言

的。从今以后我知道了泰山的高大，大海的广阔。只可惜啊，先生没有遇到圣明的君主，道德不能在百姓中施行，而只有把这些宝贵的东西留给后世了。”

子与辞别孔子后对南宫敬叔说：“现今的孔子是先圣的后代，从弗父何以来，孔氏后代世世有德谦让，这是上天所赐的福分啊。成汤以武德称王天下，用礼乐相配合。殷商以下，就没有这样的情况了。孔子生在周朝衰败的时代，先王的典籍错乱无序，孔子就整理论述百家遗留的记录，考证其正确的含义，师法和陈说尧舜的盛德，效法周文王、周武王的文功武治，删定《诗》，整理《书》，制定《礼》，理清《乐》，制作《春秋》，阐明《易》道，给后世留下训诫，作为法则，孔子的文德是何等显著啊！他所教诲的弟子，奉上束脩的就有三千多人，或许是上天要他成为无冕的素王吧？不然为什么会如此兴盛啊！”

南宫敬叔说：“大概像你说的那样，事物不会两全其美，我听说圣人的后代，如果不是继承王位的统系，也必然会有兴盛的人。现在孔子之道已非常完美，并将长久地施行于后世，即使想推却上天赐予的福分，也不可能。”

子贡听了这些话，把他们二人的议

告孔子。子曰："岂若是哉？乱而治之，滞而起之，自吾志，天何与焉？"

论都告诉了孔子。孔子说："哪是这样的呢？乱了就要治理，停滞就要兴起，这是我的志向，和天有什么关系呢？"

注释

1 **南宫敬叔**：鲁国大夫。

2 **祖述**：效法前人，加以陈说。

3 **宪章**：效法。

4 **束脩**(xiū)：学生家长送给教师的酬劳。十条干肉称束脩。

5 **素王**：有帝王之德而未居其位的人。后来儒家专以"素王"称孔子。

终记解

导读

本篇记叙了孔子临终前事迹、死后丧葬事宜等，故以"终记解"名篇。

本篇中，孔子预感自己将死，用歌声表达了哲人将死前的心境与志向；他以梦境解释生死流转，达观通脱，处之泰然。然而让他死也不能忘怀的政治理想是："夫明王不兴，则天下其孰能宗余？"从中可以看到，一代圣哲担心自己的伟大抱负，会随着"哲人其萎"而后继无人的遗憾与失落。不过，从群弟子的守丧之地形成"孔里"，子贡独"庐于墓六年"，可以看到些许安慰，正所谓"死而不亡者寿"，"其人虽已没，千载有余情"。

原文

孔子蚤晨作，负手曳杖，逍遥于门而歌曰："泰

译文

孔子早晨起来，背着手拖着手杖，在门口优游地漫步，吟唱道："泰山要崩塌

山其颓乎！梁木其坏乎！哲人其萎乎！”既歌而入，当户而坐。子贡闻之，曰：“泰山其颓，则吾将安仰？梁木其坏，则吾将安杖？哲人其萎，吾将安放？夫子殆将病也。”遂趋而入。

夫子叹而言曰：“赐！汝来何迟？予畴昔梦坐奠于两楹之间。夏后氏殡于东阶之上，则犹在阼；殷人殡于两楹之间，则与宾主夹之；周人殡于西阶之上，则犹宾之。而丘也即殷人。夫明王不兴，则天下其孰能宗余？余殆将死。”遂寝病，七日而终，时年七十二矣。

哀公诔曰：“昊天不吊，不慭遗一老，俾屏[1]余一人以在位，茕茕[2]余在疚。於乎哀哉！尼父，无自律。”子贡曰：“公其不没于鲁乎？夫子有言曰：‘礼失则昏，名失则愆。’失志为昏，失所为愆。生不能用，死而诔之，非礼也；称一人[3]，非名。君两失之矣。”

了吗？梁木要毁坏了吗？哲人要困顿了吗？”唱完回到了屋内，对着门坐着。子贡听到歌声，说：“泰山要是崩塌了，我仰望什么呢？梁木要是毁坏了，我依靠什么呢？哲人要是困顿了，我去效仿谁呢？老师大概要生病了吧？”于是快步走了进去。

孔子叹了一口气说：“赐！你怎么来得这样晚？我昨夜梦见自己坐在两楹之间祭奠。夏朝人将灵柩停在对着东阶的堂上，那还是处在主位上；殷人将灵柩停在堂前东西楹之间，那是处在宾位和主位之间；周人将灵柩停在对着西阶的堂上，那就是迎接宾客的地方。而我孔丘是殷人。现今没有明王兴起，天下谁能尊奉我呢？我大概快要死了。”随后卧病在床，七天就去世了，死时七十二岁。

鲁哀公哀悼孔子说：“上天不仁慈，不愿留下这一位老者，让他抛下我一人在君位上，孤孤单单，忧愁痛苦。多么悲哀啊！尼父，失去您我就没有效法的榜样了。”子贡说：“国君不想在鲁国善终吗？老师曾经说过：‘礼仪丧失就会昏暗不清，名分丧失就会出现过错。’失去志向是昏暗，不讲身份是过错。老师活着时不任用他，死后才致哀悼，这不合礼仪；以诸侯身份自称‘一人’，这不合名分。国君两样都丧失了。”

注释

1 **屏**:通“摒”,放弃。

2 **茕茕**:孤单而无依无靠。

3 **一人**:王肃注:“一人,天子之称也。”

原文

既卒,门人疑所以服夫子者。子贡曰:“昔夫子之丧颜回也,若丧其子而无服。丧子路亦然。今请丧夫子如丧父而无服。”于是弟子皆吊服而加麻,出有所之,则由绖[1]。子夏曰:“入宜绖可居,出则不绖。”子游曰:“吾闻诸夫子:丧朋友,居则绖,出则否;丧所尊,虽绖而出,可也。”

孔子之丧,公西赤掌殡葬焉。唅[2]以疏米三贝,袭衣[3]十有一称,加朝服一,冠章甫之冠,珮象环,径五寸而綦组绶[4],桐棺四寸,柏棺五寸,饬棺墙,置翣[5]。设披,周也;设崇,殷也;绸练设旐[6],夏

译文

孔子去世的时候,他的弟子们都不清楚该为老师穿哪一等丧服。子贡说:“以前夫子哀悼颜回,其悲痛如同丧子一样,但不穿任何丧服。哀悼子路时也是这样。让我们悼念夫子,就像悼念父亲一样,但不穿相应的丧服。”就这样,孔子的弟子们都穿着吊丧的衣服并且加了麻,如果去外面,就在头上或腰间缠上麻丧带。子夏说:“我们在家中应该在头上或腰间缠上麻丧带,出门就不要在头上或腰间缠上麻丧带了。”子游说:“我曾经听老师说过:为朋友服丧,在家时头上或腰间缠上麻丧带,出门就不用了;但是如果是为非常亲近尊敬的人服丧,就一直在头上或腰间缠上麻丧带,连出门也一样。”

孔子的丧事,公西赤是负责殡葬事宜的。给亡人口中含了三贝和疏粳米,穿十一称衣服,外面再穿一套朝服,头戴殷时的章甫之冠,佩带直径五寸的象环,用杂灰色的丝带,桐棺四寸,柏棺五寸,整理灵堂装饰棺椁。系有披带,这是周代的制度;设置崇牙状的旌旗,这是殷代的制度;用素锦缠绕旗杆,上挑着宽为二尺二寸长为八尺的黑布幡,这是夏

也。兼用三王礼，所以尊师，且备古也。

代的制度。在丧事中兼用到夏商周三代的礼仪，是表示尊师和传承古人。

注释

1 **绖**(dié)：麻做的丧带，在头上为首绖，在腰为腰绖。

2 **唅**(hàn)：通"琀"，指殡葬时放在死者口中的珠、玉、贝、米等物。

3 **袭衣**：尸衣。

4 **组绶**：系佩玉的丝带。

5 **翣**(shà)：出殡时的棺饰。

6 **旐**(zhào)：引魂幡。

原文

葬于鲁城北泗水上，藏入地，不及泉。而封为偃斧之形，高四尺，树松柏为志焉。弟子皆家于墓，行心丧之礼。

既葬，有自燕来观者，舍于子夏氏。子贡谓之曰："吾亦人之葬圣人，非圣人之葬人，子奚观焉？昔夫子言曰：'吾见封若夏屋者，见若斧矣。从若斧者也。'马鬣[1]，封之谓也。今徒一日三斩板而以封，尚行夫子之志而已。何观乎哉？"

译文

安葬的地方在鲁国都城北面的泗水河边，葬于地下不到有泉水的位置。堆土为坟，坟顶窄狭如仰斧形状，高四尺，附近种植了松柏为标记。弟子们都在孔子的坟墓旁住下来行心丧之礼。

埋葬孔子的时候，有人从遥远的燕国赶来参观，来人住在子夏家里。子贡对他说："我们也只是普通人安葬圣人，不是圣人在安排料理葬礼，对于您来说有什么值得看的呢？过去夫子曾经谈及筑坟的样式，说：'我见过坟筑得有像堂基的，有像斧头刃向上的。我身后就要斧头刃向上的形式。'斧头刃向上的形式，俗名叫作'马鬣封'。我们今天为他筑坟，一天之内就聚土四尺来高，筑成了斧头刃向上的形式，这也算我们完成了夫子的遗愿吧。这有啥看的呢？"

注释

1 **鬣**(liè):马、狮子等颈上的长毛。

原文

二三子三年丧毕,或留或去,惟子贡庐于墓[1]六年。自后群弟子及鲁人处墓如家者,百有余家,因名其居曰“孔里”焉。

译文

孔子去世后,弟子们大都守墓三年,过后,有的又住了一段时间,有的就离开了,只有子贡在孔子墓旁搭盖小屋居住了六年多。从那时以后,孔子的一些弟子以及鲁国百姓就有在孔子墓旁边建房居住的,渐渐有了百十来户,这样人们就把他们居住的地方叫作“孔里”了。

注释

1 **庐于墓**:即庐墓,古人在父母或老师的墓旁搭盖小屋居住服丧,守护坟墓。

卷第十

曲礼子贡问

导读

本篇记载了孔子对礼仪规范的评论，“曲礼”即礼之细目，因本篇首章孔子回答子贡就礼仪细节方面的问题，故以“曲礼子贡问”名篇。

在此篇中，有关君臣之礼，孔子认为“以臣召君，不可以训”，为了维护周天子的尊严，在“夫子作《春秋》”时不惜用“春秋笔法”式的曲笔改写史实。孔子反对桓魋自为石椁的奢靡，主张丧事从俭。孔子知道“南宫敬叔以富得罪于定公”，主张“富而好礼”，应该“循礼施散”，而不应该通过金钱贿赂来恢复官职。在孔子看来，“贤君”当以民为本，出现饥荒，应当节约减役，带头“自贬以救民”。君子起居，也应当遵礼。士大夫应当遵守“相吊之道”，君子处事，不俭不奢，“上不僭下，下不逼上”。孔子看到陈弃疾“杀人之中，又有礼焉”，回避“人臣之节”之讥，赞扬他的“不忍杀人之心”。孔子主持卫国司徒敬之的丧礼时，按“殷道”行礼，被弟子指责为“变俗”，这正可见孔子“丧事则从其质”的重情主张。另外，孔子还对绎礼、祭服、殇礼、丧期的士相见礼、哭礼、启颡礼等，谈了自己的看法。

原文

子贡问于孔子曰：“晋文公实召天子而使诸侯朝焉。[1]夫子作《春秋》，云‘天王狩于河阳[2]’，何也？”孔子曰：“以臣召君，不可以

译文

子贡问孔子说：“晋文公在温地的会盟，实际上是召请来周天子，而让诸侯来朝见。老师您编写《春秋》时却写成‘天王在河阳打猎’，这是为什么呢？”孔子说：“以臣下的身份召请君主，这不足以

训[3]，亦书其率诸侯事天子而已。”

取法，所以我要写成晋文公率诸侯侍奉天子罢了。”

注释

1 **晋文公重耳召请周天子事**：据《左传·僖公二十八年》载：“冬，会于温。……是会也，晋侯召王，以诸侯见，且使王狩。”

2 **天王狩于河阳**：天子在河阳打猎。天王，天子周襄王。河阳，古地名，在今河南孟县西。

3 **训**：取法。

原文

孔子在宋，见桓魋[1]自为石椁，三年而不成，工匠皆病[2]。夫子愀然曰：“若是其靡[3]也。死不如朽之速愈。”

冉子仆[4]，曰：“礼，凶事不豫[5]，此何谓也？”夫子曰：“既死而议谥，谥定而卜葬[6]，既葬而立庙，皆臣子之事，非所豫属也，况自为之哉？”

译文

孔子在宋国，看见宋国司马桓魋为自己设计石制的套棺，做了三年还没有完工，工匠们都疲惫不堪。孔子面有忧色，说：“像这样奢靡，死了还不如快点腐烂的好。”

冉有跟随侍奉孔子，说：“根据礼制，丧事不能预先准备，这是什么意思呢？”孔子说：“人死了以后才议定谥号，谥号定了以后再占卜下葬的地点和日期，安葬完毕再建立祭庙，这些事都应该由臣子来办，并非是预先就操办好的，更何况是自己为自己操办呢？”

注释

1 **桓魋**：宋国司马，宋桓公的后代。

2 **病**：疲惫不堪。

3 **靡**：靡费，奢侈。

4 **仆**：驾车。

5 **豫**：通“预”。

6 **葬**:用龟卜选择葬日和葬地。

原文

南宫敬叔以富得罪于定公,奔卫。卫侯请复之,载其宝以朝。夫子闻之,曰:“若是其货[1]也,丧不若速贫之愈。”子游侍,曰:“敢问何谓如此?”孔子曰:“富而不好礼,殃也。敬叔以富丧[2]矣,而又弗改,吾惧其将有后患也。”

敬叔闻之,骤如孔氏,而后循礼施散焉。

译文

南公敬叔因富有而得罪了鲁定公,逃到了卫国。卫国国君请求鲁定公恢复敬叔的官位,敬叔就满载着财物来朝见鲁定公。孔子听到这件事后,说:“像这样使用财货进行贿赂,丢了官位还不如迅速贫穷的好呢!”子游正侍奉孔子,说:“请问这话是什么意思呢?”孔子说:“一个人富有而不遵守礼制,必定会招致灾祸。南宫敬叔因富有而丧失官位,却仍不知悔改,我恐怕他将来还会有祸患啊!”

南宫敬叔听到孔子的话后,马上赶到孔子家里,向孔子请教。从此以后,他做事遵循礼节,还把自己的财货施散给百姓。

注释

1 **货**:贿赂。

2 **丧**:失位。

原文

孔子在齐,齐大旱,春饥。景公问于孔子曰:“如之何?”孔子曰:“凶年则乘驽马,力役不兴,驰道不修,祈以币玉[1],祭事不悬,祀以下牲[2]。此则贤君自贬以救民之礼也。”

译文

孔子在齐国的时候,齐国大旱,春季出现了饥荒。齐景公向孔子请教说:“现在应该怎么办呢?”孔子说:“遇到灾荒年景,国君出门应该乘坐劣马,不兴劳役,不修建驰车大道,国君禳灾祈请时只用币和玉而不用牲畜,祭祀时不奏乐,祭祀用的牲畜也用次等的。这是贤明君主自己降低等级以拯救民众的礼节啊!”

注释

1 **祈以币玉**：王肃注："君所祈请，用币及玉，不用牲也。"

2 **下牲**：次一等的祭牲。王肃注："当用大牢者用少牢。"

原文

孔子适季氏，康子昼居内寝。孔子问其所疾，康子出见之。言终，孔子退。子贡问曰："季孙不疾，而问诸疾，礼与？"孔子曰："夫礼，君子不有大故，则不宿于外；非致齐[1]也，非疾也，则不昼处于内。是故夜居外，虽吊之，可也；昼居于内，虽问其疾，可也。"

译文

孔子到季氏家，季康子大白天还在内室睡觉。孔子就问他生了什么病，季康子从内室出来和孔子见面谈话。谈话结束后，孔子退了出来。子贡就请教说："季孙氏没有生病，而老师您却问他生了什么病，这合乎礼制要求吗？"孔子说："按照礼法，君子不是由于居丧等大的变故，是不会住在内室之外的；不是祭前的斋戒，不是生病，是不会白天呆在正寝之中的。所以呀，夜里睡在内屋外面，就像居丧的模样，亲朋好友就可以前往吊丧；大白天还呆在内室之中，就像生病了，亲朋好友就可以前往探问病情。"

注释

1 **致齐**(zhāi)：祭祀前清心洁身、想象先人音容笑貌和行为意志的一种仪式。齐，通"斋"。

原文

孔子为大司寇，国厩焚。子退朝，而之火所。乡人有自为火来者，则拜之，士一，大夫再。子贡曰：

译文

孔子做鲁国大司寇时，国君的马棚曾发生了火灾。孔子退朝后，去了着火的地方。看到住在附近的人们都自发赶来救火，孔子一一拜谢，对士拜一下，对大夫拜两下。子贡就问："请问这是为什么呢？"孔子说："那些来到火灾

“敢问何也？”孔子曰：“其来者，亦相吊之道也。吾为有司，故拜之。”

子贡问曰：“管仲失于奢，晏子失于俭。与其俱失也，二者孰贤？”孔子曰：“管仲镂簋而朱纮[1]，旅树[2]而反坫[3]，山节藻棁[4]。贤大夫也，而难为上。晏平仲祀其先祖，而豚肩[5]不掩豆[6]，一狐裘三十年。贤大夫也，而难为下。君子上不僭下，下不逼上。”

现场的人，也都遵行相互吊慰的礼制。我作为国家司法治安的负责官员，所以要拜谢他们。”

子贡请教孔子说：“管仲的过失在于过度奢华，晏子的过失在于过度节俭。与其说两人都有过失而一概加以否定，还不如加以比较是谁更加贤良呢？”孔子说：“管仲身为大夫，却使用镂花镶玉的簋来盛粮食，帽带使用天子独用的朱红色，在大门内设置屏风，在堂上两楹间设置用以放空酒杯的土台，住室的斗拱上刻着山形图案，梁上的短柱雕有水草纹。不能说管仲不是个贤大夫，但他的僭越行为却使他的国君为难。晏平仲身为大夫，却在祭祖时用的猪腿小得连豆都盛不满，一件狐皮大衣穿了三十年。不能说晏平仲不是个贤大夫，但他的俭啬却使他的下属为难。君子的行为要与身份相称，既不僭上，又不逼下。”

注释

1 **镂簋而朱纮**：刻有花纹的簋和红色的帽带。镂，刻。簋，盛食物的器具。朱，涂上红彩。纮，冕冠上的系绳。

2 **旅树**：当门道立屏。《礼记·郊特牲》：“台门而旅树……大夫之僭礼也。”郑玄注：“旅，道也。屏谓之树，树所以蔽行道。”孔颖达疏：“旅树者，旅，道也；树，立也。人君当门道立屏，蔽内外为蔽也……礼，天子外屏，诸侯内屏，大夫以帘，士以帷。”

3 **反坫**(diàn)：周代诸侯宴会时，互相敬酒后把空酒杯放在坫上的一种礼节。坫，土筑的平台。《论语·八佾》：“邦君为两君之好，有反坫。”何晏《集解》引郑玄《注》：“反坫，反爵之坫，在两楹之间。”

4 **山节藻棁**(zhuō)：古代天子的庙饰。山节，刻成山形的斗拱。藻棁，画有水草花纹的梁上短柱。王肃注:“节,栭也,刻为山云。棁,梁上楹也,画藻文也。”

5 **豚肩**:猪腿。

6 **豆**:古代一种盛食物的器皿,形似高脚盘,或有盖,多陶制,也有青铜制或木制涂漆的,后世常作礼器。

原文

冉求曰:“臧文仲知[1]鲁国之政,立言垂法,于今不亡,可谓知礼者矣。”孔子曰:“昔臧文仲安知礼?夏父弗忌[2]逆祀而不止,燔柴于灶以祀焉。夫灶者,老妇之所祭,盛于瓮,尊于瓶,非所祭也。故曰:礼也者,犹体也。体不备,谓之不成人,设之不当,犹不备也。”

译文

冉求请教孔子说:“臧文仲在鲁国当官为政时,制定礼法制度,垂示法则,他的影响到现在也没有消失,可以说是懂礼的人。”孔子说:“以前的臧文仲哪里懂得礼呢?夏父弗忌在祭祀时违反了昭穆制度,庙祭时将入继闵公的僖公之神位升于闵公之上,臧文仲并未加以谏止;在灶前烧柴以祭祀灶神也不恰当。须知灶神,是应该由老妇主祭的,在祭灶神时,只要把供品放在瓮里、酒放入瓶内就行了,不是用燃柴来祭的。所以说,礼呀,就好比是人的身体。身体如有缺陷就不是正常人,礼如果用得不当,就好比人体有缺陷一样。”

注释

1 **知**:主持。

2 **夏父弗忌**:春秋时鲁国大夫,鲁文公时任宗伯,有乱摆祭位的大失礼之举,被称为“逆祀”。《左传·文公二年》:“秋八月丁卯,大事于大庙,跻僖公,逆祀也。于是夏父弗忌为宗伯。”夏父,复姓。弗忌,或作“不忌”“弗綦”。

原文

子路问于孔子曰："臧武仲率师，与郰[1]人战于狐鲐，遇，败焉，师人多丧而无罚。古之道然与？"孔子曰："凡谋人之军，师败则死之；谋人之国邑，危则亡之。古之道也，其君在焉者，有诏则无讨[2]。"

译文

子路请教孔子说："臧武仲率领军队在狐鲐同郰国人交战，两军相遇，臧武仲兵败了，士兵阵亡很多，但臧武仲却未受到处罚。古代的制度是这样的吗？"孔子说："凡为人指挥作战的人，兵败了就得自杀谢罪；凡为人掌管国家城邑事务的人，出现动乱就要逃亡国外。古代的制度啊，如果君主参与其事的话，臣属就可以免于处罚。"

注释

1 **郰**(zhū)：又称"郰娄"或"邹"，周代为鲁国附庸国，曹姓、周武王灭商之后，封颛顼的后裔侠于郰，史称"郰侠"，为郰国开国始祖。郰国，战国时为楚国所灭，故址在今山东邹城。

2 **有诏则无讨**：王肃注："诏，君之教也。有君教，则臣无讨。"

原文

晋将伐宋，使人觇[1]之。宋阳门之介夫死[2]，司城[3]子罕[4]哭之哀。觇者反，言于晋侯曰："阳门之介夫死，而子罕哭之哀。民咸悦。宋殆未可伐也。"孔子闻之，曰："善哉！觇国乎！《诗》[5]云：'凡民有丧，匍匐救之。'子罕有焉。虽非晋国，天下其孰能当

译文

晋国要攻打宋国，派人侦察宋国的虚实。宋国都城阳门有个披甲的卫士死了，司空子罕为此哭得十分哀痛。侦察的人回来后，对晋国国君说："宋国都城阳门有个甲士死了，而子罕为此哭得十分哀痛。百姓对这一举动都心悦诚服。现在还不是攻打宋国的时候啊。"孔子听说此事后，说："这个侦察情报的人，真是善于观察国体啊！《诗经》上说：'凡是百姓有急难，拼死也要来救援。'子罕就做到了这一点。不仅是晋国，天下谁能和上下齐心的宋国对抗

之？是以周任有言曰：‘民悦其爱者，弗可敌也。’”

呢？因此，周任说过这样的话：‘百姓悦服爱护他们的人，这样的人是不可战胜的啊。’”

注释

1 **觇**(chān)：侦察，偷偷窥察。

2 **宋阳门之介夫死**：王肃注：“阳门，宋城门也。介夫，被甲御门者也。”

3 **司城**：司空，宋国为避宋武公讳，改称司城。

4 **子罕**：乐喜，字子罕，宋戴公之后，任司空。

5 **《诗》**：指《诗经·邶风·谷风》。

原文

楚伐吴，工尹[1]商阳与陈弃疾[2]追吴师。及之，弃疾曰：“王事也，子手弓而可。”商阳手弓。弃疾曰：“子射诸。”射之，毙一人，韔[3]其弓。又及，弃疾谓之，又毙二人。每毙一人，辄掩其目。止其御，曰：“吾朝不坐，燕不与，杀三人亦足以反命[4]矣。”

孔子闻之，曰：“杀人之中，又有礼焉！”子路怫然进曰：“人臣之节，当君大事，唯力所及，死而后已。夫子何善此？”子曰：“然，如汝

译文

楚国攻打吴国，楚国工尹商阳和公子弃疾同车追击吴军。追赶上以后，弃疾说：“这是国君交给的任务，你可以把弓拿在手里了。”于是商阳把弓拿在手里。弃疾说：“你可以射箭了。”商阳射出一箭，射死一人，就把弓装入弓袋。车再次追赶上敌人，弃疾说了同样的话，商阳就又射杀了二人。每射死一人时，商阳都要把眼睛遮起来不忍观看。就这样射死三人后，他便停止追赶，说：“作为一个卑下之士，我朝见时没有座位，宴会时没有席次，杀死三个敌人，回去也足以复命了。”

孔子听说后，说：“杀人之中，又有礼的因素啊！”子路愤愤然走上前对孔子说：“根据人臣之节，遇到国君托付的大事，当竭尽全力去做，死而后已。老师您为什么称赞商阳的举动呢？”孔子说：“是的，就像你所说

言也。吾取其有不忍杀人之心而已。”

的这样。我只不过是称许他有不忍杀人的想法罢了。”

注释

1 **工尹**:楚国掌管百工的官职。

2 **陈弃疾**:楚共公幼子弃疾,因率师灭陈而有“陈弃疾”之号,后继位,世称楚平王。

3 **韔**(chàng):弓袋。此处名词动用,指将弓装入弓袋。

4 **反命**:复命。

原文

孔子在卫,司徒敬之卒,夫子吊焉。主人不哀,夫子哭不尽声而退。蘧伯玉请曰:“卫鄙俗,不习丧礼,烦吾子辱相焉。”孔子许之。

掘中霤[1]而浴,毁灶而缀足[2],袭[3]于床;及葬,毁宗而躐行[4],出于大门;及墓,男子西面,妇人东面,既封而归。殷道也,孔子行之。

子游问曰:“君子行礼,不求变俗,夫子变之矣。”孔子曰:“非此之谓也,丧事则从其质而矣。”

译文

孔子在卫国时,司徒敬之逝世了,孔子前去吊丧。主人哭得并不悲哀,孔子没有放声大哭就退出来了。蘧伯玉请求孔子说:“我们卫国风俗鄙陋,不懂丧礼,烦请老师屈尊担任相礼之职。”孔子答应了。

在室中掘坑为死者沐浴,用拆毁炉灶的砖为死者缀脚,在床上用整套的衣服装敛尸体。到了安葬时,就在宗庙的西墙拆开一个豁口,越过庙门西边的行神之位,把灵柩拉出大门。到了墓地,让男子站在东边,面向西,妇女站在西边而面向东,堆土成坟后就回来了。这是殷朝人行丧礼的规定,孔子就是按它举行的。

子游问:“君子主持礼仪,不求改变习俗,然而老师您却已经改变了。”孔子说:“话不是这么说,办理丧事只要合乎它的本质就可以了。”

注释

1 **中霤**:室中。霤,亦写作"溜"。《公羊传·哀公六年》:"于是使力士举巨囊,而至于中霤。"徐彦疏引庾蔚曰:"复地上累土,穴则穿地也。复穴皆开其上取明,故雨霤之,是以因名中室为中霤也。"

2 **毁灶而缀足**:拆毁炉灶的砖为死者缀脚。缀足,拘束双足,使之正直,以便为死者穿鞋。

3 **袭**:以衣敛尸。

4 **毁宗而躐行**:毁掉宗庙西墙,让灵柩经过行神之位。王肃注:"毁宗庙而出,行神位在庙门之外也。"

原文

宣公八年,六月辛巳,有事于太庙,而东门襄仲[1]卒,壬午犹绎[2]。子游见其故,以问孔子曰:"礼与?"孔子曰:"非礼也。卿卒不绎。"

译文

鲁宣公八年(前601)六月辛巳日,鲁国在太庙举行禘祭,恰巧鲁卿东门襄仲去世了。第二天壬午日,仍然举行了绎祭。子游看到这样的记载,便问孔子说:"这合乎礼制要求吗?"孔子说:"这是不合乎礼制要求的。如果国家有卿去世,就不应该再举行第二天的绎祭。"

注释

1 **东门襄仲**:春秋时期鲁国卿公子遂,亦称仲遂。鲁文公十八年(前609)杀嫡立庶,扶立宣公。

2 **绎**:祭祀的第二天再祭,行傧尸之礼。《诗经·周颂·丝衣》序:"《丝衣》,绎宾尸也。"郑玄笺:"绎,又祭也。天子、诸侯曰绎,以祭之明日;卿大夫曰宾尸,与祭同日。周曰绎,商谓之肜。"孔颖达疏:"谓周公、成王太平之时,祭宗庙之明日,又设祭事以寻绎昨日之祭,谓之为绎,以宾事所祭之尸,行之得礼。"

原文

季桓子丧,康子练[1]而无衰。子游问于孔子曰:"既服练服,可以除衰乎?"孔子曰:"无衰衣者不以见宾,何以除焉!"

译文

在为季桓子守丧期间,康子在举行周年祭后就除去了衰衣。子游请教孔子说:"穿了练服以后,就可以除去衰衣吗?"孔子说:"不穿衰衣,不能会见宾客,怎么可以除去呢!"

注释

1 **练**:练祭,一周年祭,小祥。《礼记·檀弓上》:"练,练衣黄里,縓缘。"郑玄注:"小祥练冠,练中衣,以黄为内,縓为饰。"孔颖达疏:"练衣者,练为中衣。黄里者,黄为中衣里也。正服不可变,中衣非正服,但承衰而已。"

原文

郕人以同母异父之昆弟死,将为之服[1],因颜克[2]而问礼于孔子。子曰:"继父同居者,则异父昆弟从为之服;不同居,继父且犹不服,况其子乎?"

译文

郕国有人因为同母异父的兄弟死了,准备为他穿丧服,就通过颜克向孔子请教有关的礼仪。孔子说:"如果与继父居住在一起,那么异父兄弟都要跟着穿丧服;如果没有住在一起,那么,就连继父本人死了也无须穿丧服,更何况是他的儿子呢?"

注释

1 **服**:穿丧服。

2 **颜克**:即颜刻,字子骄,鲁国人,孔子弟子,比孔子小五十岁。或作"颜高"。

原文

齐师侵鲁,公叔务人[1]遇人入保[2],负杖而息。务人泣曰:"使之虽病[3],任之虽重[4],君子

译文

齐国军队侵入鲁国,公叔务人看见一个鲁国人疲惫地走进城堡,肩上扛着木杖休息。务人流着泪说:"尽管征发的徭役使百姓疲惫不堪,征收的赋税也十分繁重,但是

弗能谋，士弗能死，不可也。我则既言之矣，敢不勉乎？”与其邻嬖童汪锜乘往，奔敌死焉。皆殡[5]，鲁人欲勿殇[6]童汪锜，问于孔子。子曰：“能执干戈以卫社稷，可无殇乎？”

卿大夫不能出谋划策，士人不能为国效命，这还是不行的。我既已说出这话，怎么还敢不尽力呢？”于是就和邻里受宠爱的小孩汪锜一起驾着车奔赴战场，冲敌而死。两人都殡殓了，鲁国人不想用殇礼来为汪锜治丧，便去请教孔子。孔子说：“虽然是小孩，但他能够手执干戈挺身保卫国家，应该可以不用殇礼治丧吧！”

注释

1 **公叔务人**：鲁昭公之子，名公为。

2 **保**：通“堡”。

3 **使之虽病**：王肃注：“谓时徭役。”

4 **任之虽重**：王肃注：“谓时赋税。”

5 **殡**：殓而未葬。

6 **殇**：行殇者礼，即用未成年人的简单丧礼。

原文

鲁昭公夫人吴孟子[1]卒，不赴[2]于诸侯。孔子既致仕，而往吊焉。适于季氏，季氏不绖，孔子投绖而不拜。子游问曰：“礼与？”孔子曰：“主人未成服，则吊者不绖焉，礼也。”

译文

鲁昭公夫人吴孟子去世，没有去向诸侯报丧。此时孔子已经辞去官职，前往吊丧。到了季氏家里，看见季康子没有扎丧服中所系的麻带，于是解下麻带，也没有行礼下拜。子游问道：“这样做合乎礼制要求吗？”孔子说：“主人没有穿丧服，那么前去吊唁的人也可以不系麻带，这样做符合礼制的要求啊。”

注释

1 **吴孟子**：鲁昭公娶吴女为夫人，按国君夫人称号为出生的国名加上姓之规定，应该称她为“吴姬”，但因两人都姓姬，古代同姓不婚，乃改夫人姓孟，称吴孟子。

2 **赴**：报丧。

原文

公父穆伯[1]之丧，敬姜昼哭；文伯之丧，昼夜哭。孔子曰：“季氏之妇，可谓知礼矣！爱而无私，上下有章[2]。”

译文

在亡夫公父穆伯丧期内，敬姜白天哭；在亡子公父文伯丧期内，敬姜白天黑夜都哭。孔子说：“季氏家的这位妇人，可以称得上是知礼啊！她对丈夫和儿子一样都爱，但是在哀悼时却能做到父子有别。”

注释

1 **公父穆伯**：鲁国贵族，季悼子之子，敬姜之夫，公父文伯之父，季康子祖父季平子的弟弟。

2 **上下有章**：王肃注：“上谓夫，下谓子也。章，别也。哭夫昼哭，哭子昼夜哭，哭夫与子各有别也。”

原文

南宫縚之妻，孔子兄之女，丧其姑。夫子诲之髽[1]，曰：“尔毋从从尔，毋扈扈尔。”[2]盖榛以为笄[3]，长尺，而总八寸[4]。

译文

南宫縚的妻子，是孔子哥哥的女儿，她的婆婆去世了。孔子教她做丧髻的方法时说：“你不要做得高高的，不要做得大大的。”他的意思，大概是说用榛木做发簪，长一尺，系在发髻上的带子下垂八寸。

注释

1 **髽**(zhuā)：用麻和头发合打而成的丧髻。

2 王肃注：“从从，高也；扈扈，大也。皆言丧者无容饰也。”

3 **笄**：一种簪子，用来插住挽起的头发，或插住帽子。

4 **总八寸**：王肃注："总，束发。束发垂为饰者，齐衰之总八寸也。"

原文

子张有父之丧，公明仪[1]相焉，问启颡[2]于孔子。孔子曰："拜而后启颡，颓[3]乎其顺也；启颡而后拜，颀[4]乎其至也。三年之丧，吾从其至者。"

译文

子张的父亲死了，要办丧事，公明仪担任相礼之职，向孔子请教启颡之礼。孔子说："先跪下拜谢宾客的到来，接着磕头表达自己的悲痛之情，这是表达恭顺而又合乎礼节的方式。先磕头表达悲痛之情，接着再拜谢，这是表达极为诚恳的方式。为父服丧三年，我认为应该遵从这种极为诚恳的表达方式。"

注释

1 **公明仪**：曾子、子张的弟子，鲁国人。

2 **启颡**：即稽颡，一种屈膝下拜、以额触地答客的居丧礼。《仪礼·士丧礼》："吊者致命，主人哭拜，稽颡成踊。"

3 **颓**：恭顺的样子。

4 **颀**(kěn)：通"恳"，诚恳。

原文

孔子在卫，卫之人有送葬者，而夫子观之，曰："善哉，为丧乎！足以为法也。小子识之！"子贡问曰："夫子何善尔也？"曰："其往也如慕，其返也如疑。"子贡曰："岂若速返而虞[1]哉？"

译文

孔子在卫国时，卫国有人送葬，孔子在旁边观看，说："这位送葬的孝子，做得好啊！他的做法完全可以当作模范了。你们要好好记着！"子贡问道："老师您为什么称赞他呢？"孔子说："那孝子前往墓地送灵柩的时候，就像小孩子依恋父母一样地哭泣，埋葬后返回家时，又像是在怀疑亲人是否真的离开人世了。"子贡说："那怎能比得上赶

子曰："此情之至者也。小子识之！我未之能也。"

快回家举行虞祭来安魂呢？"孔子说："这样做是内心亲情的真挚流露啊。你们要好好记着！我也不能做到这一步啊。"

注释

1 **虞**：丧祭之名。王肃注："返葬而祭，谓之虞也。"《仪礼·既夕礼》"三虞"郑玄注："虞，丧祭名。虞，安也。骨肉归于土，精气无所不之，孝子为其彷徨，三祭以安之。朝葬，日中而虞，不忍一日离。"贾公彦疏："主人孝子，葬之时，送形而往，迎魂而返，恐魂神不安，故设三虞以安之。"

原文

卞[1]人有母死而孺子之泣者。孔子曰："哀则哀矣，而难继也。夫礼，为可传也，为可继也。故哭踊[2]有节，而变除有期。"

译文

卞地有个人死了母亲，他像小孩子一样毫无节制地放声痛哭。孔子说："悲哀是够悲哀的，别人却难以跟着做。礼啊，是要传布于众人的，是要人们跟着做的。所以，发丧时边哭边顿足有一定的节制，而变除丧服也有一定的期限。"

注释

1 **卞**：鲁邑，在今山东泗水东。或作"弁"。

2 **哭踊**：哭丧时边哭边顿足。踊，跳。《礼记·檀弓下》："辟踊，哀之至也。"孔颖达疏："抚心为辟，跳跃为踊。孝子丧亲，哀慕至懑。男踊女辟，是哀痛之至极也。"

原文

孟献子[1]禫[2]，悬而不乐，可御而不处内[3]。子游问于孔子曰："若是则过礼也？"孔子曰："献子可谓加于人一等矣。"

译文

孟献子服丧期满举行了除服的禫礼之后，将钟磬等乐器悬挂起来而无心奏乐，本可与妻妾共寝，但并不宿于内。子游问孔子说："像他这样是否逾越了礼制？"孔子说："孟献子可以说是高出常人一等了。"

注释

1 **孟献子**:鲁国大夫仲孙蔑。

2 **禫**(dàn):除丧服的祭祀,一般在三年(实际上只有二十五或二十七个月)丧毕后举行。

3 **可御而不处内**:守丧期满,可与妻妾共寝,却不宿于内。

原文

鲁人有朝祥[1]而暮歌者,子路笑之。孔子曰:"由!尔责于人终无已。夫三年之丧,亦已久矣。"子路出,孔子曰:"又多乎哉?逾月则其善也。"

译文

鲁国有人早上举行除丧的大祥之祭,晚上就唱起歌来,被子路所嘲笑。孔子说:"仲由!你责备别人总是没完没了。人家能服三年之丧,也已经够长的了。"子路出去后,孔子又说:"又需再多等很长时间吗?过去这个月再唱歌就很好了。"

注释

1 **祥**:祥祭。三年之丧的祥祭中,父母死后第十三个月举行小祥,第二十五个月举行大祥。一年之丧的祥祭中,父母死后第十一个月举行小祥,第十三个月举行大祥。

原文

子路问于孔子曰:"伤哉贫也!生而无以供养,死则无以为礼也。"孔子曰:"啜菽[1]饮水,尽其欢心,斯谓之孝。敛手足形,旋葬而无椁,称其财,斯谓之礼。贫何伤乎?"

译文

子路请教孔子说:"最让人伤悲的是贫穷啊!父母在世时没有钱来好好奉养,去世了又没法体面举办丧事。"孔子说:"父母活着时,尽管只能煮豆子吃,喝清水,只要让他们高兴,也可以称得上孝顺了。父母死后,衣被能遮盖住身体,收殓后就安葬而没有套棺,花费和自己的财力相称,这样就可以称作守礼了。贫穷又有什么令人伤悲的呢?"

注释

1 **菽**:豆子。

原文

吴延陵季子聘于上国,适齐。于其返也,其长子死于嬴、博[1]之间。孔子闻之,曰:"延陵季子,吴之习于礼者也。"往而观其葬焉。其敛,以时服而已。其圹,掩坎[2],深不至于泉。其葬,无明器[3]之赠。既葬,其封[4],广轮[5]掩坎,其高可肘隐也。既封,则季子左袒,右还[6]其封,且号者三,曰:"骨肉归于土,命也。若魂气则无所不之,无所不之!"而遂行。

孔子曰:"延陵季子之于礼,其合矣。"

译文

吴国公子延陵季子到中原各国进行访问,到了齐国。在返回的途中,他的长子死在了嬴、博两地之间。孔子听说此事后,说:"延陵季子,那是吴国精通礼仪的人哪。"于是前往观看他举行葬礼的情景。季子装殓时,仅仅给死者穿上了随时令的衣服。挖的墓穴,正好与放棺材的墓坑一样大,深度还不到见水的程度。埋葬时,并没有随葬物品。埋葬以后,堆土为坟,坟头的宽度与长度正好掩盖住墓坑,高度不过仅比胳膊肘稍高。堆好坟头后,季子便袒露左臂,向右绕着坟头走,并哭喊了三次,说:"骨肉回归泥土中,这是天命啊! 你的魂气则可以无所不至,无所不至啊!"说完就走了。

孔子说:"延陵季子的这次葬礼,与礼制的本质相符合啊。"

注释

1 **嬴、博**:皆为春秋时齐国的城邑,分别在今山东莱芜西北、泰安东南。嬴博,又为客死异乡的代称。

2 **坎**:墓坑。

3 **明器**:木制或石制的随葬物品,又作"冥器"。

4 **封**:古代士以上的人死后,所葬堆土成坟。

5 **广轮**:长宽。东西为广,南北为轮。

6 **还**:通“环”。

原文

子游问丧之具。孔子曰:“称家之有亡[1]焉。”子游曰:“有亡恶乎齐?”孔子曰:“有也,则无过礼;苟亡矣,则敛手足形,还[2]葬,悬棺而封[3]。人岂有非之者哉?故夫丧亡,与其哀不足而礼有余,不若礼不足而哀有余也。祭祀,与其敬不足而礼有余,不若礼不足而敬有余也。”

译文

子游向老师请教丧葬礼仪上的用具问题。孔子说:“应该与家资的多寡相称。”子游说:“家资有多寡,如何做到相称呢?”孔子说:“家资丰饶,也不要超过礼仪规定(而一味奢侈)。如果家资俭薄,只需要装殓时能遮盖住肢体而不使外露,随即下葬,用绳子兜住棺材,悬起,再置放入墓坑中。只要尽心尽力了,哪里还有人责备他们呢?所以办理丧事时,与其缺少哀痛之情而使用过多的礼仪形式,还不如礼仪形式不完备却充满哀痛呢。祭祀亲人时,与其缺少敬意而使用过多的礼仪形式,还不如礼仪形式不完备却充满恭敬之情呢。”

注释

1 **亡**:无。

2 **还**(xuán):通“旋”。

3 **悬棺而封**:用绳子兜住棺材,悬起,再置放入墓坑中。

原文

伯高[1]死于卫,赴于孔子。子曰:“吾恶乎哭诸?兄弟,吾哭诸庙;父之友,吾哭诸庙门之外;

译文

伯高死在卫国,有人来向孔子报丧。孔子说:“我应该在哪里哭他呢?如果是兄弟,我就在祖庙里哭他;如果是父亲的朋友,我就在庙门之外哭他;如果是老师,我就在

师，吾哭之寝；朋友，吾哭之寝门之外；所知，吾哭之诸野。今于野则已疏，于寝则已重。夫由赐也而见我，吾哭于赐氏。”

遂命子贡为之主，曰：“为尔哭也来者，汝拜之；知伯高而来者，汝勿拜。”既哭，使子张往吊焉。未至，冉求在卫，摄[2]束帛、乘马[3]而以将之。

孔子闻之，曰：“异哉！徒使我不成礼于伯高者，是冉求也。”

所住的正室里哭他；如果是朋友，我就在正室的门外哭他；如果只是泛泛之交，我就在郊外哭他。至于我和伯高的关系，哭于郊外显得太疏远，哭于正室则显得礼数太重。他是通过子贡和我见面认识的，我还是到子贡家哭他吧。”

于是命子贡代为丧主，还交代子贡说：“凡是为了你的关系来哭的，你就拜谢；为了和伯高有交情而来哭的，就用不着你拜谢。”孔子哭过伯高之后，派子张前往卫国去吊唁。还没有到那里，冉求恰巧在卫国，便代孔子准备了一束帛、四匹马，装作奉孔子之命前去吊慰。

孔子听说了此事，说：“这事办得怪呀！白白地使我失礼于伯高的人，正是冉求啊。”

注释

1 **伯高**：春秋时贤士，生平不详。《礼记 · 檀弓上》郑玄注曰：“伯高，死时在卫，未闻何国人。”

2 **摄**：代理。

3 **乘**(shèng)**马**：四匹马。

原文

子路有姊之丧，可以除[1]之矣，而弗除。孔子曰：“何不除也？”子路曰：“吾寡兄弟，而弗忍也。”

孔子曰：“行道[2]之人

译文

子路为姐姐服丧，到了可以除掉丧服的时候，却还不愿除服。孔子说：“为什么不除掉丧服呢？”子路说：“我兄弟姐妹少，不忍心到期就除掉丧服。”

孔子说：“实行仁义之道的人都不

皆弗忍。先王制礼，过之者俯而就之，不至者企而望之。”子路闻之，遂除之。

忍心。先王制定的礼制，做得过分的就得降格俯就它，做得不够的就得勉力达到它。”子路听了这些话，就除掉了丧服。

注释

1 **除**:除丧服，兄弟为已嫁姊妹服丧，宜服大功九月。

2 **道**:仁义之道。

原文

伯鱼[1]之丧母也，期而犹哭[2]。夫子闻之，曰:“谁也？”门人曰:“鲤也。”孔子曰:“嘻！其甚也，非礼也！”伯鱼闻之，遂除之。

译文

伯鱼为母校服丧，满一周年了还在哭。孔子听到了哭声，问:“谁在哭啊？”门人回答说:“是孔鲤在哭。”孔子说:“嘻！这太过分了，不符合礼制的要求！”伯鱼听了，便除服不哭了。

注释

1 **伯鱼**:孔子独子孔鲤，字伯鱼。

2 **期而犹哭**:满一周年了还哭。按礼制要求，父在，子为母服齐衰，时限一年。

原文

卫公使其大夫求婚于季氏，桓子问礼于孔子。子曰:“同姓为宗，有合族之义。故系之以姓而弗别，啜之以食而弗殊[1]。虽百世，婚姻不得通，周道然也。”

译文

卫国国君派大夫向鲁国季氏求亲，季桓子就相关礼制请教孔子。孔子说:“以同姓的人为同一宗族，有会合族人之义。所以用一个姓将他们联结起来而不加区别，聚集起宗子举行食族人之礼时也没有什么差别。同姓的人即使过了一百代，也不能互通婚姻，周代制度就是这样规定的。”

季桓子问:“鲁国、卫国的祖先，虽然是

桓子曰："鲁、卫之先，虽寡兄弟[2]，今已绝远矣。可乎？"孔子曰："固非礼也。夫上治祖祢[3]，以尊尊之；下治子孙，以亲亲之；旁治昆弟，所以敦睦也。此先王不易之教也。"

嫡出的亲兄弟，但到现在血缘关系已经极为疏远了。可以通婚吗？"孔子说："这确实是不合乎礼制要求。对上要理顺先祖先父的名分位次，以便用来尊崇正统至尊；对下要理顺子孙的亲疏远近，以便可以亲爱至亲的骨肉；对旁要理顺同宗兄弟之间的关系，以便教导他们和睦相处。这是先王不可更改的教化之道啊。"

注释

1 **啜之以食而弗殊**：王肃注："君有食族人之礼，虽亲尽，不异之族食多少也。"

2 **寡兄弟**：嫡出兄弟。鲁国始祖周公旦与卫国始祖康叔皆为周文王与太姒之子。

3 **祢**(nǐ)：对已在宗庙中立了牌位的亡父的称谓。《公羊传·隐公元年》何休注："生称父，死称考，入庙称祢。"

原文

有若问于孔子曰："君王之于同姓，如之何？"孔子曰："皆有宗道[1]焉。故虽君王之尊，犹百世不废其亲，所以崇爱也。虽于族人之亲，而不敢戚君[2]，所以谦也。"

译文

有若问孔子说："对于疏远的族众，国君该怎么对待他们？"孔子说："都有宗族法则呀。所以，即使以国君的尊贵，过上一百代也还是不能废弃他们的亲属关系的，这是推崇爱亲之情的缘故。即使有同族的亲情关系，也不敢以国君的亲戚自居，这是为了表示谦虚的缘故。"

注释

1 **宗道**：宗族法则。

2 **不敢戚君**：王肃注："戚，亲也。尊敬君不敢如其亲也。"

曲礼公西赤问

导读

本篇主要围绕丧葬礼的具体礼仪展开，因开篇为孔子弟子公西赤问士大夫的葬礼，故以“曲礼公西赤问”名篇。

本篇讨论的主要问题，比如有葬礼的级别，死后封嗣，合葬规制与坟墓修筑，真人殉葬与偶人殉葬，供品分赠与食用，尝祭的仪式，以及庙祭的细节，等等。

原文

公西赤问于孔子曰：“大夫以罪免[1]，卒，其葬也，如之何？”孔子曰：“大夫废其事，终身不仕，死则葬之以士礼。老而致仕者，死则从其列。”

译文

公西赤问孔子说：“大夫因为获罪而被免职，死了以后，他的葬礼应该按什么标准来治办呢？”孔子回答说：“大夫被免职以后，终身未再任职，死后就用士礼来安葬。因年老而退休的，死后可以按原来的等级安葬。”

注释

1 **免**：免职。

原文

公仪仲子[1]嫡子死，而立其弟。檀弓[2]谓子服伯子[3]曰：“何居[4]？我未之前

译文

公仪仲子的嫡子死了，仲子立了嫡子的弟弟。檀弓问子服伯子说：“这是为什么呢？我以前没有听说过这样的事

闻也。”子服伯子曰:“仲子亦犹行古人之道。昔者,文王舍伯邑考而立武王[5],微子舍其孙腯,立其弟衍。”

子游以问诸孔子。子曰:“否!周制立孙。”

啊。”子服伯子说:“公仪仲子也是照前人的旧规矩行事。从前,周文王舍弃他的长子伯邑考而立了武王,微子启不立他的嫡长孙腯而立他的弟弟衍。”

子游就此向孔子请教。孔子说:“不对!根据周代的制度,应该立他的嫡孙。”

注释

1 **公仪仲子**:春秋时期鲁国宗室,公仪氏,字仲子。

2 **檀弓**:鲁国善于礼仪的士人,公仪仲子的朋友。

3 **子服伯子**:公仪仲子的同宗兄弟。

4 **何居**(jī):为什么呢。居,语助词,同“乎”。《礼记·檀弓上》郑玄注:“居读为姬姓之‘姬’,齐鲁之间语助也。”《诗经·邶风·日月》:“日居月诸,照临下土。”

5 **文王舍伯邑考而立武王**:王肃注:“伯邑考,文王之长子也。言文王亦立子而不立孙也。”

原文

孔子之母既丧,将合葬焉。曰:“古者不祔葬[1],为不忍先死者之复见也。《诗》[2]云:‘死则同穴。’自周公已来,祔葬矣[3]。故卫人之祔也,离之[4],有以闻焉。鲁人之祔也,合之[5],美夫!吾从鲁。”遂合葬于防。

译文

孔子的母亲死后,准备与他的父亲合葬在一起。孔子说:“古代没有合葬的习俗,是因为不忍心再看到先去世的亲人。《诗经》上说:‘死则同穴。’自周公以来开始实行合葬。卫国人合葬的方式是夫妇棺椁分两个墓穴并排下葬,这样的事我听说过。鲁国人是夫妇棺椁葬在同一个墓穴,鲁国人的方式好,我要遵从鲁国人的合葬方式。”于是把父母合葬在防山。

注释

1 **祔葬**:合葬。

2《**诗**》:此处指《诗经 · 王风 · 大车》,其中有"穀则异室,死则同穴。谓予不信,有如皦日"句。

3 **自周公已来,祔葬矣**:《礼记 · 檀弓上》:"周公盖祔。"孔颖达疏:"周公以来,盖始祔葬,祔即合也,言将后丧合前丧。"

4 **离之**:分两个墓穴并排下葬。

5 **合之**:棺椁葬于同一墓穴。

原文

曰:"吾闻之,古者墓而不坟。今丘也,东西南北之人[1],不可以弗识[2]也。吾见封之若堂[3]者矣,又见若坊[4]者矣,又见若覆夏屋[5]者矣,又见若斧形者矣。吾从斧者焉。"于是封之,崇[6]四尺。

孔子先反,虞[7],门人后。雨甚,至墓崩,修之而归。孔子问焉,曰:"尔来何迟?"对曰:"防墓崩。"孔子不应。三云,孔子泫然而流涕,曰:"吾闻之,古不修墓。"及二十五月而大祥,五日而弹琴不成声,十日过禫,而成笙歌。

译文

下葬后,孔子又说:"我听说,古时候的墓地是不起坟头的,而今我孔丘是个居无定所之人,不可以不在墓地上做些标记。我见过坟头筑成四方而高似厅堂的样子的,见过斜面平平而上又狭长如堤防的样子的,也见过如同上面盖了大殿的样子的,还见过像斧形的样子的。我就按斧形的样子去做。"于是在墓坑上面堆土成坟,坟高四尺。

孔子先返回家举行安魂的虞祭,门人留在墓地处理善后事宜。不想下起大雨,坟墓也被冲塌了,他们修好以后才回去。孔子问他们说:"你们怎么回来得这么晚啊?"他们回答说:"防地的坟墓被冲塌了。"孔子没有应声。门人又说了多遍,孔子的泪水哗哗地流了下来,说:"我听说,古人是不在墓地上堆土成坟的啊!"二十五个月后,孔子服丧期满,举行了大祥祭,又过了五天开始弹琴,但却不成声调,接着举行了除服从吉的禫礼,又过了十天,开始吹笙,这才能吹成歌曲。

注释

1 **东西南北之人**:居无定所之人。

2 **识**:标志,记号。

3 **封之若堂**:王肃注:“堂形,四方若高者。”

4 **若坊**:王肃注:“坊形,旁杀,平上而长。”

5 **夏屋**:大屋。

6 **崇**:高。

7 **虞**:古时既葬而祭曰虞。

原文

子游问于孔子曰:“葬者涂车刍灵[1],自古有之。然今人或有偶[2],是无益于丧?”孔子曰:“为刍灵者善矣。为偶者不仁,不殆于用人乎?”

译文

子游问孔子说:“丧葬的时候,用泥土做的车和草扎的人马来殉葬,自古以来就有。然而现在有的人用偶人来殉葬,这对丧事并没有好处。”孔子说:“用草扎的人马来殉葬是善良的。用偶人来殉葬是不仁的,这不近于用真人来殉葬吗?”

注释

1 **涂车刍灵**:《礼记·檀弓下》:“涂车刍灵,自古有之,明器之道也。”郑玄注:“刍灵,束茅为人马,谓之灵者,神之类。”孙希旦集解:“涂车刍灵,皆送葬之物也。涂车即遣车,以采色涂饰之,以象金玉。”

2 **偶**:木偶,土偶,或名“俑”。《说文解字》:“偶,桐人也。”《淮南子·缪称》“鲁以偶人葬而孔子叹”高诱注:“偶人,相人也。”《国策·齐策三》:“今者臣来,过于淄上,有土偶人与桃梗相与语。”

原文

颜渊之丧,既祥[1],颜路馈祥肉[2]于孔子。孔子自出而受之,入,弹琴以散情,而后乃食之。

译文

颜渊死后的丧事中,颜路于大祥过后,给孔子送来祥祭时所供的肉。孔子亲自到门口去接受馈赠,然后进屋,弹琴以排遣哀痛之情,然后才开始吃送来的肉。

注释

1 **祥**：大祥之祭礼。

2 **祥肉**：祥祭时上供的祭肉。

原文

孔子尝[1]，奉荐[2]而进，其亲也悫[3]，其行也趋趋以数[4]。已祭，子贡问曰："夫子之言祭也，济济漆漆[5]焉。今夫子之祭，无济济漆漆，何也？"

孔子曰："济济者，容也，远也；漆漆者，以自反。容以远，若容以自反，夫何神明之及交？必如此，则何济济漆漆之有？反馈[6]乐成，进则燕俎，序其礼乐，备其百官，于是君子致其济济漆漆焉！夫言岂一端而已哉？亦各有所当。"

译文

孔子秋季祭祖时，手捧祭品献上去，他亲自做这些事情时显得神情诚恳朴实，走起路来也步伐急促，一步紧跟一步。祭祀结束后，子贡问："老师您以前谈到祭祀时，要求修整仪容，庄严恭谨。现在老师您祭祀时，为什么没有做到修整仪容，以显示庄严恭谨呢？"

孔子回答说："所谓修整仪容，庄严恭谨，那是一种疏远关系才有的仪容；修整仪容，为的是督责自己显出恭敬。仪容庄严恭谨，又神情疏远，又如何能做到与神明交互感应呢？假若真是这样，庄严恭谨的仪容又有什么意义呢？天子宗庙大祭时，献酒之后返回庙室行馈食礼，乐音响起，献上熟牲，行礼奏乐，次序井然，备具助祭百官，在此隆重的场合，助祭的君子自然修整仪容，庄严恭谨。所以，怎么能一概而论呢？也是各有各自适宜的礼仪了。"

注释

1 **尝**：秋祭。

2 **荐**：祭品。

3 **其亲也悫**：亲自上供。王肃注："悫，亲之奉荐也。悫，质也。"

4 **趋(cù)趋以数**：趋，同"促"，赶快。王肃注："言少威仪。"《礼记·祭义》：

“其行也趋趋以数。”郑玄注：“趋，读如促。数之言速也。”陆德明释文：“趋，音促。”孔颖达疏：“其行步促促，速疾少威仪，举足而数也。”《礼记·乐记》：“卫音趋数烦志。”郑玄注：“趋数，读为促速。”

5 **济济漆漆**：王肃注：“威仪容止。”

6 **反馈**：从庙堂之上返回庙室举行馈食礼。

原文

子路为季氏宰。季氏祭，逮[1]昏而奠[2]，终日[3]不足，继以烛。虽有强力之容，肃敬之心，皆倦怠矣。有司跛倚[4]以临事，其为不敬也大矣。他日，祭，子路与焉。室事[5]交于户，堂事[6]当于阶。质明[7]而始行事，晏朝[8]而彻[9]。

孔子闻之，曰：“以此观之，孰为由也而不知礼！”

译文

子路当了鲁国大夫季氏的家宰。季氏家里举行祭祀，天还没亮就开始陈献祭品，一整天时间还不够，晚上又点燃蜡烛，继续进行。即使有勉强保持祭祀的恭敬仪容，但严肃恭敬之心却都疲倦懈怠了。执事人员也都斜靠着他物，不庄重地应付着各种仪式，那真是对神灵的大不敬啊。另一天，举行庙祭，子路参与了司礼工作。室内举行正祭，有充当祖先神像的尸，所需的各种祭品在内室门口交接，之后在厅堂招待尸，所需的食物在西阶之上进行交接。从天亮开始行事，到傍晚就结束了。

孔子听说这件事后，说：“就这件事来看，谁说仲由不懂得礼呢？”

注释

1 **逮**：到。

2 **奠**：祭献，向鬼神献祭品。

3 **终日**：一整天。

4 **跛倚**(bì yǐ)：不庄重地斜靠着。《礼记·礼器》郑玄注：“偏任为跛，依物为倚。”

5 **室事**：在室内举行的正祭。

6 **堂事**:正祭过后,于厅堂举行的款待在正祭中充当祖先神像的尸的礼仪。《礼记·礼器》孔颖达疏:“正祭之后傧尸之时,事尸于堂。”

7 **质明**:平明,天刚亮。

8 **晏朝**:黄昏。

9 **彻**:去掉,撤除。

图书在版编目(CIP)数据

孔子家语/黄敦兵导读、注译.—长沙:岳麓书社,2018.8
(古典名著普及文库)
ISBN 978-7-5538-1003-4

Ⅰ.①孔… Ⅱ.①黄… Ⅲ.①孔丘(前551—前479)—生平事迹
②《孔子家语》—注释③《孔子家语》—译文 Ⅳ.①B222.2

中国版本图书馆CIP数据核字(2018)第109740号

KONGZI JIAYU

孔子家语

编　　撰:〔三国〕王　肃
导读注译:黄敦兵
丛书策划:刘　文
责任编辑:刘　文
特邀编辑:宋建勋
责任校对:舒　舍
封面设计:陈　酌

岳麓书社出版发行
地址:湖南省长沙市爱民路47号
直销电话:0731-88804152　0731-88885616
邮编:410006
岳麓书社网址:www.yueluhistory.com

2018年8月第1版第1次印刷
开本:890mm×1240mm　1/32
印张:9.125
字数:245千字
印数:1—10 000
ISBN 978-7-5538-1003-4
定价:22.00元

承印:长沙鸿发印务实业有限公司

如有印装质量问题,请与本社印务部联系
电话:0731-88884129